Os Processos Criativos de Robert Wilson

Coleção Estudos
Dirigida por J. Guinsburg

Equipe de realização – Tradução: Luiz Roberto Brant de Carvalho Galizia e Carlos Eugênio Marcondes de Moura; Revisão: Plinio Martins Filho; Diagramação: Sergio Kon; Produção: Ricardo W. Neves e Raquel Fernandes Abranches.

Luiz Roberto Galizia

OS PROCESSOS CRIATIVOS DE ROBERT WILSON
**TRABALHOS DE ARTE TOTAL
PARA O TEATRO AMERICANO CONTEMPORÂNEO**

Título do original em inglês
Robert Wilson's Creative Processes: Whole Works of Art for the Contemporary American Theatre

Dados Internacionais de Catalogação na Publicação (CIP)
(Câmara Brasileira do Livro, SP, Brasil)

Galizia, Luiz Roberto Brant de Carvalho
  Os processos criativos de Robert Wilson : trabalhos de arte total para o teatro americano contemporâneo / Luiz Roberto Brant de Carvalho Galizia ; [tradução do autor e Carlos Eugênio Marcondes de Moura]. — São Paulo : Perspectiva, 2011. — (Coleção estudos ; 91 / dirigida por J. Guinsburg)

  Título original: Robert Wilson's creative processes.
  2ª reimpr. da 1. ed. de 1986.
  Bibliografia.
  ISBN 978-85-273-0709-3

  1. Diretores e produtores de teatro - Estados Unidos 2. Teatro experimental - Estados Unidos 3. Wilson, Robert, 1941- - Crítica e interpretação I. Guinsburg, J. II. Título. III. Série.

04-8805   CDD-792.0973

Índices para catálogo sistemático:
1. Teatrólogos norte-americanos : Teatro experimental : Biografia e obra 792.0973

1ª edição – 2ª reimpressão

Direitos reservados à
EDITORA PERSPECTIVA S.A.

Av. Brigadeiro Luis Antônio, 3025
01401-000 – São Paulo – SP – Brasil
Telefax: (0--11) 3885-8388
www.editoraperspectiva.com.br

2011

Sumário

Memórias e Citações a Modo de Apresentação — *Alberto Guzik* IX

Prefácio XVII

Introdução XXI

OS PROCESSOS CRIATIVOS DE ROBERT WILSON

1. *Vídeo 50:* Manipulação de Imagem e Meio em Robert Wilson 3
2. *Eu estava sentado no meu pátio esse cara apareceu e eu pensei que estava enlouquecendo:* Uma Paisagem de Palavras 25
3. Trilha Sonora Composta para *Einstein na Praia:* Um Exemplo de Arquitetura Musical 41
4. A Dança: A Construção de um Vocabulário 59
5. Libertando os Ritmos da Comunicação Através da Arte da *Performance:* As "Peças-Diálogo" de Robert Wilson . 73
6. O "Teatro Estático" de Wilson: O Potencial Dramático de Objetos Silenciosos e Espaços Vazios 89
7. Um Modelo de *Gesamtkunstwerk:* A Produção de *A Vida e a Época de Joseph Stalin* no Brasil, dos Primeiros Laboratórios à Apresentação Pública 97

A. *Laboratórios* 102
   1. Movimento 104
   2. Voz 107
   3. Câmara Lenta 108
   4. Ritmos 110
   5. Dança 112
   6. Percepção Sensorial 114

B. *Ensaios* 118
C. *Roteiro* 130
D. *Apresentação* 140
E. *Público* 151
Conclusão 161

APÊNDICES

1. Duas Entrevistas 173
   Entrevista com Scotty Snyder 175
   Entrevista com Ronn Smith 185
2. Cronologia das Obras de Robert Wilson 197

BIBLIOGRAFIA 203

Memórias e Citações a Modo de Apresentação

> todo ser um dia se desfaz
> e está escrito no muro
> que a precisão de qualquer intelecto
> desfaz-se
> plenamente
> se dele aproximar-se
> a simplicidade.
>
> e há os que se apaixonam pela simplicidade
> GALIZIA, *Vorazcidade*

Conheci Luiz Roberto Galizia nos primeiros anos da década de setenta, na Escola de Comunicações da Universidade de São Paulo; ele era aluno e eu, professor. De forma alguma podia-se deixar de notar aquele estudante polêmico, belicoso, sempre pronto a iniciar ou embarcar numa discussão. Em julho de 1973, a longa estrada de São Paulo a Ouro Preto, onde nos aguardava um Festival de Inverno, tornou-nos amigos. A caminho falamos, como falamos! Principalmente de teatro, a paixão comum, mas também trocamos figurinhas sobre cinema e literatura. Almoçamos em São João Del-Rei, lembro bem, e à tarde perdemo-nos pelas estradas de Minas. Chegamos a Ouro Preto à noitinha.

Já éramos esperados pelo restante da equipe paulista que participaria do evento: Celso Nunes, Sônia Samaia, Tácito Rocha, Stella Freitas e outros. O grupo retornou a São Paulo um mês depois com os cursos do festival devidamente ministrados e uma peça montada. Tratava-se de *Schmurz ou Os Construtores de Império,* de Boris Vian, onde atuei por breve período, numa última incursão pelo palco. A viagem e o trabalho no espetáculo de Celso Nunes cimentaram entre mim e Galizia uma afeição intensa, solidificada ao longo dos anos seguintes. O relacionamento duradouro e a copiosa correspondência trocada durante duas longas permanências de Galizia nos Estados Unidos conferiram a mim o privilégio de acompanhar de perto o trajeto desse criador ímpar.

Foi um explorador de fronteiras, desbravador de terras novas. Artista multidisciplinar, soube assenhorear-se das mais apuradas técnicas de direção e interpretação, cenografia e iluminação. Grafômano irrefreável, seus escritos contam-se às centenas; incluem ensaios sobre teatro, poesias e vários volumes de diários, além de uma torrente de cartas. Mapeou-se e ao seu processo de criação nesse mar de palavras. E ofereceu rico testemunho de seus dias. Tão compulsivo espectador quanto inventor, Galizia devorou o que pôde dos filmes, montagens, *performances,* eventos e exibições de museus com que cruzou em seu caminho agitado, que o levou a boa parte do Brasil, à Europa e à América Latina, aos Estados Unidos e ao Japão. A tudo o que viu reagiu por escrito. Quando seus papéis forem compilados e editados, será possível notar que a paixão com que o depoente registra impressões não elimina nunca sua implacável lucidez.

Nem a coerência de um percurso que se voltou invariavelmente para o novo, o experimental, o inusitado. E isso desde sempre. Ao chegar à universidade, já havia passado como figurante pela histórica montagem que Victor Garcia construiu com *O Balcão,* de Jean Genet, em 1969, na ousada produção de Ruth Escobar. E ficara por longo tempo no TUCA de Mário Piacentini, um dos marcos da linguagem experimental no Brasil, onde foram criadas montagens antológicas, como *Comala* e *O Terceiro Demônio,* de que Galizia participou.

É preciso aproximar da identificação com a linguagem experimental outra característica do artista: a obsessão com a disposição espacial do objeto criado, fosse uma carta ou um espetáculo. Era uma fixação de tal modo intensa que tirava o criador da arena das artes cênicas ou da literatura para projetá-lo na das artes plásticas. Suas direções teatrais foram imaginadas primordialmente a partir do dispositivo cênico e da iluminação. Só depois de resolvidas essas etapas, Galizia sentia-se em condição de dar materialidade à encenação. E sofreu nas poucas vezes em que teve de entregar a outros a concepção cenográfica de um trabalho que assinava. Mesmo com desenhistas sensíveis, por exemplo Ewald Hackler ou Márcio Medina, ele sentia-se inseguro por não ter nas mãos o poder de decisão sobre o espaço.

Este, em sua concepção, deveria ser sempre o mais simples possível. O mínimo de acessórios com o máximo de sentidos, eis seu ideal. E nada que desse a impressão de borrado ou remendado. Segue-se uma reflexão incluída em carta datada de setembro de 1975, escrita em Berkeley:

MEMÓRIAS E CITAÇÕES A MODO DE APRESENTAÇÃO   XI

Às vezes — principalmente se estou batendo à máquina — eu erro, isto é, escrevo uma palavra ou uma letra que não estava no programa Ao invés de apagar, corrigir, penso num jeito de aproveitar o acidente. E continuo a escrever normalmente, feliz por não ter sujado o papel de manchas de borracha... Não é demais esse culto da forma?.

Veríamos mais tarde que não se tratava de um culto da forma, ou não disso apenas. Já estava lá, no artista de vinte e três anos, a busca obsessiva da limpeza, que mais tarde o aproximaria da arte zen no que esta implica respeito pelo primeiro jorro criativo e amor à invenção que se corporifica no paradoxo da espontaneidade premeditada. Galizia queria seu teatro e sua poesia traduzidos de modo "simples", tão "simples" quanto um haicai de Seami.

Em 1974, quando concluía o curso de direção na ECA e pleiteava uma bolsa de estudos para o mestrado, que viria a fazer na Universidade de Califórnia, Berkeley, encontrou Bob Wilson. O artista norte-americano, com a trupe da Byrd Hoffman Foundation, foi trazido a São Paulo por Ruth Escobar, que incluiu um espetáculo seu no I Festival de Teatro Internacional. Wilson projetara-se para o mundo pouco antes, no Irã pré-revolução dos aiatolás, no Festival de Shiraz, quando inventou uma encenação processional ao ar livre que se estendeu por sete dias consecutivos, *MONTANHA KA E O TERRAÇO GUARDenia*. Para São Paulo. Wilson trouxe algo de proporções mais modestas. *A Vida e a Época de Joseph Stalin* (que a censura dos generais nos forçou a ver como *A Vida e a Época de Dave Clark*) não durava além de doze horas. Das cento e tantas figuras que povoavam o estupendo trabalho, umas vinte apenas participavam da equipe original de Wilson. As outras haviam sido convocadas no meio de nossos atores, bailarinos e estudantes. Entre eles estava Galizia.

O encontro com a arte de Bob Wilson deixou-o eletrizado. Fascinou-se pelas experiências que o trabalho desenvolvia na decupação da linguagem e do tempo teatrais, ralentando-os até perto do exasperante ou acelerando-os para além do incompreensível. Era capaz de discorrer durante horas sobre as soluções visuais e musicais daquela encenação que se queria quase um sonho. A participação em *A Vida e a Época de Dave Clark* rendeu a Galizia algumas amizades preciosas, entre as quais a de George Ashley, homem de sete instrumentos que durante anos foi administrador-geral das invenções do poeta cênico norte-americano.

O vínculo com a equipe de Wilson fortaleceu-se quando Galizia participou, em 1975, das atividades de verão desenvolvidas pela Byrd Hoffman Foundation, em sua sede. O contato abriu-lhe as portas para a experimentação cênica de Nova Iorque, a melhor do mundo naquele momento, diga-se de passagem. Concluído seu mestrado em Berkeley, em 1976, retornou a São Paulo, onde permaneceria pelos dois anos seguintes. Nessa época fez excepcionais direções para a Escola de Arte Dramática: *Jorginho, o*

Machão, de Leilah Assunção, e *O Despertar da Primavera*, de Frank Wedekind. O encontro com Maria Alice Vergueiro durante a participação de ambos em *Delírio Tropical*, do polonês Stanislas Witkiewicz (em produção de Sônia Samaja e direção de Emilio di Biasi), acabaria por levá-los à união com Cacá Rosset e à fundação do Teatro do Ornitorrinco. O grupo iniciou suas atividades no porão do Teatro Oficina com *Os Mais Fortes*, que incluía três atos únicos de Strindberg, *A Mais Forte, O Pária* e *Simum;* logo a seguir fez o musical *Ornitorrinco canta Brecht e Weill,* que contou também com a participação de Cida Moreyra.

O ano de 1978 iria encontrá-lo de malas prontas, rumo a um novo período em Berkeley. A meta agora era o doutoramento Nessa segunda fase na Universidade da Califórnia elaborou um espetáculo ousado, cuja plasticidade irretocável é percebida mesmo num registro malgravado em vídeo. Talvez essa versão da *Morta*, de Oswald de Andrade (vertida para o inglês pelo encenador, com o título *The Dead Woman*) tenha sido uma das melhores que o texto surreal e político já recebeu. No momento de escolher o assunto de sua tese de doutorado, a idéia de tomar o teatro de Bob Wilson como objeto de estudo veio quase naturalmente. Se, em algumas cartas, mostrava vontade de optar por um assunto brasileiro, a dificuldade da distância na obtenção do material de consulta levou-o a fixar-se no teatro do criador de MONTANHA KA E O TERRAÇO GUARDenia.

A elaboração do livro foi um processo trabalhoso. Numa longa carta, escrita entre os dias 17 e 27 de abril de 1979, lê-se o seguinte:

> Passei algumas horas num café em Noe Valley com 24th Street, *brainstorming* idéias para a redação de minha proposta de tese. Ando medroso... [E mais adiante] Ontem à noite, depois de um super-hamburguer no Hamburger Mary's, escutei *Einstein on the Beach* outra vez. Comecei a escrever minha proposta de tese. Parei lá pelas três da manhã. Fui para a cama, mas não consegui dormir. Minha mente estava convencida de que seria impossível escrever uma tese, de que eu tinha chegado ao fim da linha, de que tudo o que eu poderia fazer era escrever para a Capes e explicar os motivos de minha desistência. Pensei em telefonar para o Brasil... mas, ao invés, comecei a rabiscar num caderno em branco. Bolinhas, quadrados, frases, versos desconexos. Enchi o livrinho. Fui dormir decidido a colocar um ponto final em minha carreira acadêmica. Felizmente. Sorri. Achei que era a solução definitiva, o passo mais importante de minha vida. Voltei para a cama, às cinco da manhã, com minha mente girando. Pensei num campo aberto e finalmente adormeci. Acordei às sete e trinta, fiquei ainda na cama por quinze minutos e resolvi bater à máquina o resto da proposta. Minha cabeça tinha mudado. Fiz tudo com relativo prazer. Estava aguçadíssimo. Estilo São Paulo ornitorrínquico.

A mesma carta traz ainda informações importantes:

> Enfim, ontem Dunbar Ogden [o orientador do trabalho] leu a proposta de tese, ... apenas pediu-me para encontrar outro título (*Subverting the Theatrical Grammar* não é, realmente, dos mais inspiradores e talvez até

MEMÓRIAS E CITAÇÕES A MODO DE APRESENTAÇÃO XIII

irritasse a banca) e que reforçasse a ligação Gordon Craig, Wagner, Robert Wilson, para estabelecer um vínculo mais forte entre a história e o "fenômeno Bob Wilson". A tese então funcionará em torno de dois eixos principais: as origens do tipo de trabalho proposto por Wilson e todo o relacionamento com outros artistas que também imaginaram este TEATRO TOTAL; e a obra do artista, uma a uma das peças e experiências, dos primórdios em diante. Além disso, vou relacionar os componentes dessa obra com seus antecedentes: simbolismo, concretismo, surrealismo, romantismo, etc. Hoje à noite vou bater à máquina uma última versão.

Como será possível verificar em seguida, por carta escrita em abril de 1980, em San Francisco, o conteúdo da tese foi bastante alterado desde o primeiro projeto até a forma definitiva:

Papeei com meu orientador. A tese fica pronta em setembro. Sete de setembro, que ironia! Estou no quinto capítulo. Os próximos cinco *têm* que estar prontos até o fim de maio. Daí, de maio a julho, tudo será reescrito, blibliografia transada, etc. Mas o duro é este mês. Escrever até que me atrai, gosto de curtir a língua. Mas bolar os capítulos me enerva demais, demais. ... A segunda parte é mais fácil, porque é toda sobre *A Vida e a Época de Dave Clark* em São Paulo, Brasil. O plano da tese:

1. Introdução

    A) *ELEMENTOS EM SEPARADO*

2. Imagens .... *Vídeo 50*
3. Texto .... *Pátio*
4. Música .... *Einstein na Praia*
5. Dança .... *Einstein na Praia*
6. Miscelânea .... solo-*performances*, desenhos, etc.

7. *Script*
8. Direção
9. *Performance*
10. Público
11. Conclusão
12. Apêndice:
    Textos e Entrevistas
13. Bibliografia

B) *GESAMTKUNSTWERK*
A Vida e a Epoca de Dave Clark

Em fins de novembro de 1980, quando estava tudo feito e pronto. E o Brasil contava com um novo e brilhante doutor em teatro. Titulado aos vinte e nove anos de idade, o artista escrevia:

Tudo está meio em aberto à minha frente e só estou reforçando em mim essa abertura. ... O fim da tese foi o fim de meu período escolar, de minha prolongada adolescência. Agora contemplo as possibilidades de me tornar homem... Há mais luz à minha volta do que havia tempos atrás, e lembro como muitas vezes eu me ressenti de períodos de escuridão, física mesmo, de mim diante de uma paisagem que eu não conseguia ver completamente... Em outras palavras, sinto-me novamente inocente, liberto de truques tantos que aprendi, porque estes simplesmente deixaram de funcionar. Foram desmascarados. Até que eu desenvolva novas formas de sobrevivência, renovada malícia, sou jovem outra vez, livre, descompromissado. Quero manter-me assim enquanto possível...

Em fins de dezembro do mesmo ano Galizia estava de volta a São Paulo. Abriu a nova década atuando em *Gigi Damiani*, de Jandira Martini e Eliana Rocha, e reingressando temporariamente no Teatro do Ornitorrinco, onde participou de *Mahagonny*, excelente versão da obra de câmara de Bertolt Brecht e Kurt Weill. Retornava ao Brasil como um ator excepcional, em posse de recursos técnicos amplos e precisos. Dirigiu dois requintados trabalhos para o grupo Pon-Kã, fundado por ele, Paulo Yutaka e uma equipe de bons atores. *Tempestade em Copo D'Água* foi um deles; *Apokālipse*, o outro. Fez para o *Se*, de Marilena Ansaldi, uma direção madura, conseguindo um espetáculo belo e perturbadoramente intenso. E criou *A Pororoca* para Maria Alice Vergueiro.

Ao mesmo tempo desenvolveu uma carreira bem-sucedida como professor; lecionou na ECA em diversos departamentos, nos níveis de graduação e pós-graduação. Sua honestidade, franqueza e domínio da matéria com que tratava conquistaram-lhe alunos apaixonados. Orientando-os para direções inusitadas de pesquisa, sugerindo temas polêmicos de discussão, exerceu um papel importantíssimo de animador cultural, não só no âmbito da USP, mas por onde quer que houvesse uma brecha para que expusesse suas idéias.

No cinema, participou com ator de *Vozes do Medo*, de Roberto Santos, *Maldita Coincidência*, de Sérgio Bianchi, e tem uma rápida aparição no *Beijo da Mulher Aranha*, de Hector Babenco. Na televisão, talvez sua intervenção mais importante consista em diversos teleteatros gravados para a TV Cultura de São Paulo, entre eles uma antológica versão de *Adão, Eva e Outros Membros da Família*, de Álvaro Moreyra, dirigida por Ademar Guerra. Bem mais recentemente havia se tornado um ator muito requisitado para comerciais de tevê, e desempenhava-os com extrema competência. Tanta quanto demonstrou num pequeno papel na versão de Gianni Ratto para *Uma Pulga Atrás da Orelha*, de Georges Feydeay, sua última aparição em cena, em 1984.

Nesses anos em São Paulo, interrompeu sua carreira como ensaísta de longo curso. Falava em empreender um livro sobre os grupos experimentais destas plagas, mas nunca passou à ação. Exerceu, porém, a crítica literária para a revista *Veja*, ficando às vezes indignado com o tratamento que as revistas semanais dão ao texto de seus colaboradores. De sua poesia, apenas um pequeno volume foi organizado pelo autor: *Vorazcidade*, lançado em 1982, em edição particular.

Havia planos para outros volumes. Assim como havia planos de viagens. Galizia namorava a idéia de passar dois anos em Berkeley, dirigindo e lecionando teatro moderno. Queria também retornar mais demoradamente à Europa, onde só estivera no fim da adolescência. A morte, precoce, em fevereiro de 1985, congelou tudo isso. E privou o teatro brasileiro de um criador luminoso. De um rebelde, um brilhante polemista que durante toda a vida exigiu de si mesmo e de sua arte uma clareza de posições, uma disposição para definições que estão fazendo muita, muita falta.

É dele a última palavra:

> Precisamos, mais uma vez, dar ouvidos aos loucos e aos profetas. Saber entender que não é a *performance*, o *performático*, a grande novidade, mas que estes são apenas indícios de que os que querem transformar praticamente a arte teatral estão às voltas com inúmeros problemas táticos. O maior deles é o da recuperação da *cabeça* de um projeto. É por isso que o *performer* é ator, diretor, roteirista, cenógrafo. Não por opção estética, mas por desconfiança. O que se almeja é o direito de poder pensar artisticamente mais uma vez. De poder expressar a arte, o germe vital de nossas aspirações mais profundas, sem vendê-lo ao sistema ainda filhote. O artista deve querer usar sua profissão para expressar, sem pressões, conteúdos próprios. Mas enquanto isso não se tornar possível (neste Brasil destes dias que morrem) TEREMOS DE SER RADICAIS![1]

Alberto Guzik

---

1. GALIZIA, Luiz Roberto. "Teremos de Ser Radicais", em *Ar'te*, n.º 9, p. 17, Ano III, 1984, São Paulo.

Ouverture, Paris, 1972.
Sheryl Sutton e o dinossauro.

Prefácio

1 você acha que eu gostaria?
2 ora vamos
1 qual é o grande mistério?
2 não há mistério
1 então!
2 então!
    ROBERT WILSON, *diálogo de* Morte, Destruição e Detroit, *Ato 1, Cena 6, Parte C*[1].

Desde o início de 1974, quando conheci Robert Wilson em São Paulo, originalmente para ajudá-lo como intérprete e, antes que me desse conta disso, para atuar em uma de suas longas óperas, eu já pensava ansiosamente em escrever sobre ele, tentar entender o que é que tanto me fascina em seu trabalho, explicar que tipo de experiência foi, para mim, participar em uma de suas peças, e descobrir o lugar e significado de Wilson no contexto da história do teatro, especialmente no mundo contemporâneo em geral.

Naquela época, entretanto, ainda sob o impacto da experiência pessoal, meu interesse no trabalho de Wilson era adverso a qualquer tipo de enfoque analítico. Era o misterioso, o inexplicável em Wilson o que me fascinava então. De fato, precisei de alguns anos para começar a desenvolver uma perspectiva crítica em relação a seu trabalho. Em 1978, quando comecei a pesquisa para este livro, mistério e razão finalmente se encontraram. Ficou claro para mim que, no mundo de Wilson, caos e ordem não são antípodas, e que

---

1. ROBERT WILSON, *Death, Destruction and Detroit*, Berlim, impresso pelo Schaubühne am Halleschen Ufer, 1979, p. 88. [Os nomes originais de todas as obras citadas de Robert Wilson estão na Cronologia, pp. 197 e ss., N. do T.]

na realidade funcionam como complementares, como um quadro e sua moldura. Sem nenhuma intenção de estragar o misterioso, o "maravilhoso"[2] em seu teatro, decidi-me então investigar os princípios organizacionais que caracterizam o processo criativo de Wilson.

Apesar de seus muitos admiradores pelo mundo afora, Robert Wilson é ainda praticamente desconhecido nos Estados Unidos. Na Europa, onde suas peças têm sido apreciadas constantemente em festivais de teatro, ele é aclamado como gênio. Eugene Ionesco, para quem Wilson é o mais importante dramaturgo da América, declarou certa vez que "até Wilson, nada acontecera no teatro desde Shakespeare"[3]. E Louis Aragon, após haver assistido a uma apresentação de *O Olhar do Surdo,* inspirou-se para escrever uma carta aberta ao falecido André Breton dizendo que nunca havia visto "nada tão lindo neste mundo desde que nascera"[4]. Entretanto, mesmo com todo esse entusiasmo, poucos têm tentado uma apreciação crítica do teatro wilsoniano.

Com as exceções de *O Teatro de Visões*[5], de Stefan Brecht, publicado na Alemanha em 1978, e de uma tese de mestrado escrita para a Universidade de Nápoles no mesmo ano por Rafaelo Siniscalco[6], o trabalho de Wilson raramente tem sido examinado mais extensivamente do que em artigos curtos e descritivos no *Tulane Drama Review, Travail Théâtral, Theater Heute, Performing Arts* ou *The New Yorker*. E embora freqüentemente mencionado em estudos recentes sobre teatro de vanguarda, tais como *Lunatics, Lovers and Poets,* de Margareth Croyden; *The Theatre of the Marvelous,* de Gloria Orenstein; *Performance*, de RoseLee Goldberg; e mesmo num trabalho de âmbito mais geral como *The Essential,* de Oscar Brockett, apenas algumas páginas são dedicadas a Wilson, e ele é considerado apenas como mais um na multidão[7]. Talvez o tamanho de seu trabalho, de dimensões literalmente gigantescas, e a lista interminável de influências que compreende, tenham desencorajado mesmo aqueles que chegaram ao ponto de considerar Wilson como um novo deus das artes.

2. Do título do livro de GLORIA ORENSTEIN, *The Theatre of the Marvelous,* New York, New York University Press, 1975.

3. ANDRÉE PUTMAN, "Il ne faut jamais lire les critiques", *Egoiste De Luxe,* n.° 3 (julho-agosto 1978), 23. Original em francês: "Je pensais avoir bredouillé quelque chose dans le théâtre et je viens de comprendre qu'il ne s'était rien passé entre Shakespeare et Bob Wilson!"

4. LOUIS ARAGON, "Lettre ouverte à André Breton sur 'Le Regard du Sourd', l'art, la science et la liberté", *Les Lettres Françaises,* 2 de junho, 1971. Original em francês: "Je n'ai jamais rien vu de plus beau en ce monde depuis que j'y suis né..."

5. STEFAN BRECHT, *The Theatre of Visions: Robert Wilson,* Suhrkamp Verlag Frankfurt am Main, 1978.

6. RAFAELO SINISCALCO, "The Life and Times of Robert Wilson: Il Teatro Americano tra Avanguardia e Tradizione", Diss., Nápoles, 1978.

7. Todas essas obras estão citadas na bibliografia final.

Analisar o todo de sua produção requereria lidar com assuntos tão diversos quanto câmara lenta, ondas cerebrais, cochilo, *design* arquitetônico, pintura, *rock* progressivo, matemática, terapia, silêncio, teatro ambiental, computadores, poesia concreta, espaços e galerias de arte, drogas, sexo, *performances*, comunicação entre surdos-mudos, dança moderna e pós-moderna, autismo, religiões orientais, filmes mudos — tantos assuntos que uma síntese clara pareceria impossível.

Por outro lado, após considerar o significado do trabalho de Wilson em relação a movimentos artísticos semelhantes do passado, convenci-me de que este tem, de fato, um valor essencial, e que o entendimento do teatro wilsoniano é fundamental para o entendimento do teatro atual. A dificuldade está no fato de que a marca principal de seu teatro é exatamente a multiplicidade, o ecletismo. Em outras palavras, Wilson cria uma obra de arte total, um *Gesamtkunstwerk*. Na sua maneira de lidar com as várias artes, é possível reconhecer traços de todo tipo de tendências, de Wagner, Craig, Mallarmé, Artaud a Cage, Kaprow e Crowley, só para citar alguns nomes; mas o trabalho de Wilson está longe de ser uma mera coleção de influências. É o seu caráter único, o fato de que seu trabalho transcende as conquistas da vasta galeria de artistas que, num grau maior ou menor, foram seus antecessores, o que me interessa.

Afortunadamente, o trabalho de Robert Wilson é bem documentado. Seus arquivos na Fundação Byrd Hoffman em Nova Iorque são cuidadosamente preservados e os textos de suas peças, assim como anotações e fotografias, foram todos colocados à minha disposição. Além disso, beneficiei-me de projeções especiais de *Vídeo 50, Uma Carta para a Rainha Vitória,* e de *Morte, Destruição e Detroit* no Instituto Alemão de Informação em Nova Iorque e no Instituto Goethe de San Francisco. Também fiz uso de minhas próprias memórias e anotações da produção brasileira de *A Vida e Época de Joseph Stalin,* em 1974, e de três meses que passei em Nova Iorque no verão de 1975 observando as atividades da Fundação Byrd Hoffman, quando tive a oportunidade de participar de um espetáculo de dança dirigido por um dos atores de Robert Wilson. Em relação à pesquisa propriamente dita, esta foi realizada em duas visitas subseqüentes a Nova Iorque no verão de 1979 e na primavera de 1980.

Muitos dos artistas que conheci nestas ocasiões tornaram-se meus amigos pessoais e muito me auxiliaram em minha pesquisa, especialmente o Sr. George Ashley, ex-administrador da companhia de Robert Wilson, cujas anotações e detalhados diários de viagem me foram de grande valia, e cujos relacionamentos facilitaram meu acesso a inúmeras outras fontes de informação. A Sra. Scotty Snyder, que participou de quase todas as produções de Wilson, documentou-as com abundante material fotográfico, o qual pude consultar, e concedeu-me uma esclarecedora entrevista. Ronn Smith, ex-secretário pessoal de Wilson, apresentou-me aos arquivos da Fundação Byrd Hoffman e também concedeu-me uma longa entrevista. Finalmente, meu trabalho tornou-se possível através de uma bolsa da CAPES, do Ministério de Educação e Cultura do Brasil, ao qual agradeço sinceramente.

Introdução

> *E agora para dizer alguma coisa, alguma coisa introdutória para deixar alguma coisa estabelecida ou alguém ajustado há que ir prá frente e começar. PRÁ FRENTE COM O SHOW! como costumavam dizer nos dias que gosto de me lembrar quando a gente costumava valsar. E quando eles dançavam quadrilhas. E quando eles se sentavam em salas de visitas e tocavam pianos, delicadamente, para si mesmos. Então tudo isso mudou. Alguém teve uma idéia. A coisas nunca foram o — não, não, eu não vou dizer mas, então eu vejo nas mesmas imagens e na inundação dos códigos o detalhe as vozes de animais o poder vindo por sobre as paredes através da memória como eles fazem cortando em fatias a cebola o homem em (suas) particularidades e aparecendo como eles aparecem na trilha de uma voz cantando um vazio tomando uma praia dissolvendo-se através de seus ouvidos da caverna.*
>
> Do discurso de Robert Wilson apresentando Freud[1].

Quando Robert Wilson começou a desenvolver um trabalho de natureza teatral na Universidade do Texas, utilizando crianças sob a orientação de uma tal Sra. Byrd Hoffman, sua vida mudou de direção. A Sra. Hoffman, uma bailarina que, há um tempo atrás, havia ajudado o próprio Wilson a corrigir um defeito de linguagem, "inventara uma série de exercícios com o fito de ativar células cerebrais em crianças com lesões cerebrais — exercícios baseados nos primeiros estágios da atividade física. A teoria era que se nós não dominarmos estes movimentos primários na infância não estaremos preparados para movimentos mais complexos no futuro"[2]. O contato de Wilson com a Sra. Hoffman estimulou seu interesse por terapia com surdos, retardados, autistas, senis e deficientes;

1. Citado por STEFAN BRECHT em *The Theatre of Visions: Robert Wilson*, Suhrkamp Verlag Frankfurt am Main, 1978, pp. 423-424.
2. CALVIN TOMKINS, "Time to Think", *The New Yorker*, 13 jan. 1975, p. 42.

porém, mais do que isso, abriu para ele as portas de uma nova visão das artes teatrais.

Robert Wilson nasceu no dia 4 de outubro de 1941, em Waco, Texas, filho de uma família branca, classe média, protestante; seu pai era um advogado moderadamente bem-sucedido[3]. Talvez devido à intensa gagueira da qual sofrera durante a infância, ele passou muito tempo voltado para si mesmo, para seus desenhos e pinturas, desenvolvendo algumas experiências com teatro não-verbal na garagem de sua família. Chegou até a submeter uma de suas peças silenciosas a um concurso de teatro amador organizado pela escola secundária local. Entretanto, após graduar-se ali em 1958, entrou para a Universidade do Texas determinado a construir uma carreira na área de administração de empresas.

As inclinações artísticas de Wilson, entretanto, logo se tornaram incompatíveis com sua vida na universidade. Em 1962, quando estava prestes a conseguir seu título, largou tudo e foi para Paris com o intuito de estudar pintura com o impressionista abstrato George McNeil. Esta súbita decisão foi fundamental para Wilson: colocou-o em contato com o melhor da arte européia e ajudou-o a delinear seus próprios conceitos artísticos. Na Europa, teve a oportunidade de assistir ao Festival de Wagner, em Bayreuth, o Festival de Mozart, em Salzburg, a óperas em Viena, e de visitar o novo teatro de ópera de Munique. Foi também a Kassel para uma mostra especial da arte do século XX com ênfase na arte contemporânea. Voltou no ano seguinte para os Estados Unidos, a fim de ingressar no Instituto Pratt, em Brooklyn, Nova Iorque, onde recebeu o bacharelado (1965) em arquitetura de interiores, uma especialização derivada da decoração de interiores, porém relacionada mais com a estrutura do interior do que com mobiliário e adereços.

Em Nova Iorque, Wilson também teve a oportunidade de conhecer o trabalho de Martha Graham, freqüentando algumas de suas aulas como observador; a dança-teatro de Alwin Nikolais, para quem trabalhou durante algum tempo como assistente técnico; e, principalmente, a nova forma artística dos *happenings*. Este movimento, iniciado por artistas tais como John Cage, Merce

---

3. A informação relativa à biografia de Wilson foi condensada a partir de uma variedade de fontes. Estas são as principais:

GYNTER QUILL, "Architecture, Film or Art Should Have a Place for Robert Wilson", *Waco Tribune-Herald,* 25 jul. 1965, pp. 1-2.

————. "Salute for Unconventional Idea Presented by Youth in Motion". *The Waco News-Tribune,* 3 jul. 1965, p. 5-B.

————. "More Goals for Wilson", *Waco Tribune-Herald,* 3 jan. 1971, p. 2.

"WILSON, ROBERT (M.)", *Current Biography,* ago. 1979, pp. 39-42.

STEFAN BRECHT, *The Theatre of Visions: Robert Wilson,* Suhrkamp Verlag Frankfurt am Main, 1978.

INTRODUÇÃO XXIII

Cunningham e Allan Kaprow, era, na época, o mais radical desenvolvimento das formas artísticas. Wilson identificou-se imediatamente com a possibilidade do uso do acaso e da improvisação como meios de se atingir resultados artísticos:

> É excitante, pois tem uma vida que parece vir diretamente da natureza, sem explicações. O que estou fazendo — em pintura, *design*, dança, música eletrônica — são *happenings*. Muito pouco é predeterminado. Tem uma ordem e um limite de tempo, claro, talvez mesmo um certo esboço, mas o que acontecer acontece. Quando estou pintando, deixo a tinta tomar conta de tudo. Eu pinto a partir de alguma coisa, se esta coisa me interessa de alguma forma, e essa coisa toma conta de mim. É muito mais excitante do que se eu quisesse chegar intelectualmente a algum resultado. A resposta é emocional ao invés de racional[4].

Enquanto estudava no Pratt, Wilson dedicou a maior parte de seu tempo livre à pintura, conseguindo manter-se financeiramente com cursos de expressão e de sensibilização corporais. Seus métodos, inteiramente baseados nos conceitos da Sra. Hoffman, abriram-lhe o caminho para o cargo de conselheiro do Comitê de Educação da Cidade de Nova Iorque e do Departamento de Bem-Estar Social e, mais tarde, para o de instrutor especial em escolas públicas, quando passou a trabalhar com crianças retardadas. Nessa época, Wilson organizou um curso de sensibilização corporal para as crianças do bairro de Bedford-Stuyvesant no Brooklyn, e chegou a ser convidado para expor seu trabalho numa palestra realizada na Universidade de Harvard. Além de seu trabalho como pintor, Wilson logo começou a expandir sua criatividade para outras áreas. Em 1963, desenhou os cenários e bonecos para a terceira parte da peça *America Hurrah* (*Motel*). de Jean Claude Van Italie; fez um filme de 16 mm, de duas horas de duração, chamado *The House*: e ainda outro filme, *Slant*, para a NET-TV. Em seguida, começou a desenvolver peças de teatro para serem apresentadas em cinemas após o horário comercial de exibição de filmes, assim como escreveu e dirigiu um espetáculo de dança chamado *Clorox*, o qual contava com a participação de um grande número de pessoas e mais de duzentos objetos, e que foi apresentado no Pratt em 1965. No mesmo ano, organizou outro espetáculo de dança para a Feira Mundial de Nova Iorque e dirigiu o grupo "Juventude em Movimento", em Waco, Texas, num espetáculo experimental de dança. Em 1966, após haver-se graduado no Pratt, passou o verão inteiro trabalhando como aprendiz do arquiteto Paolo Soleri, o qual o impressionou sobremaneira. Em 1967, com uma verba da Escola de Grailville, Wilson projetou e construiu uma gigantesca escultura-teatro-ambiente ao ar livre, *Poles*, em Loveland, Ohio.

De volta a Nova Iorque no final do mesmo ano, começou a apresentar *performances*, a maioria delas na Fundação Byrd Hoffman, uma organização sem fins lucrativos localizada no Baixo

---

4. GYNTER QUILL, "Architecture, Film or Art Should Have a Place for Robert Wilson", *Waco Tribune-Herald*, 25 jul. 1965, p. 2.

Manhattan, na área do SoHo, cujo objetivo principal era o desenvolvimento de oficinas de dança, teatro, cinema e artes aplicadas para crianças e adultos. Este local, totalmente dependente de verbas governamentais e donativos de particulares, tornou-se a sede dos principais experimentos de Wilson, além de proporcionar local de ensaio para seus espetáculos mais ambiciosos. Os primeiros espetáculos, no entanto, eram trabalhos muito simples em comunicação não-verbal e expressão corporal, tais como *Baby* e *ByrdwoMAN*[5], apresentados no espaço da Fundação Byrd Hoffman e *Theatre Activity*, apresentado após o horário de projeção no Bleecker Street Cinema de Greenwich Village. Este último, descrito abaixo por Liba Bayrak, mais tarde nomeada vice-presidente da Fundação Byrd Hoffman, é um dos mais representativos desta fase inicial:

> O primeiro ato reunia aproximadamente seis homens e seis mulheres sentados em duas filas de cadeiras uma frente à outra. As pessoas, vestidas com roupas comuns (*jeans* e comiseta) chegavam uma a uma e sentavam-se nas cadeiras de sua escolha. Ficavam lá o tempo que quisessem, aí levantavam-se e iam embora, tentando perceber o intervalo de tempo entre cada chegada e partida. Em seguida, as pessoas alinhavam-se contra a parede, de frente para o público, e aí começavam a atravessar a sala de um lado para outro, chocando-se contra as outras paredes como se elas não existissem, depois voltando ao ponto de partida e começando tudo outra vez. Algumas pessoas gritavam do público: "Foi a isso que chegou o teatro americano", etc. Outras riram quando os *performers* começaram a atravessar a sala. Tudo isso sem o menor acompanhamento sonoro. Na cena seguinte havia tapetes amontoados no centro com todo o elenco estirado em posições relaxadas, segurando varetas de incenso acesas. Um filme rodado por Bob e alguns elementos do elenco nos pântanos de New Jersey, mostrando um capinzal alto e arbustos balançando ao vento, foi projetado numa tela atrás do elenco.
>
> Duas pessoas, vestidas com uniformes de caçadores, cor cáqui, vieram para o centro e movimentaram-se pela sala durante um certo tempo. Finalmente um enorme *slide* colorido, representando a cabeça de um gato, foi projetado sobre o filme dos arbustos, ficou lá um tempo e aí as luzes se apagaram. Nenhum aplauso. Cada seqüência durou bastante tempo, ao todo mais ou menos duas horas. No final, todos cuspiram um pedaço de plástico vermelho que mantiveram na boca durante o tempo inteiro, todos ao mesmo tempo[6].

Outro desses trabalhos esparsos foi *Alley Cats*, com Wilson, a bailarina Meredith Monk e mais quarenta *performers* vestidos com longos casacos de peles, apresentado no Centro Estudantil Loeb

---

5. *Baby* incluía um trem elétrico de brinquedo, luzes pisca-pisca e uma dança executada por Bob Wilson na qual ele aparecia nu da cintura para baixo. Acompanhado do som de *blues* do Sul dos Estados Unidos Wilson gritava de tempos em tempos com uma voz feminina: "Dê uma olhada no espelho!" A maior parte da apresentação consistia em silêncios e esperas. A imagem do bebê aparecia de alguma forma nesta *performance*, da qual sobram poucos dados. Mas é certo que a idéia geral do bebê estava associada a uma série de filmes de uma mulher embalando um bebê, realizada pelo psiquiatra experimental Dr. Dan Stern, de Nova Iorque.

6. Citado por STEFAN BRECHT em *The Theatre of Visions*, p. 35.

da New York University. Wilson também criou uma "pirâmide" para ser apresentada no American Theatre Laboratory de Jerome Robbins. Robbins havia pensado em convidar Wilson para fazer parte de seu grupo como cenógrafo, mas quando soube de seu trabalho com crianças, convidou-o para ministrar um curso de expressão corporal, tornando-se um de seus mais entusiásticos admiradores e incentivadores[7].

Nessa época, Wilson tornou-se diretor artístico da Fundação Byrd Hoffman e passou a desenvolver projetos bem mais ambiciosos. As oficinas e cursos oferecidos pela Fundação, cujo corpo docente compunha-se de Andrew de Groat, Meredith Monk e Robyn Stoughton, além do próprio Wilson, visavam "estimular seus membros a tornarem-se mais conscientes de seus próprios corpos e das maneiras pelas quais estes interagem com os outros corpos que os rodeiam"[8]. Criou-se uma atmosfera não autoritária. com a finalidade de absorver as mais variadas contribuições:

> Nosso objetivo é evitar impor um método ou estilo de trabalho a todos os membros da Fundação e, ao contrário, proporcionar situações que dêem a cada pessoa a oportunidade de fazer descobertas sobre si mesma e de desenvolver a confiança em suas próprias habilidades. Na verdade, essa autoconfiança e as percepções desenvolvidas através de descobertas pessoais sobre o próprio corpo são freqüentemente traduzidas em outras áreas aparentemente não relacionadas com o trabalho em dança e movimento. Até o momento, estas áreas têm incluído pintura, fotografia, carpintaria, criação literária, cuidado de animais, lingüística, estudos científicos e várias outras. Em muitos casos os cursos proporcionam a única oportunidade que seus membros têm, na rotina de suas vidas, de entrar em contato e trabalhar com pessoas cujos objetivos, capacidades, experiências e limitações são muito diferentes dos seus. A Fundação abriga membros de todas as idades: desde crianças em idade pré-escolar até idosos. Pessoas com deficiências físicas ou mentais misturam-se aos naturalmente privilegiados. As mais diversas faixas sociais, econômicas e étnicas estão representadas[9].

7. "Quando Wilson apareceu pela primeira vez no laboratório de Robbins, o grupo estava trabalhando com elementos do teatro nô japonês. O exagerado movimento lento que mais tarde caracterizaria o balé *Watermill*, de Robbins, tem sido atribuído, muitas vezes, à influência de Wilson, mas o que parece mais provável é que os dois estivessem se aproximando, por caminhos diferentes, de idéias teatrais semelhantes." (CALVIN TOMKINS, "Time to Think", *The New Yorker*, 13 jan. 1975, p. 44).
8. Conforme relatório da Fundação Byrd Hoffman publicado em outubro de 1970, p. 7.
9. De acordo com o relatório da Fundação Byrd Hoffman, p. 7. A Introdução, na página 4, foi escrita por Robert Wilson, que assinava como Presidente. Esta segue os mesmos princípios não-autoritários do resto do documento: "Tenho trabalhado como coordenador da Fundação Byrd Hoffman desde seu início. Como professor, meu interesse principal não é o de transmitir informações em áreas específicas do conhecimento, mas, ao invés, o de encontrar e de organizar situações em que pessoas de experiências, interesses e capacidades diferentes possam unir-se e, juntas, desenvolver sua própria individualidade, seus talentos e contribuir, assim, para o grupo como um todo".

Esta abundância de contribuições resultou numa gigantesca peça teatral chamada *O Rei da Espanha*, inaugurando uma nova fase do trabalho de Wilson, caracterizada por uma criação artística muito mais barroca e exuberante, enfatizando uma visão de essência teatral como a "epifania da individualidade do *performer*"[10], e aliada a uma forte preferência pela comunicação não-verbal: "Estou profundamente comprometido com o trabalho corporal. Este comprometimento originou-se quando de meu trabalho com crianças deficientes, em que utilizei a atividade física como método para sensibilizar o corpo e estimular a percepção. Desde então tenho desenvolvido uma série de exercícios e princípios relativos à movimentação do corpo que respondem diretamente às energias e necessidades de cada participante das oficinas"[11]. *O Rei da Espanha* reuniu um elenco enorme para participar de uma série de atividades silenciosas no interior de uma sala de estar vitoriana. Wilson descreveu o ambiente criado para a apresentação como um "aposento velho e mofado no qual várias personagens esquisitas e dessemelhantes se agrupam, sem que realmente se relacionem"[12]. Essa agregação de figuras, característica importante de várias obras de Wilson, incluía três cavalheiros jogando xadrez, um deles cego; uma mulher de meia idade, numa malha preta, de gatinhas; uma outra mulher descrevendo a paisagem de Iowa; uma vaca-marinha abanando-se com um leque cor-de-rosa; um menino em pé num banquinho; e uma série de outras personagens, a maioria delas sem tomar conhecimento das outras. Embora houvesse alguma música composta por Alan Lloyd, quase toda a peça era silenciosa e as ações aconteciam, senão em câmara lenta, num ritmo extremamente relaxado. Ao final, uma personagem que havia permanecido o tempo todo sentada numa poltrona, de costas para a platéia, vira-se e encara o público. É o Rei da Espanha. Levanta-se, canta uma canção de ninar e, quando vem para a frente, prestes a confrontar o público, a cortina desce. Este estranho espetáculo foi apresentado apenas duas vezes no Anderson Theatre de Nova Iorque. Outras *performances*, entretanto, também baseadas neste princípio radical de justaposição, combinado com uma visão muito particular da arte de atuar, seguiram-se a esta e ampliaram o âmbito das experiências de Wilson, abrangendo propostas ainda muito mais extremas.

A Vida e a Época de Sigmund Freud, apresentada no Teatro de Ópera da Academia de Música do Brooklyn em 1969, durava aproximadamente quatro horas e incluía *O Rei da Espanha*, como o seu segundo ato, com poucas modificações. Freud e sua filha Anna, assim como outras figuras históricas, eram as personagens dessa peça. Tudo acontecia como num sonho, no qual suas aparições não possuíam nenhum significado racional. Elas eram apenas parte

---

10. STEFAN BRECHT, *The Theatre of Visions*, p. 27.
11. Conforme relatório da Fundação Bird Hoffman, p. 4.
12. TOMKINS, "Time to Think", p. 42.

A Vida e a Época de Sigmund Freud.

MONTANHA KA E O TERRAÇO GUARDenia. O dinossauro.

de uma imensa composição, uma sucessão de quadros vivos em que acontecimentos simultâneos irrompiam aqui e ali, totalmente independentes um do outro.

Ninguém tem um objetivo. As figuras humanas movimentam-se como figuras vistas por outros — por outros *maravilhados* por vê-las, mas que não se importam em atribuir motivos ou em especular o que elas estão fazendo. Eles estão *só* olhando-as. Nós vemos o que estes outros viram. Ações não são meios ou conseqüências, nesta peça; são símbolos. Mas os símbolos não significam nada. Apesar de terem a função de símbolo, não funcionam como símbolos. O estilo onírico da peça desvia nossa atenção da intenção e objetivo para significados, mas não proporciona nenhum significado. O sonho é *ininterpretável*. A vida é uma linguagem sem denotação[13].

Essa qualidade onírica, acrescida do uso de movimentos em câmara lenta e de atividades simultâneas durante a apresentação, tornou-se, cada vez mais, uma das principais características das produções de Wilson e foi intensificada ainda mais pelo uso constante da repetição e pela longa duração dos espetáculos. *O Olhar do Surdo,* um dos trabalhos teatrais mais elogiados de Wilson, que estreou na Academia de Música do Brooklyn em 1971, era um espetáculo de três horas de duração, inspirado em grande parte nas visões e desenhos de uma criança surda-muda, Raymond Andrews, e consistia numa formidável colagem de imagens, nas quais mais de cem atores tomavam parte e que exigia cenários gigantescos e um número enorme de adereços. *Le Monde* descreveu-o como "uma revolução das artes plásticas que se vê somente uma ou duas vezes numa geração"[14] quando o espetáculo foi apresentado no Festival Internacional de Teatro de Nancy, na França. A multiplicidade dos elementos nele envolvidos, magistralmente combinados, conferiam-lhe a proporção de um *Gesamtkunstwerk* wagneriano contemporâneo. Em seguida veio *Ouverture,* que foi apresentado das 6 às 9 da manhã e das 6 às 9 da noite como parte de uma festa aberta, com uma semana de duração, na Fundação Byrd Hoffman, no início de 1972. Este espetáculo foi então ampliado até atingir a duração de uma semana, sendo apresentado nesta forma no Festival das Artes de Shiraz, no Irã, aprofundando as experiências do grupo com o tempo, num total de 168 horas de trabalho ininterrupto. *MONTANHA KA E O TERRAÇO GUARDenia, uma estória sobre uma família e algumas pessoas mudando* foi o título dado à experiência, e o espetáculo ocupava, ao invés de um teatro, um vasto espaço ao ar livre nas colinas que circundam a cidade de Shiraz.

MONTANHA KA iniciou-se ("estreou" não parece ser a melhor palavra) na meia-noite do dia 2 de setembro ao pé da colina chamada Haft-tan, ou Sete-Corpos, numa referência aos corpos dos sete poetas sufis, ali enterrados. A cada novo dia, os *performers* deslocavam-se para uma área mais

13. STEFAN BRECHT, *The Theatre of Visions,* p. 50.
14. TOMKINS, p. 50.

alta da montanha, atingindo seu cume no sétimo e último dia da apresentação. Nos intervalos entre os diversos episódios, havia sempre atividade numa plataforma erguida ao pé da montanha. Um programa detalhado mostrava o que acontecia em cada dia, aonde, e por quanto tempo: dezenas de peças individuais, danças, pantomimas e quadros que haviam sido previamente preparados pelos vários membros da companhia — o programa enumerava dezessete diretores, nove autores e um elenco de setenta e cinco integrantes[15].

Dessa época em diante, as atividades do grupo tornaram-se, de certa forma, independentes da supervisão de Wilson e alguns membros da Fundação Byrd Hoffman começaram a desenvolver seu próprio trabalho, individualmente. Robert Wilson, por outro lado, iniciou também uma série de apresentações individuais e outras em colaboração com Christopher Knowles, uma criança autista que possuía notável energia criativa. Knowles integrou o grupo por ocasião da grande produção que se seguiu, intitulada *A Vida e a Época de Joseph Stalin,* que incluía elementos de todas as produções que lhe antecederam, reformulados e reestruturados num espetáculo de doze horas de duração. *Stalin,* cuja estréia ocorreu no Teatro Det Ny de Copenhague, na Dinamarca, foi então apresentado na Academia de Música do Brooklyn, assim como em várias outras partes do mundo, o que já se tornava uma rotina com os espetáculos de Wilson. No Brasil, onde a companhia permaneceu por mais de três meses, *Stalin* foi apresentada sob o título *A Vida e a Época de Dave Clark,* para evitar qualquer conflito com os censores do regime governamental reinante. Este foi o último espetáculo de escala gigantesca apresentado por Robert Wilson, assim como o último resultante das oficinas da Fundação Byrd Hoffman.

A peça seguinte, *Uma Carta para a Rainha Vitória,* representa o início de uma nova fase no trabalho de Wilson para o teatro, principalmente devido ao uso extensivo da palavra. Todas as produções de Wilson até então haviam mantido o uso da linguagem verbal ao mínimo possível. Em *Rainha Vitória,* entretanto, as palavras passaram a ser um dos elementos mais importantes. Além disso, ao invés de um elenco de centenas de pessoas, utilizou somente sete *performers*; e a apresentação não durava mais do que quatro horas. O texto foi escrito em colaboração com Christopher Knowles, cuja habilidade no manejo das palavras era de ordem matemática, sendo seus poemas semelhantes às curiosas construções literárias de Gertrude Stein. A produção de *Rainha Vitória* — que, aliás, pouco tinha a ver com a própria Vitória — estreou no Festival dos Dois Mundos, em Spoleto, na Itália, e viajou pela Europa toda durante quase um ano antes de estrear na Broadway, no teatro ANTA, em março de 1975. As oficinas

---

15. *Idem,* p. 57.

realizadas na Fundação Byrd Hoffman deixaram de existir, parte do edifício foi vendido, e a organização tornou-se apenas um centro administrativo relacionado às atividades de Wilson.

Deste ponto em diante, as peças de Wilson passaram a depender muito mais de projetos planejados com antecedência e da colaboração de outros artistas num nível mais profissional e impessoal. *Einstein na Praia,* com música de Philip Glass, utilizou poucos dos "Byrds" orginais, como eram conhecidos os membros do grupo. Aliás, com exceção de *O Valor do Homem em Dólar,* um espetáculo menos ambicioso produzido na Academia de Música do Brooklyn, em colaboração com Christopher Knowles, e que resultou de uma série de laboratórios teatrais dirigidos por Wilson na Fundação Byrd Hoffman com sessenta atores, a maioria deles iniciantes e não Byrds, os espetáculos de Wilson que se sucederam a *Stalin* foram criações individuais. Apesar de não ser tão autoritário em estilo quanto um Edward Gordon Craig, Wilson, como diretor, passou a assumir controle total de todos os aspectos de cada produção. Uma característica importante permaneceu, entretanto: sua crença de que o público deveria vivenciar a visita ao teatro da mesma forma que vivencia uma visita ao parque. Ou à praia. Ou seja: continuar a construir peças em que o público não se sinta impedido de ir e vir independentemente do que esteja acontecendo no palco, como se as cenas fossem apenas paisagens, sempre se transformando, mais independentes de um início ou de uma seqüência de eventos organizados de forma narrativa. Wilson insiste em que o público precisa desenvolver a liberdade artística tanto quanto os artistas precisam desenvolver outras percepções, já que é o público quem passa a participar criativamente do viver artístico com sua própria imaginação, completando, assim, o espetáculo.

Depois de *Einstein,* que conferiu a Wilson o novo *status* de reconhecimento internacional ao ser apresentado no Metropolitan Opera House do Lincoln Center em Nova Iorque, elaborou uma espécie de peça intimista com a bailarina Lucinda Childs, intitulada *Eu estava sentado em meu pátio este cara apareceu eu pensei que estava enlouquecendo,* uma experiência com palavras e movimento, em que a linguagem verbal era, novamente, o elemento principal. No entanto, ao invés de um texto tradicional, Wilson organizou uma colagem de trechos de conversas e de diálogos de filmes e de programas de televisão, obtendo como resultado uma composição não-linear de centenas de mininarrativas, ou "minidramas". As experiências de Wilson com a palavra passaram também a desenvolver-se numa série de *performances* individuais, bem como em suas *performances* com Christopher Knowles, com quem passou a criar as chamadas "peças-diálogo", verdadeiras demonstrações públicas do processo dinâmico desencadeador de um tipo peculiar de criação literária, os *sound-texts* ou "textos-som"[16]. *Dia Log; Um Homem Louco, Um Gigante Louco, Um Cachorro Louco, Uma Urgência Louca, Um Rosto Louco; Diálogo/Network;* e *Diálogo/Jorge Curioso* são alguns exemplos deste tipo de *performance*.

Em 1979 Wilson voltou-se para um tipo de produção que evocava a veia barroca característica de *Freud* e *Stalin*, quando seu trabalho estava intimamente relacionado à participação dos membros da Fundação Byrd Hoffman, com a montagem de *Morte, Destruição e Detroit* no Schaubühne am Halleschen Ufer de Berlim, Alemanha. Desta vez ele dirigiu os membros da companhia de Peter Stein, todos de altíssimo nível profissional. *Edison*, produzido em Nova Iorque no final do mesmo ano, também revela a volta de Wilson à abundância de imagens oníricas características de suas primeiras produções, apesar de contar com um elenco de apenas seis integrantes.

O custo de produção dos espetáculos de Wilson, entretanto, passou a ser cada vez mais o maior obstáculo para sua realização, impedindo o desenvolvimento completo de seus projetos e tornando muito difícil cada remontagem. Com a finalidade de atingir um público maior, Wilson passou a trabalhar também com outros meios de comunicação, tais como cinema e vídeo. Uma de suas experiências nesse sentido, *Vídeo 50,* traduz para a linguagem da televisão os seus conceitos mais importantes; e muitos de seus espetáculos já foram adaptados para esse meio. Atualmente, a Fundação Byrd Hoffman possui um arquivo com abundante documentação sobre Robert Wilson e seu trabalho, enquanto pesquisa constantemente todas as possibilidades de financiamento e de captação de verbas necessárias para a manutenção de suas experiências e organiza mostras e atividades com o fito de divulgar todas as facetas de sua produção artística.

Sem dúvida alguma o lugar de Wilson na história da arte contemporânea está assegurado. Entretanto, seu trabalho não é um fenômeno isolado. Como espetáculos, as peças de Wilson representam um desenvolvimento natural da evolução do teatro do século XX, seguindo uma trilha que remonta a Wagner, Craig, Reinhardt e outros. Além disso, a idéia de teatro como uma combinação de todas as artes é tão antiga quanto o teatro grego, que incluía música e dança; ou como as feiras medievais e as "máscaras" elisabetanas e jacobinas, só para citar uns poucos exemplos. Quanto a seu conteúdo, as peças de Wilson sugerem uma intensificação do momento do *pathos* até o extremo, embora a emo-

---

16. Este termo tem sido usado, ultimamente, em referência a textos cujo sistema de notação transcende o uso do alfabeto e da gramática comum. Uma volumosa antologia de tais *text-sounds* foi organizada por RICHARD KOSTELANETZ, *Text-Sound Texts,* New York, William Morrow and Company, Inc., 1980.

ção propriamente dita seja cuidadosamente desintensificada pela modificação de seu tempo natural, através dos processos de câmara lenta e de encompridamento da duração usual da peça. Vistos dessa forma, os espetáculos de Wilson podem ser considerados como uma continuação da tentativa tchekhoviana de retratar personagens em seus momentos de maior alienação quanto a pensamento e propósito, permitindo-lhes então, assim despojados, revelar inconscientemente os seus sentimentos mais secretos, os quais não se poderia conhecer de outra maneira. Por esta razão, podemos relacionar facilmente as experiências de Wilson à de dramaturgos tais como Samuel Beckett, Harold Pinter e Peter Handke. A dificuldade em se compreender a essência ou "significado" das peças de Wilson está, contudo, no fato de que ele não se mostra interessado em revelar a mesma "verdade" psicológica perseguida pelo realismo pós-darwiniano, ou seja, essencialmente baseada na psicologia do indivíduo, e melhor exemplificada pelos estudos de Sigmund Freud, mas sim interessado numa psicologia mais ampla e abrangente do coletivo, melhor exemplificada pelas teorias de Carl Jung.

Uma palavra sobre a expressão *Gesamtkunstwerk* é necessária, aqui, para evitar confusão. *Gesamtkunstwerk* significa apenas um "trabalho de arte total" e, no caso de Wilson, não exatamente como Richard Wagner a entendia. Wilson não está interessado somente numa fusão das artes, nem, como quer um de seus críticos, no "harmonioso entrelaçamento de gêneros em que canção e recitativo, música, arquitetura e pintura unem-se numa só forma, visando a purificação da Obra de Arte"[17]. Ao invés de fusão, Wilson engendra uma justaposição de modos diferentes da expressão humana. Onde Wagner rejeitou árias e recitativo para fundir música e canção evitando, assim, qualquer interrupção ou divisão no desenrolar da ópera, Wilson simplifica os elementos do espetáculo de forma a fazê-lo emergir como unidades artísticas autônomas. Este enfoque fenomenológico preliminar, ao invés de disfarçar a verdadeira natureza de cada arte, mergulhando-a no cadinho de uma Arte irreconhecível, como era o desejo de Wagner, acaba por revelar claramente a linguagem específica de cada modalidade artística. De fato, ao invés do resultado constituir-se na expressão de uma só linguagem artística, com todas as modalidades convergindo para moldar um único significado, o que transpira, nas peças de Wilson, é uma multiplicidade de linguagens, freqüentemente divergentes em significados. Por outro lado, Wagner e Wilson representam dois pólos do mesmo ideal de *Gesamtkunstwerk*, na medida em que se utilizam de uma variedade de formas artísticas em prol de uma única experiência artística, Wagner através de um processo de "transição" e Wilson através de um pro-

---

17. VICKY ALLIATA, org., *Einstein on the Beach*, por Vicky Alliata, New York, EOS Enterprises Inc., 1976, p. 8.

cesso de "justaposição" — palavras que, no entender de Robert Shattuck, representam os impulsos essenciais que definem a diferença entre os esforços artísticos dos séculos XIX e XX[18]. Wagner pertence a um mundo em que "unidade" ainda refere-se ao conceito clássico de unidade que se originou no teatro grego; "um único valor de *proximidade* dentro das dimensões de lugar, tempo e caracterização"[19]. Neste contexto, "ação" significava "um arranjo racional de acontecimentos em seqüência"[20]. Contudo, a sensibilidade moderna do século XX desenvolveu um novo sentido de "unidade"; "assim como um fenômeno da natureza não poderia mais ser entendido como existindo *lá*, na simples localização da física clássica, também a obra de arte — peça ou pintura — não mais poderia ter um simples *aqui e agora*, mas uma unidade muito complexa"[21]. É este novo conceito de unidade, não mais caracterizado por sucessão, por transição, mas por justaposição, ou mesmo por superposição, que caracteriza o *Gesamtkunstwerk* de Robert Wilson.

Poder-se-ia dizer que, ao menos no século XX, outros artistas já haviam precedido Wilson na criação deste novo teatro total, como Piscator ou Alwin Nikolais. Estes são artistas acostumados às técnicas eisensteinianas de justaposição e que se têm utilizado de recursos oriundos das mais variadas artes na realização de projetos os mais complexos. Mas Wilson é o primeiro a operar consistentemente no âmbito da complexidade das linguagens específicas de cada arte empregada em sua arte total, isto é, sem utilizar um filme para esclarecer um texto ou uma canção para comentar uma ação (como ocorre com Brecht). Do ponto de vista de Eisenstein, basta que duas imagens aparentemente não relacionadas entre si sejam colocadas em confronto para que uma terceira se crie na mente do espectador. Ora, mas até aí o uso que se queria obter desse confronto de imagens refletia, ainda, a lógica de causa-efeito do pensamento dialético, a terceira imagem constituindo-se na síntese conhecida do artista que escolheu a associação das imagens (a imagem de um homem alto, grande, bem vestido, visto de baixo para cima, seguida da imagem de toda uma multidão de gente pobre, suja, magra, andrajosa, vista de cima para baixo, deverá conduzir a atenção do espectador, naturalmente, a pensamentos de opressão, injustiça social). Pressupõe, ainda, o mesmo conceito de *proximidade* mencionado acima, que a transição talvez esteja oculta, mas não ausente.

Piscator usou o cinema para ligar presente e passado: por exemplo, relacionando acontecimentos de uma peça sobre o século XIX a acontecimentos contemporâneos exibidos em filme. Ainda

18. ROBERT SHATTUCK, *The Banquet Years*, New York, Vintage-Random House, 1968, p. 332.
19. *Idem*, p. 331.
20. *Idem*, p. 331.
21. *Idem*, p. 332.

neste caso uma ordem de sucessão foi estabelecida, equivalente à organização de acontecimentos em série. O que distingue a arte de Wilson de todas as tentativas precedentes de se atingir uma forma de arte total é, principalmente, o seu simultaneísmo, pois a resolução de opostos e contrastes permanece indefinida, com várias proposições contraditórias apresentando-se ao público ao mesmo tempo, sempre convidando à consideração de uma nova síntese desconhecida.

O simultaneísmo [diz Robert Shattuck] desenvolveu-se tanto como uma lógica (ou uma a-lógica) quanto como uma técnica artística. Encontrou uma forma de expressão direta, livre de qualquer ordem convencional. Reproduziu a compressão e a condensação dos processos mentais. Manteve uma proximidade de relacionamento entre o pensamento consciente e o inconsciente. Abrigou a surpresa, o humor, a ambigüidade e as imprevisíveis associações do sonho. Emprestando coerência sem transição, deu a ilusão de grande velocidade, apesar de permanecer imóvel. A velocidade representava sua abrangência potencial, sua libertação de tabus da lógica e do estilo elegante. A imobilidade representava sua unidade, seu presente contínuo, sua total permanência[22].

A este "reino-do-tudo-junto"[23], para usar a expressão de Shattuck, Wilson acrescenta ainda outra dimensão, que finalmente o destaca de todos os outros surrealistas que o precederam, senão num trabalho de arte total, ao menos numa só arte (Gertrude Stein, Delaunay, Satie), e esta é a da revelação da estrutura da imobilidade pelo ralentamento, até alcançar a quase total imobilidade dos acontecimentos no palco, destruindo, então, até esta "ilusão de velocidade". Considerando-se isso, sua arte é única, já que ele não está meramente interessado em exibir a confusão reinante no interior da mente de um ser humano mas, ao contrário, em estudá-la e analisá-la. Como fenômeno popular, o simultaneísmo é típico dos anos sessenta. Mas a cuidadosa observação do simultaneísmo faz parte da tarefa artística dos anos setenta, com sua ênfase na arte minimalista. Robert Wilson lida com as duas possibilidades, pois não rejeita o simultaneísmo como o próprio contexto de suas investigações minimalistas.

O estudo do *Gesamtkunstwerk* de Wilson e de suas particularidades será, daqui por diante, o assunto principal deste livro, primeiro numa análise de seus componentes em separado, nos seis primeiros capítulos, e então, num só capítulo, numa análise global de um de seus projetos mais ambiciosos, *A Vida e a Época de Joseph Stalin,* acompanhado desde sua gênese até sua apresentação pública. Trata-se de investigar os métodos de Wilson, não de sua biografia. É no seu processo de criação que encontramos exemplos das principais correntes do teatro moderno e de processos criativos universais. Conseqüentemente, não há nenhuma preocupação, aqui, com ordem cronológica. Uma análise de *Vídeo 50,* um trabalho

22. *Idem,* p. 349.
23. *Ibid.*

realizado para a televisão no final da década de setenta, servirá como ponto de partida, como modelo inicial para este estudo de estruturas concomitantes a um *Gesamtkunstwerk*, assim como da estrutura global de um *Gesamtkunstwerk*. Como a carreira de Wilson tem atravessado constantes transformações desde o final dos anos setenta, deixo para a conclusão a discussão da natureza destas transformações, assim como uma avaliação de novos projetos e interesses deste criador. Em apêndice, incluo duas entrevistas que considero representativas das duas fases mais importantes do trabalho de Wilson para o teatro: a fase inicial, de natureza mais coletiva, e a situação atual, como um diretor de teatro independente. Através do estudo dos métodos e idéias de Wilson, estaremos discernindo e compreendendo os mais importantes desenvolvimentos artísticos de nossos tempos. Robert Wilson é, na verdade, uma espécie de ressonador e, ao mesmo tempo, o catalisador de algumas conquistas artísticas que marcam, particularmente, uma fatia importante do século XX.

Os Processos Criativos
de Robert Wilson

O Olhar do Surdo.

1. "Vídeo 50": Manipulação de Imagem e Meio em Robert Wilson

> *Ele afundou-se na tela. Como a luz do sol, ar fresco e chuva rala, o mundo além do jardim adentrou Chance, e Chance, como uma imagem de TV, flutuou mundo adentro, animado por uma força que ele não via e que não podia nomear.*
>
> JERZY KOSINSKI, O Videota[1].

Vídeo 50, um dos mais recentes trabalhos de Robert Wilson para televisão, é um dos exemplos mais simples da dinâmica criada entre imagem e espectador através da manipulação de um meio. Sua estrutura limpa exemplifica com clareza um sistema básico de conceitos que certamente nos ajudarão a compreender os trabalhos mais complexos do autor, especialmente seu teatro. *Vídeo 50* consiste numa seqüência de noventa e cinco cenas de aproximadamente trinta segundos cada uma, num total global de cinqüenta minutos de duração. Cada cena é uma espécie de drama em miniatura, às vezes completo em si mesmo, outras vezes repetido em alguma outra parte da seqüência, e ainda outras vezes desenvolvido em cenas subseqüentes. De uma maneira geral, *Vídeo 50* retrata uma série de imagens alienadas de seu contexto referencial mais imediato e reorganizadas de acordo com uma progressão não-linear. A maioria destas cenas são simples pantomimas silenciosas acompanhadas de trilha sonora própria. Entretanto, *Vídeo 50* não chega a narrar nenhuma estória; e as cenas que compreende não desenvolvem ações completas. Na verdade, são como que fragmentos de ações que se sucedem, pelo menos aparentemente, de maneira caótica e arbitrária. As imagens surgem como fenômenos, na forma espontânea com que afloram na mente

---

1. JERZY KOSINSKI, *Being There*, New York, Bantam Books, Inc. 1980, p. 5.

humana. À medida que se materializam na tela do vídeo, vazias de qualquer conteúdo facilmente identificável, sem moldura contextual explícita, passam a funcionar, paradoxalmente, como eloqüente comentário sobre a natureza da televisão como veículo de comunicação, desafiando os hábitos visuais do telespectador, enquanto exploram o potencial artístico do meio.

A estimulação dos modos de percepção é uma característica constante no trabalho de Wilson. Em *Vídeo 50*, em que o espectador é convidado a apreciar cada imagem por um tempo consideravelmente longo, termina-se por detectar uma série de informações que, quando transmitidas regularmente pela televisão comercial, mantêm-se, invariavelmente, a nível subliminar. De certo modo, as imagens apresentadas em *Vídeo 50* formam uma espécie de catálogo epistemológico da informação, transmitida por um aparelho de televisão durante o tempo arbitrário de cinqüenta minutos. O conjunto enfatiza um dado conhecido, mas pouco explorado: que o espectador, através da televisão, expõe-se a muito mais informação do que tem consciência. Por exemplo, quando alguém diz que "assistiu ao noticiário" está, necessariamente, omitindo comerciais, identificações da emissora, trechos de filmes, serviços, e toda a informação extra, automaticamente vinculada à experiência de assistir a um noticiário pela televisão. Além disso, a organização dessa informação, destinada a prencher brechas de horário adquiridas pelas mais diversas empresas comerciais, as quais anunciam seus produtos ou patrocinam este ou aquele programa, é um fator determinante em relação à forma com que esta informação atinge o espectador. Aliás, a organização aparentemente arbitrária das imagens que compõem *Vídeo 50* é um ótimo paralelo à maneira com que imagens aparecem normalmente na televisão. Apesar de o espectador poder ser relativamente seletivo quanto ao que deseja dedicar sua atenção, ao assistir à televisão, é sempre a totalidade da informação visual e auditiva o que irá, em última análise, moldar a sua experiência, e não apenas o que decidir assistir.

A utilização da imagem televisiva em *Vídeo 50* será melhor compreendida numa descrição cena a cena.

1. A primeira imagem a aparecer na tela — junto com os créditos[2] — é a de um homem, no lado esquerdo do vídeo (do ponto de vista do espectador). Este lembra um homem de negócios, carregando a típica pasta de executivo. Ao fundo, um cenário de queda d'água, que domina o resto da tela. Este cenário é, na realidade, a ampliação de um cartão postal turístico das Cataratas do Niágara. Esta imagem, assim como muitas outras em *Vídeo 50,* segue o princípio do efeito da caixa azul, ou seja, dependem da projeção de um cenário de fundo. Esta justaposição de elementos visuais é completada

---

2. Créditos relativos a *Vídeo 50*: direção de Robert Wilson; cenários de Elizabeth Tavernier; figurinos de Christianne Lambert; maquiagem de Joel Lavan. Com Lucinda Childs e Patrice Chemin. Música de Alan Lloyd. Iluminação de Rob Boner.

pela justaposição similar de elementos auditivos, no caso o ruído monótono do cair das águas, música distante de piano, e a repetição audível da interjeição "hum" a pequenos intervalos de tempo. A ação desenvolvida durante os trinta segundos que a cena dura aproximadamente é mínima: o homem observa a paisagem, aproxima-se do abismo onde caem as águas, põe a mão na testa — como se estivesse calculando a altura em que está —, volta alguns passos, e fim. Corte para a próxima cena. O espectador presencia apenas parte de uma ação a ser completada ou desenvolvida, capta só um momento do que parece ser a preparação de um suicídio, ou, talvez, alguém que demonstra seu medo de cair. Apenas a frustração de uma ação que não chega a completar-se permanece no espectador, já que a cena é interrompida ainda em seus primeiros estágios de desenvolvimento.

2. A cena anterior é substituída pela imagem de um quarto vazio, uma janela fechada à esquerda e cortinas transparentes que esvoaçam, como se a janela estivesse completamente aberta. Ouve-se o ruído incessante do vento.

3. O *close-up* de um telefone branco ocupa a tela toda. Ouve-se o ruído intermitente de um telefone.

4. Uma sala vazia, uma porta ao centro. A melodia de um musical da Broadway enche o espaço. Uma mulher vestida de cor-de-rosa entra pela porta, rodopia alegremente pela sala, pára, olha diretamente para o espectador. A paisagem exterior, a qual pode ser apreciada por alguns momentos quando a porta é aberta, lembra uma ampliação de um cartão postal turístico das colinas peruanas de Machu-Picchu.

5. Um rapazinho olha para o alto, em direção a uma lâmpada elétrica instalada no teto de um aposento aparentemente pequeno. Segura um cigarro entre os dedos. O fundo sonoro é sinistro: água escorrendo pelas paredes de um espaço metálico todo fechado. O rapazinho acende a lâmpada e olha para ela.

6. Uma cena de assalto contra um fundo de cartão postal ampliado, representando a cidade de Nova Iorque à noite. Um homem mascarado aponta uma arma para uma mulher. O rosto dela, estático como o resto do quadro, expressa medo e surpresa. A câmara então aproxima-se, fixando um *close-up* da mulher. Ela sorri e pisca para o público. Em seguida, retorna à expressão precedente, enquanto a câmara também retorna a sua posição anterior, mostrando, novamente, uma vista panorâmica da cena. O som de fundo é o tipo de música

3. Estes quatro exemplos foram baseados nos gráficos originais de Wilson para alguns episódios de *Vídeo 50* e que se encontram nos arquivos da Byrd Hoffman Foundation. Muitas das seqüências incluídas neste primeiro texto não aparecem na produção final. Aliás, somente as quatro seqüências aqui examinadas foram produzidas. O resto do texto foi totalmente alterado.

jazzística que caracteriza a maioria dos seriados de detetive para televisão.
7. *Close-up* do rosto de uma mulher, de olhos fechados, pesadamente maquiado, embora com certa sofisticação. De tempos em tempos houve-se "hum".
8. Um quarto de dormir decorado com papel de parede florido. Um homem gordo, de pijama, está sentado na beira da cama, segurando um saco de gelo sobre a cabeça, enquanto dedilha os dedos da mão direita sobre a perna direita. Ouve-se o som de uma mulher falando rapidamente, como que cacarejando, enquanto o homem olha a sua volta, desamparado. Aí vê-se a mulher, vestida com uma camisola florida, o cabelo todo enrolado em papelotes. Ela boceja, como quem acaba de acordar, então olha para a câmara e continua a cacarejar incessantemente.
9. Uma mulher deitada na cama, à noite, olha o telefone a seu lado, no criado-mudo. A imagem funde-se lentamente com a imagem de um homem nu, sentado em frente a uma lareira, olhando para as chamas, até que a primeira imagem desaparece e permanece somente a segunda. A primeira imagem tem um tom primordialmente azulado, contrastando fortemente com a segunda, de tom laranja, definido pela luz que vem da lareira. Esta é uma das únicas seqüências em que se processa uma fusão de duas imagens, ao invés de um corte brusco.
10. Filas de cadeiras metálicas vistas do alto. Estão em uma espécie de pátio ou qualquer espaço aberto deste tipo. Ouve-se música de piano. Uma mulher vestida de amarelo e negro adentra a cena, lentamente, e senta-se, contrastando com o fundo cinza do pátio e com o branco das cadeiras. Atmosfera de tristeza e solidão.
11. Contra um fundo que representa um esplendoroso céu dourado, como se iluminado pelos últimos raios solares da tarde, uma cadeira parece flutuar no espaço. Ouve-se o som de um piano tocando uma sonata alegre e serena.
12. *Close-up* de um olho humano. O som de um relógio. Lentamente, o olho começa a se abrir, levando trinta segundos para o fazer completamente.
13. Uma mulher, de costas para o público, vestida com uma roupa esvoaçante, olha para o mar, enquanto o vento sopra em sua direção. Sua roupa e seus cabelos acompanham o movimento da brisa, enquanto se ouve o barulho de uma tempestade que se aproxima. As cores de seu vestido, violeta, verde e azul, misturam-se às cores das nuvens que se avolumam sobre o mar. Após alguns momentos, a mulher acaricia o pescoço com a mão esquerda.
14. Uma mulher abre a porta de um quarto de dormir, olha para o jovem que está deitado na cama. O jovem desperta,

a mulher continua olhando para ele. Ouve-se música suave para piano.
15. Um par de mãos muito delicadas movimenta-se contra uma superfície negra, como se estivesse fazendo sinais de um código particular. Ouve-se uma canção infantil tocada por uma caixa de música.
16. Uma porta movimenta-se lentamente, prestes a fechar-se. Não há música de fundo, só o ruído estridente da porta que se movimenta. Finalmente a porta bate. Após um segundo, vê-se uma mão tentando alcançar a porta, mas em vão.
17. Um rapaz dormindo em sua cama. É noite. Ouve-se o ruído da tempestade e vê-se o piscar dos relâmpagos. Um dos dedos do rapaz movimenta-se nervosamente.
18. Um velho com um bigode volumoso, de terno, gravata, e óculos redondos antiquados, leva repetidas vezes a mão esquerda à cabeça, como que indicando dor. Ouve-se "hum" de tempos em tempos.
19. Um homem gordo aparece suando em bicas, enxugando constantemente a testa com um lenço, enquanto ouve-se, como fundo musical, uma vibrante passagem wagneriana.
20. Contra uma paisagem de cartão postal representando o mar batendo contra algumas rochas, um homem gordo, de costas para o público, usando um capacete de trabalhador, permanece imóvel. Ouve-se "hum" de tempos em tempos.
21. Repetição da seqüência 11 (a cadeira flutuando contra o pôr-do-sol).
22. Um filhote de papagaio aparece contra uma paisagem de cartão postal que lembra a área desértica do Grand Canyon norteamericano. Ouve-se a música serena de Debussy e, de tempos em tempos, os tímidos ruídos emitidos pelo filhote de papagaio, quase estático, empoleirado numa vareta de madeira.
23. Um ganso, em *close-up*, fazendo ruídos frente a um microfone.
24. Ouve-se a *Ode à Alegria*, de Beethoven, enquanto copos cheios de um líquido transparente são colocados sobre uma superfície escura; um a um desaparecem no ar à medida que a tocam.
25. Uma variação da seqüência inicial. Agora o homem olha para baixo, em direção ao abismo, então equilibra-se sobre um só pé sobre a rocha em frente às cataratas, esticando os braços para frente numa posição perigosa, sua pasta de executivo longe do corpo, servindo de contrapeso. Ouve-se o mesmo som de piano.
26. O interior de um caminhão carregado de caixas grandes com etiquetas de MADE IN por toda parte (sem revelar, no entanto, o nome do país ou dos países de origem). As caixas estão chacoalhando, acompanhando o movimento do caminhão. Subitamente, vê-se um ratinho esgueirar-se por entre as caixas.

Ouve-se continuamente o som da chuva. Finalmente, o ratinho pula para a frente, desaparecendo da vista do público.
27. Repetição da seqüência 3 (*close-up* do telefone).
28. Um martelo amarelo prepara-se para atingir uma grande chapa de vidro suspensa a uma certa distância de uma superfície cinzenta. O martelo balança para cima e para baixo até finalmente atingir o vidro, quebrando-o. Corte imediato para um *close-up* do rosto de um bebê.
29. Repetição da seqüência 2 (janelas fechadas com cortinas esvoaçantes).
30. Um atleta exercita seus músculos, mostrando-os ao público contra um fundo de papel de parede florido, enquanto ouve-se uma melodia pouco especial em ritmo de bossa-nova.
31. *Close-up* de um cachorro sendo ensaboado ao som de música clássica ao violino, estilo Paganini. O cachorro parece absolutamente indiferente ao que lhe acontece.
32. Um salão de beleza. Uma jovem cabeleireira faz o cabelo de uma freguesa, a qual está sentada frente a uma mesa coberta com toda a sorte de produtos de beleza. A cabeleireira parece não prestar a mínima atenção ao que está fazendo. Na verdade, dá a impressão de estar assistindo a um programa de televisão. Além disso, fuma constantemente um cigarro. Quando o serviço está pronto, ela apaga o cigarro e levanta a cabeça da freguesa, uma mulher de meia idade. A jovem cabeleireira pisca para o público. Ouve-se, durante toda a cena, música de supermercado.
33. Repetição das seqüências 11 e 21 (a cadeira flutuando contra o pôr-do-sol).
34. *Close-up* de uma tostadora, em primeiro plano, e do rosto de uma mulher olhando por detrás do aparelho. Ouve-se "hum" de tempos em tempos. Começa a sair um pouco de fumaça da tostadora, enquanto a mulher permanece inexpressiva. A mulher usa maquiagem carregada.
35. Um parque no outono. Som de pássaros que gorjeiam. Subitamente uma menininha aparece, vinda do alto do quadro, sentada num balanço, e começa a balançar-se para frente e para trás.
36. Uma mão enluvada, carregando um jarro de estanho, entorna leite do jarro num copo, até que o leite transborda do copo para a superfície negra que o sustenta.
37. Uma variação da seqüência 5 (rapazinho olhando para lâmpada num aposento vazio). A cena é exatamente a mesma, com a diferença de que o aposento em que o rapazinho se encontra é, desta vez, muito mais escuro, sombrio, como se fosse num horário diferente. A ação, entretanto, permanece a mesma.

38. Uma progressão das seqüências 3 e 27 (*close-up* do telefone), desta vez o telefone visto um pouco mais de longe e também de um ângulo ligeiramente distinto. Antes do final da seqüência, vê-se uma sombra aproximando-se do aparelho e cobrindo-o parcialmente.
39. Um homem, de costas para o público, veste-se lentamente com uma jaqueta de couro negro. Som de violino.
40. Repetição da seqüência 15 (mãos e canção infantil).
41. Uma jovem oriental medita sentada na tradicional posição do lótus, num aposento decorado de maneira a aparentar um templo indiano. A câmara aproxima-se para apresentar o *close-up* do rosto de uma mulher, enquanto funde-se com a imagem da cadeira flutuando, como nas seqüências 11, 21 e 33. Som de raga indiano.
42. Repetição das seqüências 11, 21 e 33 (a cadeira flutuando contra o pôr-do-sol). É interessante notar que há uma diferença sutil, mas visível, entre a cadeira dessas seqüências e a da seqüência anterior.
43. Uma progressão da seqüência 34 (*close-up* da tostadora), desta vez focalizando o objeto mais de longe, com torradas saltando para o alto, enquanto a mulher diz "O.K.".
44. Repetição da seqüência 16 (porta que vai bater e mão esticando).
45. O interior de um quarto de dormir. Homem de meia idade está terminando de fazer uma mala, no que é ajudado por uma mulher mais velha. O homem vai até uma cômoda e tenta abrir uma das gavetas, sem conseguir. A mulher faz um gesto, indicando que ele deveria deixá-la tentar. Ela abre a gaveta sem a menor dificuldade e recua em seguida, de volta a seu papel subserviente. Durante toda a cena, som de limpador de pára-brisas em movimento.
46. Repetição da seqüência 22 (filhote de papagaio contra paisagem do Grand Canyon).
47. Repetição da seqüência 24 (*Ode à Alegria* e copos desaparecendo).
48. Uma progressão das seqüências 1 e 25 (homem e Cataratas do Niágara). Desta vez o homem começa a pular para trás, numa espécie de dança, ainda olhando para o abismo.
49. Uma mesa vazia. Subitamente, começam a aparecer pratos e toda sorte de utensílios de cozinha, todos brancos, formando uma pilha gigantesca e instável, até que o esperado acontece: a pequena montanha desaba, fazendo muito barulho.
50. Uma progressão das seqüências 3, 27 e 38 (*close-up* do telefone). Desta vez o telefone está mais longe ainda e, seguindo-se à aparição da sombra misteriosa, surge a pata de um monstro peludo, possivelmente um gorila.

51. Repetição da seqüência 35 (garotinha balançando-se no parque).
52. Vê-se uma mão apontando em direção a um mapa celeste, enquanto ouve-se o barulho de uma tempestade que se aproxima.
53. Um velho sentado na beira de sua cama. Suas mãos e pernas movimentam-se quase que imperceptivelmente, sem qualquer objetividade, sugerindo impotência.
54. *Close-up* de uma boca de criança mascando chiclete. A criança faz uma bolha grande, cada vez maior, até explodir, e recomeça imediatamente a mascar, preparando-se para fazer outra bolha.
55. Semelhante à seqüência 20 (homem gordo com capacete), embora aqui o homem esteja de frente para o público. Usa óculos e seu rosto mostra insatisfação.
56. Repetição das seqüências 11, 21, 33 e 42 (a cadeira flutuando contra o pôr-do-sol).
57. Progressão das seqüências 34 e 43. Desta vez, ao invés de torradas, o aparelho cospe fogo e fumaça, e a mulher finalmente reage, dizendo: "O God, Jesus Christ!", parecendo surpresa.
58. Progressão das seqüências 2 e 29 (janela com cortinas esvoaçantes). Desta vez a janela está aberta e um velho entra e a fecha. As cortinas, entretanto, continuam flutuando, como nas seqüências anteriores.
59. *Close-up* de uma mulher passando esmalte vermelho brilhante nas unhas, o que faz de maneira extremamente relaxada. O som de fundo são ruídos de rua: carros que passam, vozes, buzinas etc.
60. Um menininho agachado no chão tentando amarrar os sapatos enquanto repete "O.K." de tempos em tempos.
61. Um homem, vestindo uma espécie de uniforme de trabalho e um boné, arrasta um arado por sobre uma área coberta de folhas, contra um fundo de cartão postal representando um aglomerado de ruínas de construções de pedra. Ouve-se o som de uma rodovia movimentada.
62. Uma progressão das seqüências 3, 27, 38 e 50 (*close-up* do telefone). Agora a pata do monstro tira o receptor do gancho e segura-a acima do telefone, silenciando, finalmente, o tocar incessante.
63. Repetição das seqüências 16 e 44 (porta que bate e mão que se estica).
64. Repetição das seqüências 15 e 40 (mãos e canção infantil).
65. Um rapaz e uma moça tomam banho de chuveiro juntos: ensaboam um ao outro e depois abraçam-se sob a água. Atmosfera de conforto e confiança mútua.
66. Uma progressão da seqüência 59 (mulher passando esmalte nas unhas). *Close-up* das mãos de uma mulher lixando suas

unhas vermelhas. Ouve-se o som amplificado da lixa contra uma das unhas, até que a unha se quebra.
67. Uma sala de estar. Sobre o sofá, ao lado de um quebra-luz, um rapaz e uma moça estão sentados, olhando para a frente. A moça olha para o rapaz, põe a cabeça sobre o ombro dele, então levanta-se, desliga o quebra-luz, e pára diante do rapaz, mas este nem sequer se mexe durante toda a seqüência, como se estivesse entediado. Ouve-se música de supermercado.
68. Repetição das seqüências 11, 21, 33, 43 e 56 (cadeira flutuando contra pôr-do-sol).
69. Uma variação da seqüência 10 (mulher e cadeiras), com um adendo ao final: a mulher levanta os olhos para o alto após sentar-se.
70. Os perfis de Indira Gandhi e de uma outra mulher parecida com ela aparecem através de um filtro fotográfico verde e azul, enquanto escuta-se vozes recitando em hindi.
71. Repetição das seqüências 24 e 47 (*Ode à Alegria* e copos desaparecendo).
72. Uma progressão das seqüências 1, 25 e 48 (homem nas Cataratas do Niágara). Agora os movimentos do homem transformaram-se numa espécie de dança acrobática, colocando-o em posições difíceis e desconfortáveis.
73. Uma progressão das seqüências 35 e 51 (garotinha balançando-se no parque). Desta vez a menina está girando na vertical, junto com o balanço.
74. Variação das seqüências 22 e 46 (filhote de papagaio contra paisagem do Grand Canyon). Ao invés do Grand Canyon como fundo, entretanto, vê-se a ampliação de um cartão postal de Manhattan, com as torres do World Trade Center em evidência.
75. Repetição das seqüências 2 e 29 (janela fechada e cortinas esvoaçantes).
76. Uma cadeira e uma poltrona desaparecem lenta e pacificamente num mar dourado, enquanto ouve-se música suave ao violino.
77. Uma sala de jantar. Um senhor e uma senhora terminam uma refeição, cada um sentado numa ponta da mesa. O senhor levanta-se e sai. Um rapaz entra na sala e toma o lugar do senhor, continuando a comer a mesma refeição. A senhora levanta-se e sai. Uma menina entra e toma o lugar da senhora. A ação é automatizada, sem expressão.
78. Um rapaz escova os dentes usando uma escova de dentes elétrica. Faz isso distraidamente, como se estivesse num transe. O ruído da escova elétrica é excessivamente amplificado.

79. Uma enorme superfície negra sobre a qual estão diversos copos cheios de leite. Ouve-se, durante toda a seqüência, um som ameaçador de ataque aéreo e de bombas explodindo.
80. Repetição da seqüência 41 (jovem oriental meditando e corte para cadeira flutuando).
81. Repetição das seqüências 11, 21, 33, 42, 56 e 68 (cadeira flutuando contra pôr-do-sol).
82. Sutil variação da seqüência 17 (homem dormindo), em que também se ouve o som do homem roncando.
83. Interior de uma biblioteca doméstica. Um senhor vestindo um robe de dormir está sentando à escrivaninha, absorvido pela leitura de um livro enorme. De repente, um cardume de peixes tropicais atravessa a cena como se estivesse nadando no ar, bem em frente ao rosto do senhor, sem que este se dê conta do estranho acontecimento.
84. Um olho humano encara fixamente o espectador, enquanto se ouve o ruído repetitivo de algum aparelho mecânico, provavelmente uma máquina de costura.
85. Repetição da seqüência 15 (mulher olhando para o mar).
86. Um telefone negro sobre uma superfície brilhante, o fone fora do gancho. Ouve-se, entretanto, o som de um telefone tocando. Um rapaz aproxima-se do fone, deitando a cabeça a seu lado. Diz "Alô" com sotaque francês e o som cessa imediatamente.
87. Um homem vestido de couro negro dos pés à cabeça fuma um cigarro, enquanto ouve-se o ruído de uma motocicleta cujo motor está sendo aquecido. O homem solta a fumaça vagarosamente pela boca, fazendo uma careta para o público. Vê-se, também, a fumaça que sai da motocicleta.
88. *Close-up* de um rosto de mulher, fortemente maquiado, enquanto ouve-se "hum" de tempos em tempos.
89. Duas crianças, um menino e uma menina, estão sentadas cada uma de um lado de uma mesa numa cozinha, comendo bolinhos. Só que elas comem rapidamente e os bolinhos parecem sumir dentro de suas bocas.
90. Repetição das seqüências 11, 21, 33, 42, 56, 68 e 81 (a cadeira flutuando contra o pôr-do-sol).
91. Perfil de uma mulher com maquiagem negra cobrindo inteiramente seu rosto. Ela se movimenta e encara o espectador. Som de violino ao fundo.
92. Uma mesa pequena coberta com frutas e talheres de prata. Ouve-se música sombria, típica de trilhas sonoras para filmes de suspense. Uma vela acesa ilumina a mesa. Lentamente, a palavra *DANGER* (Perigo) começa a se delinear em frente à mesa, em escrita vermelha e irregular, imitando sangue.

93. Sutil variação das seqüências 5 e 37 (menino olhando para lâmpada num aposento vazio), com o aposento bem iluminado, como na seqüência 5.
94. Um velho sentado à beira de sua cama, com um telefone ao lado. A imagem de uma constelação gradualmente substitui a de seu corpo, como se este estivesse evaporando.
95. Novamente a imagem das seqüências 1, 25, 48 e 72 (homem nas Cataratas do Niágara). Desta vez o homem voltou a sua posição original, como no início do vídeo e está imóvel. Os créditos finais são exibidos contra um fundo azul.

Os noventa e cinco segmentos descritos acima podem ser apreciados como amostras ou espécimes de emissão televisiva que estejam passando por um processo de testes de laboratório. É como se eles estivessem sendo examinados com o cuidado e a imparcialidade de um cientista, inteiramente despojados de seu contexto, reduzidos à sua menor unidade de informação e observados um a um durante trinta segundos. A unidade média de informação enviada ao receptor na emissão televisiva comum (considerando-se a duração de cada tomada individualmente) raramente se estende por mais de seis segundos. Wilson estabelece uma média de tempo de análise de ao menos trinta segundos por segmento, nunca permitindo um movimento complicado da câmara, sendo que as cenas mais complexas são as que implicam num *fading-in* ou fusão (como as seqüências 9, 41 ou 94), *zooming* ou aproximação focal (como a seqüência 6), ou corte para um subsegmento (como na seqüência 28). A maioria das seqüências limita-se a uma interação extremamente simples entre o cenário de fundo, invariavelmente estático, mesmo que se trate das Cataratas do Niágara (seqüências 1, 25, 48, 72 e 95) e um elemento não-estático, além da trilha sonora (ou ausência de som, o que implica, a rigor, o som do silêncio). A informação verbal limita-se ao mínimo necessário, isto é, a apenas algumas amostras a serem examinadas: em forma escrita (a palavra *DANGER*, na seqüência 92, como o elemento não-estático; e as palavras *MADE IN*, na seqüência 26, fazendo as vezes de cenário de fundo); e em forma falada (a palavra "Alô" como elemento dramático na seqüência 86; as expressões "O.K." e "O God, Jesus Christ!", nas seqüências 43 e 57 como contraponto ao som repetitivo "hum"; e mesmo "O.K." e "hum" funcionando como fundo sonoro, como nas seqüências 1, 7 ou 60). O cenário é sempre neutro, uma superfície negra ou cinza, por exemplo, ou específico, como nas seqüências 22, 46 e 74, em que o filhote de papagaio é visto primeiramente contra o Grand Canyon como fundo e, mais tarde, contra uma vista panorâmica da cidade de Nova Iorque. O elemento móvel pode ser uma pessoa realizando uma ação ou um objeto ou objetos passando por uma transformação, como os pratos empilhando-se, isto é, sendo adicionados à cena, como na seqüência 49, ou os copos desaparecendo, isto é, sendo subtraídos da cena, como na seqüência 24. O som é usado principalmente para acrescentar tridimensionalidade e contraste à composição visual bidimensional, como acontece com todas as cenas acompanhadas de fundo musical — e isso inclui o som de língua indiana na seqüência 70, já que o seu conteúdo é incompreensível para a grande maioria dos espectadores — a não ser nos casos em que se encontra intrinsecamente ligado ao elemento móvel, como o ruído do vidro que se quebra na seqüência 28, dos pratos que desabam na seqüência 49, ou da unha que se parte na seqüência 66; o som do telefone tocando nas seqüências 3, 27, 38, 50 e 86; e o som das palavras enunciadas nas seqüências mencionadas acima.

Cada seqüência é estruturada de acordo com um gráfico de tempo, no qual é descrita a progressão dos acontecimentos ao longo de seus trinta segundos de duração, como nos quatro exemplos que se seguem. É o caso da seqüência 45, em que os principais componentes e respectivos estágios de desenvolvimento, de acordo com o roteiro original, são os seguintes:

Locação: Estúdio.
Cenário: Quarto de dormir com canto, porta, cômoda e cama.
Elenco: Homem e mulher.
Áudio: Limpadores de pára-brisa.
Luz: Chapada, direta.

Gráfico de tempo em segundos:

```
       5       10      15      20      25      30
/------/-------/-------/-------/-------/-------/
   a       b       c       d       e       f
```

a. Homem arrumando mala sobre a cama; mulher olhando com os braços cruzados.
b. Homem puxando a gaveta da cômoda.
c. Homem irritado, forçando a gaveta.
d. Mulher cutuca o ombro do homem.
e. Homem vira-se, olha para a mulher.
f. Mulher faz a gaveta deslizar suavemente para fora.

Note-se a justaposição de um som que não está especificamente relacionado à cena: o movimento constante dos limpadores de pára-brisa que, tal qual um metrônomo, pontuam a impaciência do homem. Esta sutil informação, que passaria despercebida se incluída num programa de televisão comum, pois não haveria tempo suficiente para que o público a reconhecesse, é colocada, aqui, em evidência.

Na seqüência 60 temos um exemplo do alto grau de detalhamento com que as ações são retratadas. A atividade contínua da criança tentando amarrar seus sapatos é desmembrada em seus vários estágios, como revela o gráfico de tempo da seqüência:

Locação: Estúdio.
Cenário: Nenhum.
Elenco: Criança.
Áudio: OK, OK, OK, OK, OK, OK, OK, OK.
Luz: Chapada, direta.

Gráfico de tempo em segundos:

```
     3³/⁴    7¹/²   11¹/⁴    15    18³/⁴   22¹/²  26¹/⁴   30
/-------/-------/-------/-------/-------/-------/-------/-------/
   a       b       c       d       e       f       g       h
```

a. Criança tentando amarrar os sapatos.
b. Mexe desajeitadamente nos cordões dos sapatos.
c. Continua a fazer o mesmo.
d. O mesmo.
e. Continua a manusear os cordões.
f. Tenta mais apressadamente, nervoso.
g. Continua tentando.
h. O sapato continua desamarrado.

Na seqüência 8 as ações se desdobram em muitas outras:

Locação: Estúdio.
Cenário: Quarto de dormir.
Elenco: Homem de meia idade, tipo esquisito.
Mulher, sua esposa, também de meia idade, tipo engraçado.
Áudio: Mulher falando incessantemente.
Luz: Chapada, direta.

Gráfico de tempo em segundos:

```
     3³/⁴    7¹/²   11¹/⁴    15    18³/⁴   22¹/²  26¹/⁴   30
/-------/-------/-------/-------/-------/-------/-------/-------/
   a       b       c       d       e       f       g       h
```

a. Homem sentado na beira da cama segurando saco de gelo sobre a cabeça, obviamente chateado.
b. Ele se inclina ligeiramente para a frente.
c. Demonstra inquietação e desconforto.
d. Aperta o saco de gelo contra a cabeça.
e. Inclina-se para trás, apoiando-se nos cotovelos.
f. Sacode a cabeça com resignação.
g. Corte para o rosto da esposa, o cabelo enrolado, falando rapidamente.
h. O mesmo.

Para a seqüência 28 os detalhes são especificados a cada três segundos, como no gráfico abaixo:

Locação: Estúdio.
Cenário: Parede cinza.
Elenco: Bebê.
Áudio: Música romântica.
Luz: Chapada, direta.

Gráfico de tempo em segundos:

```
   3   6   9  12  15  18  21  24  27  30
/—–/—–/—–/—–/—–/—–/—–/—–/—–/—–/
 a   b   c   d   e   f   g   h   i   j
```

a. Uma chapa de vidro transparente.
b. Um martelo aproxima-se gradualmente da chapa de vidro, vindo do canto da tela.
c. O martelo chega mais perto da chapa de vidro.
d. O martelo atinge o vidro.
e. Rachos no vidro aumentam à medida que o martelo continua batendo.
f. O vidro arrebenta.
g. Corte para bebê dormindo.
h. A câmara avança em direção ao bebê dormindo.
i. Câmara continua avançando.
j. *Close-up* da cabeça do bebê.

Como um todo, considerando-se que as várias seqüências perfazem um conjunto e devem ser observadas também como partes de um só contexto, *Vídeo 50* baseia-se na mesma técnica de organização da informação, que é característica da televisão como meio de comunicação (e que a televisão, por sua vez, herdou do cinema): o confronto permanente de imagens contrastantes. O impacto de *Vídeo 50*, entretanto, é mais relacionado a conexões de natureza analógica que de causa e efeito, como na televisão e no cinema em geral. Através do uso da repetição, como a imagem da cadeira contra o céu dourado (seqüências 11, 21, 33, 42, 56, 68, 81 e 90); progressão, como nas seqüências do telefone que finalmente culminam com a pata peluda do monstro tirando o telefone do gancho (seqüências 3, 27, 38, 50 e 62); e variação, como nas seqüências do homem com a pasta de executivo nas Cataratas do Niágara (seqüências 1, 25, 48, 72 e 95); em contraste com as outras várias seqüências independentes, Robert Wilson estimula as capacidades intuitivas do espectador, canalizando-as para um modo gestáltico de reconhecimento de modelos. Além disso, ele aguça a sensibilidade do espectador através de dois recursos adicionais: (1) esticando o tempo de contato do espectador com a informação dada e (2) concentrando a atenção do mesmo para os níveis mais subliminares da informação, rejeitando tanto o contexto quanto qualquer informação analítica explícita.

O conteúdo de *Vídeo 50* é, então, a essência do que é subliminar, separada, agora, de seu correspondente não-subliminar. Na seqüência 4, por exemplo, quando a mulher abre a porta, entra no quarto vazio e começa a dançar, não há nenhuma indicação, nenhuma pista que explique para o espectador a razão de tanta felicidade. É o espectador quem dá o contexto. Se esta cena fizesse parte de um comercial de televisão, poder-se-ia imaginar que a mulher estivesse anunciando um *shampoo*, um vestido, papel de parede, um novo produto de limpeza, e assim por diante. No contexto de um comercial de televisão, só faltaria anunciar que produto, que marca. Por outro lado, no contexto insuficiente apresentado por Wilson, a ausência de objetividade, o vácuo ao redor dessa figura feminina, solta num aposento literalmente vazio, assim como a total falta de referência ao que quer que fosse que pudesse estar sendo anunciado, acaba por trair e, conseqüentemente, denunciar o vazio existente por detrás do complexo de símbolos e imagens geralmente utilizados para estimular o espectador comum a comprar determinado produto. Entretanto, seja qual for o contexto providenciado pelo espectador para preencher esta ausência de conteúdo, é importante frisar que a cena, em si, continua vazia e sua interpretação relativa. Esta multiplicidade de contextos possíveis, ao invés de levar o espectador a concentrar-se numa única interpretação, dirige sua atenção para um leque de possíveis interpretações e acaba lhe revelando modelos e estruturas geralmente irreconhecíveis, relegados, na maioria dos casos, a um nível de apreensão subliminar.

Uma experiência semelhante à proposta de *Vídeo 50* foi realizada pelos artistas Make Mandel e Larry Sultan em meados de 1977, com a exibição, no Museu de Arte Moderna de São Francisco, Califórnia, de uma coletânea de 89 fotografias em branco e preto selecionadas de arquivos de organizações como a NASA, Lockheed, delegacias e outras instituições do gênero, em que a fonte específica de cada foto não era revelada ao público. Vistas fora de contexto e sem possibilidade de identificação, as imagens revelavam, para o observador, interesses completamente diversos:

> Em algumas delas, vêem-se pessoas usando ou demonstrando estranhos equipamentos; em outras, objetos deslocados ou não-identificáveis parecem invenções extraordinárias; em algumas, oficiais da polícia exibem inusitadas amostras de evidência criminal. Muitas delas seriam excelentes para captar a imaginação de estudantes em prova de redação, como uma imagem em que um homem de mangas arregaçadas está em pé no centro de um laboratório qualquer, enquanto outro aparentemente põe fogo no invólucro que cobre a cabeça do primeiro; e noutra em que um grupo de homens de capacetes aparecem mergulhados até a cintura num misterioso campo de substância nebulosa[4].

---

4. "Shows We've Seen: File photographs from public and private groups create a stir", *Popular Photography*, 81, n.º 2, ago. 1977, p. 44.

É interessante notar, entretanto, que esta mostra de fotos, apropriadamente denominada *Evidência* e *Vídeo 50*, apesar de partir do mesmo princípio, preenche objetivos diferentes. Enquanto *Evidência* tira partido do intrigante mistério associado à fonte oculta de cada fotografia, tornando-a inacessível ao espectador, e assim perpetuando o elo de dependência entre espectador e o efeito surreal que deriva da ausência de contexto, ou seja, tirando o máximo efeito da informação subliminar como tal, *Vídeo 50*, ao contrário, consegue destruir esse elo de mistério ao trazer à tona, amplificado, seu conteúdo subliminar, através de um processo curiosamente naturalista, científico mesmo. *Evidência* torna o que já é estranho ainda menos familiar, especialmente devido a sua deliberada preferência pelo bizarro. *Vídeo 50* concentra-se em assuntos aparentemente familiares, com o objetivo de revelar-lhes a intrínseca complexidade:

> Ao ampliar as imagens da vida cotidiana, mostrando-as em câmara lenta, Robert Wilson transforma seu aspecto usual em mágica. Quanto mais ele se concentra em alguma coisa, mais nos surpreende. Somos levados a concluir: a realidade só é coerente, redutível a palavras, ideologias e explicações para aquele que não a sabe olhar de perto[5].

Apesar de *Vídeo 50* não poder ser ortodoxamente explicado ou interpretado, já que estimula uma leitura diferente em cada espectador, apresenta certas imagens inconfundivelmente relacionadas ao âmbito do anúncio de televisão. A seqüência 18, por exemplo, mostra um homem olhando para o espectador com expressão angustiada, tocando a testa constantemente, enquanto ouve-se "hum" repetidamente. A imagem da cabeça agonizante acompanhada de uma série de ruídos lamentosos é característica da maioria dos comerciais populares de aspirina. A seqüência 19 mostra outro homem em apuros, transpirando abundantemente, enxugando a testa com um lenço, enquanto a música de Wagner pontua seu sofrimento. Poderia tratar-se de uma cena de um anúncio de aparelhos de ar condicionado. Outras seqüências, como as localizadas em quartos de dormir, poderiam perfeitamente servir como ambientações para anúncio de remédios para gripes e resfriados. Outras ainda concentram-se em imagens de consumo de alimentos, como a seqüência 77, onde as expressões "de pai para filho" ou mesmo "de mãe para filha", freqüentemente utilizadas em anúncios, nos vêm facilmente à lembrança, quando um casal de jovens substitui um casal de adultos no processo cotidiano do café da manhã. Ou como na seqüência 89, em que dois jovens devoram uma quantidade enorme de bolinhos da mesma forma com que crianças comem sua aveia matinal nos anúncios de televisão, numa crítica talvez involuntária a um consumismo robotizado. Poder-se-ia até afirmar que todas as seqüências de *Vídeo*

5. BENJAMIN HENRICHS, "Einstein sieht fern", *Die Zeit*, 14 jul. 1978, p. 2.

50 são, na verdade, exemplos de elementos visuais e sonoros de vários tipos de anúncios de televisão. Ou protótipos da imagética televisiva. Seja lá como for, esta hipótese deve permanecer no âmbito da sugestão pessoal, já que nenhuma das imagens exibidas em *Vídeo 50* é suficientemente completa para proporcionar-nos qualquer espécie de pista quanto a seu significado.

Este conjunto de ações incompletas provoca uma atmosfera generalizada de "ameaça", semelhante à situação de *suspense* inerente a tantas e intermináveis telenovelas, onde só a impressão do desenvolvimento de uma ação é real; assim como em inúmeros seriados de televisão, em que o *suspense* é derivado mais da interrupção constante para apresentação de anúncios do que pela ação de fato. A pata do monstro aproximando-se do telefone (seqüências 50 e 62), uma possível crítica a situações semelhantes em filmes de horror e a seqüência do assalto, desprovida de movimento, curiosamente estática (seqüência 6), na qual é retratada a eterna condição das estórias de polícia e detetive, capturam a própria essência da ilusão de ação ininterrupta sustentada pela televisão. O conflito irresolvível, a perseguição constante e o interminável antagonismo entre personagens opostas representam o cerne destes seriados. A resolução do conflito é de importância limitada, relativa, já que tudo acaba se encaixando num modelo previsível: a polícia pega o ladrão, o detetive encontra o assassino, a vítima é resgatada. Ao concentrar-se no caráter incompleto destas cenas, Wilson cria "um tipo de *suspense* que vai além do *suspense* comum dos filmes de aventuras. O clímax dramático pode não ser importante ou excitante (brigas, tiros), mas suas preliminares, aparentemente não dramáticas, são excitantes e importantes. As catástrofes não são dramáticas; só a expectativa da catástrofe"[6].

O único ponto em comum entre todas as imagens de *Vídeo 50* é, exatamente, sua falta de finalidade: elas não levam a nada. E essa inconclusão sugere, naturalmente, um tema: o motivo recorrente da ação frustrada. Seqüências como a da porta prestes a fechar, e batendo antes que alguém possa impedir (16, 44 e 63), ou a da senhora que não consegue evitar a entrada do vento apesar de fechar completamente as janelas (58), só para citar dois exemplos, sugerem este tipo de interpretação. Este enfoque estende-se a muitas outras cenas: a imagem da cadeira dependurada em frente a um imutável horizonte amarelado (11, 21, 33, 42, 56, 68, 81 e 90) anuncia, de certa forma, uma possível queda, embora o frágil equilíbrio se mantenha invariavelmente. Aliás, esta é a seqüência mais repetida — oito vezes — e a imagem que, provavelmente, mais se infiltra na lembrança do espectador. Nas seqüências 39 e 87 vê-se um homem primeiramente vestido de couro negro e, mais tarde, preparando-se para partir em sua motocicleta. Ao invés de partir, entretanto, apenas faz caretas para o público. Um jovem casal se ensaboa no chuveiro numa atmosfera anti-

---

6. HENRICHS, "Einstein sieht fern", p. 2.

climática de falta de interesse sexual mútuo (65); em outra seqüência (67) outro jovem casal atravessa uma crise de comunicação; um homem dorme em seu quarto sem consciência da tempestade lá fora (17); uma mulher solitária observa o mar (13); o estudioso intelectual não percebe os peixinhos que passeiam a sua frente (83); e assim por diante.

O encadeamento de interpretações é tão infinito quanto subjetivo. Podemos apenas avaliar o seu potencial. E apontar, a título de especulação, algumas possibilidades. Por exemplo, o tema da perplexidade dos seres humanos em relação ao mundo tecnológico que os rodeia está estampado, de certa forma, na maneira catatônica com que o rapaz escova seus dentes utilizando-se de um aparelho elétrico, na seqüência 78; no automatismo com que a mulher da seqüência 32 realiza uma série de tarefas ao mesmo tempo em que, aparentemente, assiste a um programa de televisão; e nas seqüências em que a mulher observa a tostadora com um olhar idiotizado, como se estivesse hipnotizada pela inofensiva engenhoca (34, 43 e 57). Somente quando o objeto cospe fogo é que ela finalmente reage com seu "O God, Jesus Christ!", uma exclamação que parece um tanto deslocada num mundo já dominado pela alta tecnologia. A idéia de deslocamento e inadequação também pode ser detectada em seqüências em que animais são retratados em circunstâncias pouco usuais, como o ganso às voltas com um microfone (23); o cachorro sendo ensaboado (31); ou ainda lutando contra circunstâncias hostis, como o ratinho espremido entre as caixas no caminhão (26). Esta discrepância torna-se evidente nas seqüências contrastantes em que o filhote de papagaio aparece, primeiro relacionado a uma paisagem desértica e, mais tarde, relacionado a uma paisagem urbana (22, 46 e 74).

As imagens de *Vídeo 50* sugerem, certamente, uma grande variedade de significados. Seu aspecto mais importante, entretanto, não é o conjunto de significados sugeridos. O interminável processo de conexões analógicas e de reconhecimento de modelos e estruturas por elas desencadeado na mente do espectador não pode ser reduzido a um conceito unificador. *Vídeo 50* funciona, primordialmente, como um catalisador de uma variedade de significados produzidos individualmente por cada espectador, à medida que uma imagem é associada à outra. Este princípio é fundamental em todos os aspectos do trabalho de Wilson.

As técnicas descritas acima — organização do material de acordo com sistemas de repetição, progressão, variação e contraste; eliminação do contexto original; exame minucioso dos elementos da obra através do uso de ralentamento ou decodificação em partes ainda menores — estão presentes em vários níveis, em todo o *Gesamtkunstwerk* de Wilson. Nos próximos cinco capítulos estas técnicas serão consideradas no âmbito de seu trabalho com a fala, a música, a dança, a interpretação e as artes visuais em geral.

Uma Carta para a
Rainha Vitória.

2. "Eu estava sentado no meu pátio esse cara apareceu e eu pensei que estava enlouquecendo": Uma Paisagem de Palavras

> *O que diz este texto?*
> ROBERT WILSON, *Morte, Destruição e Detroit,* Ato 1, Cena 6, Seção B[1].
> *Este texto é para ser ouvido. Tente lê-lo em voz alta mesmo que ele não esteja em sua língua materna. Tente escutá-lo. Tente ouvi-lo e escutar entre as palavras. Concha.*
> CINDY LUBAR[2].

Apesar de esparso e, em geral, completamente ausente de suas primeiras peças, o texto tornou-se, a partir de *Uma Carta para a Rainha Vitória,* um dos maiores interesses de Wilson. Desse ponto em diante, as palavras passaram a invadir o *Gesamtkunstwerk* de Wilson, e a expressão "teatro do silêncio", que chegou a ser a mais adequada definição de seu trabalho, passou para um segundo plano. De maneira geral, o uso da linguagem verbal em Wilson, antes e depois de *Rainha Vitória,* sempre enfatizou as possibilidades sonoras e não-cognitivas do discurso, e não seus atributos intelectuais e cognitivos. Muitos dos textos usados em suas peças são experiências relativas à desintegração do discurso ou à construção de estruturas fonéticas em que o som, ao invés da sintaxe ou da semântica, é o elo de coerência. Os três textos que se seguem, escritos respectivamente por Robert Wilson e por seus colaboradores Cindy Lubar e Christopher Knowles, são dos mais representativos destas experiências. Dada a sua natureza intrínseca, são aqui transcritos no original, já que é no som proposto e não no conteúdo que está seu maior impacto:

1. ROBERT WILSON, *Death, Destruction and Detroit,* Berlim, publicado pelo Schaubühne am Halleschen Ufer, 1979, p. 86.
2. CINDY LUBAR *et al.,* "The Byrd Hoffman School of Byrds", *Cahiers Renaud-Barrault,* 81-82 (1972), p. 94.

THE DINA DYE KNEE THE DINA DYE EYE THE DINA DIE THE
DIEING SORE SORE SORE THE DINA DYE KNEE THE DINA
DIE THE DIEING DINA SORE SORE SOWRDS! THE DINA DINA
SORE SOWRDS! THE DIE DINA THE DIE DYING THE THE
DIE DINA SORE THE DINA DINA SORE SORE SORE SOWRDS
SOWRING SOWRDING THE DINASORE'S SORES SOWRDING
THE DIE KNEE SEE US YOU ALL US THE DIEING DINA SORE
SOWRDS![3]

Genetive Love.
(OVALtude too COB MOUNTING add guerdDIDyouTELLus, a
STALLling a BOUT a FUMBLeee ann SUB peepWHOLE
chaseSING)
talk corally
tell colony
tame conomy
toll core
QUANTITIES COLLEGING CARRIAGING CLOTHES
COMEDIES CARRYING CAREFUL CORTEX.
QUALITIES CAMBI-CATHELIAL CHORALS.
COASTLINES CLASSICALLY CLEARFUL.
wheat whent wheighly whaaaaa whalet.
dim demonly
damn diligent
don decadent
do dumb
Hobope bedope bedobope bedoo.
Melanie melody megady too[4].

1
OK   WELL I GUESS WE COULD AH...
OK   WELL I GUESS WE COULD AH...
       WELL OK OK OK WHAT?

2
    OK OK
WELL, OK OK

3
WELL   OK OK OK WELL
WELL   OK OK OK WELL A
WELL AOK OK OK WELL
WELL   OK OK OK WELL

4
OK OK OK OK OKAY
OKAOK OK OK O
OK OK OK OK O
O[5].

---

3. ROBERT WILSON in *Text-Sound Texts*, org. Richard Kostelanetz, New York, William Morris and Company, Inc., 1980, p. 321.

4. CINDY LUBAR in *Text-Sound Texts*, org. Richard Kostelanetz, New York, William Morris Company, Inc., 1980, p. 174.

5. ROBERT WILSON, *A Letter for Queen Victoria*, Paris, I.M.D., 1974, p. 53.

Os três textos acima fazem uso de repetição, neologismo, onomatopéia e aliteração — assim como de configurações gráficas peculiares — para minimizar o significado e enfatizar o elemento sonoro, articulando técnicas que evocam as de Gertrude Stein, James Joyce e Jack Kerouac. O primeiro é um excerto de *Ouverture*, o segundo de *MONTANHA KA E O TERRAÇO GUARDenia* e o terceiro de *Uma Carta para a Rainha Vitória*. Entretanto, especialmente depois de *Rainha Vitória*, o que passou a caracterizar o uso do texto nas peças de Wilson não é mais propriamente o tratamento do texto em si, mas a maneira como o texto é distribuído entre as várias partes da peça. De fato, a criatividade de Wilson em relação à linguagem verbal foi sendo substituída, em suas peças posteriores, por uma mera distribuição arquitetônica do discurso verbal comum.

Foi através da influência de Christopher Knowles que o tratamento arquitetônico de texto, utilizado por Wilson, começou a ser estimulado. Wilson tomou conhecimento do trabalho de Knowles através de George Klauber, artista gráfico, professor do Instituto Pratt. Klauber havia escutado uma gravação da poesia de Knowles e decidiu passá-la a Wilson, que ficou imediatamente fascinado com o que ouviu:

> Eu não o conhecia, mas fiquei intrigado com a fita. Fiquei ainda mais maravilhado quando o conheci e percebi o que ele fazia com a linguagem. Ele usava palavras quaisquer, do dia-a-dia, e as destruía. Elas tornavam-se como que moléculas, mudando sem parar, quebrando-se em pedaços o tempo todo, palavras multifacetadas, não uma linguagem morta, mas como uma rocha se desintegrando. Ele estava sempre redefinindo códigos[6].

Knowles era então considerado uma criança autista e freqüentava uma escola especial ao norte de Nova Iorque. Quando Knowles veio visitar a família durante o Natal, Klauber apresentou-o a Wilson, que convidou-o a participar de uma cena de *A Vida e a Época de Joseph Stalin*. Isto foi em 1973, quando Knowles tinha 14 anos de idade. Após este primeiro contato, Wilson conseguiu a tutela do menino e começou a tratá-lo como um artista, ao invés de um autista. Desde então, passaram a trabalhar juntos e a trocar colaborações. Wilson estava interessado exatamente em desenvolver em Knowles o que seus professores na escola haviam tentado reprimir: "Eles estavam tentando corrigi-lo ao invés de estimulá-lo"[7]. Wilson notou que havia uma lógica intrínseca nos textos de Knowles, que as palavras e sons que ele utilizava eram organizados matematicamente, de acordo com categorias geométricas e numéricas: "Sua distribuição de sons é algo que pode ser aprendido com o tempo. Há 2 Cs e então há 4 Cs e então há 8 Cs,

---

6. "Robert Wilson: Interview", *Semio-Text*, 3, n.º 2 (1978), 22.
7. *Semio-Text*, 24.

Uma Carta para a Rainha Vitória.

e depois 12 Cs, por exemplo. É uma linguagem. Uma maneira de falar, de se comunicar"[8].

Após haver colaborado com Knowles numa série de "diálogos" e em *Uma Carta para a Rainha Vitória, O Valor do Homem em Dólar* e *Einstein na Praia*, Wilson desenvolveu sua maneira própria de trabalhar o texto para suas peças, baseando-se nas estruturas matemáticas de Knowles. Em *Pátio, Morte, Destruição e Detroit* e *Edison*[9], Wilson usa o texto como mais um elemento teatral, dividindo-o proporcionalmente entre as várias seções de cada peça. É como se Wilson estivesse aplicando as técnicas de Knowles numa outra escala, de acordo com seu próprio sentido de geometria. Por exemplo, o número de linhas em cada ato passou a depender de simetria, ao invés de significado. Falas são colocadas lado a lado de acordo com seu tamanho e duração, não de acordo com seu conteúdo. Partes faladas alternam-se com segmentos silenciosos. E assim por diante.

O tratamento que Wilson passou a dar ao texto é perfeitamente coerente com um teatro cujas origens são basicamente não-verbais. Ao invés de seguir uma linha narrativa, é como se seus textos fossem coreografados, conforme ele mesmo sugere em uma entrevista:

> Eu gostava de Balanchine e de Merce Cunningham porque eu não tinha nem que me preocupar com argumento ou significado. Era só olhar os desenhos, as configurações — e isto já era suficiente. Há um bailarino aqui, outro bailarino ali, mais quatro neste lado, oito do outro, mais dezesseis... Eu me perguntava se o teatro poderia fazer o mesmo que a dança e ser somente um arranjo arquitetônico de tempo e espaço. Então comecei a fazer peças que eram principalmente visuais. Comecei trabalhando com certos quadros que eram organizados de certa forma. Mais tarde adicionei palavras, mas as palavras não eram usadas para contar uma estória. Eram usadas mais arquitetonicamente: de acordo com o tamanho da palavra ou da frase, pelo som. Elas eram trabalhadas como música[10].

A organização arquitetônica do discurso verbal proposta por Wilson será melhor compreendida através de uma observação mais detalhada de uma de suas peças mais "verborrágicas", uma peça que traz no próprio título a indicação de sua especial preocupação com a linguagem verbal. De fato, *Eu estava sentado no meu pátio este cara apareceu e eu pensei que estava enlouquecendo*, cujo longo título é geralmente simplificado para *Pátio*, consiste, basicamente, em dois monólogos idênticos, para serem apresentados em dois atos, cada um interpretado por um ator diferente. Apesar de a composição cênica completa incluir cenários elaborados, iluminação engenhosa, música incidental de piano e de cravo, fil-

---

8. *Semio-Text*, 25.
9. Ver descrição de *Morte, Destruição e Detroit* no capítulo de conclusão. Ver também a descrição de Ronn Smith sobre o tratamento do texto de *Edison*, no Apêndice 1, Entrevista 2.
10. *Semio-Text*, 20.

mes mudos, assim como sofisticadas configurações de movimentos, executadas pelos dois intérpretes, é o texto que permanece como o elemento invariável da peça, como se se quisesse fazer dele uma paisagem de palavras, pontuadas aqui e ali por uma variedade de elementos alternantes, de qualidade visual e auditiva.

Os prólogos de quatro minutos que precedem cada ato de *Pátio* revelam a simplicidade da estrutura, montada para servir de moldura aos dois monólogos que os seguem, de quarenta minutos cada um. Eis o que acontece antes de iniciar-se o primeiro ato:

O palco está escuro, com exceção de um ponto de luz sobre um telefone, numa pequena mesa de alumínio, do lado esquerdo, no proscênio. O telefone toca continuamente durante dez minutos até o início da peça propriamente dita. Após dez minutos, enquanto as luzes da platéia se apagam numa contagem de dez segundos, a luz sobre o telefone torna-se mais forte.
Black out total.
As luzes sobem em um segundo para revelar uma espécie de sala de estar e o telefone pára de tocar. O fundo representa uma parede negra com três arcadas abertas. Atrás das arcadas, uma iluminação extremamente brilhante sugere um espaço aberto. Encostada à parede negra está uma prateleira de vidro iluminada, sobre a qual foi colocado um copo de vinho, sobre o qual incide a luz de um refletor. Do lado direito do palco, mais ao fundo, está um homem vestido com uma camisa de seda branca, um roupão de seda negra, meias de seda negra e chinelos negros, recostado numa poltrona longa de alumínio. Ele ignora o que o rodeia, e movimenta-se dentro de uma lógica interna, totalmente absorvido em seus pensamentos, permanecendo em silêncio durante quatro minutos.
Black-out total.
Quando as luzes se acendem novamente, as arcadas foram preenchidas, em toda a sua extensão, por livros cinzentos de escritório, e uma pequena tela de cinema aparece dependurada sob o arco do proscênio, do lado direito do palco, na frente. O homem inclina-se para a frente e fala suas palavras, pontuadas pela música de piano, vinda de fora do palco[11].

Seguindo-se a seu monólogo, sem qualquer intervalo, um prólogo semelhante antecede o segundo ato:

O palco apresenta-se como no prólogo do primeiro ato. Os livros desapareceram. As arcadas revelam, novamente, um imenso espaço iluminado. O som do mar morrendo na praia inunda o ambiente. Uma mulher está em pé ao lado esquerdo do palco, na frente, de costas para o público. Ela veste uma blusa de seda branca e calças de nailon pretas. Parece ignorar onde está, movimentando-se de forma absorta, acompanhando os próprios pensamentos em silêncio. Movimenta-se lentamente, até virar-se de frente para o público, em quatro minutos.
Black-out total.

11. ROBERT WILSON, *I was sitting on my patio this guy appeared I thought I was hallucinating*, Londres, editado por Michael White, 1978, p. 1.

Quando as luzes voltam, as arcadas estão novamente preenchidas com livros cinzentos de escritório. A tela de cinema também voltou a sua posição. A mulher avança para o público e fala, suas palavras pontuadas pela música de um cravo, vinda de fora do palco[12].

E novamente o mesmo texto se faz ouvir, durante quarenta minutos, até o final da peça. Estes dois prólogos são diametralmente opostos, estabelecendo o espectro de variações a serem associadas ao texto invariável. O primeiro ator é um homem, veste-se de negro, e senta-se do lado direito do palco. O outro é uma mulher, veste-se de branco, e está em pé, do lado esquerdo do palco. No início do primeiro prólogo o homem está de frente para o público, ao passo que a mulher, no segundo, está voltada para a posição oposta. O texto também indica que durante o monólogo do homem ouve-se música de piano, ao passo que durante o monólogo da mulher ouve-se música de cravo. Na produção interpretada por Robert Wilson e Lucinda Childs, exibiram-se filmes de pingüins, cachorros, e de um telefone durante o primeiro ato; no segundo foram exibidos filmes de patos num lago. Além disso, exatamente devido à natureza comparativa do espetáculo, as dessemelhanças entre as interpretações de cada ator, por menor que fossem, eram imediatamente percebidas pelo público.

O texto de cada monólogo de quarenta minutos foi organizado da mesma forma pela qual as imagens de *Vídeo 50* foram reunidas. O mesmo processo de neutralização, aplicado à percepção humana de informação visual e auditiva em *Vídeo 50*, foi também desenvolvido aqui, em relação aos mecanismos de pensamento e fala. Segmentos de discurso verbal colecionados a partir de uma grande variedade de fontes formam o cerne do texto de *Pátio*. Cada fragmento de discurso é considerado separadamente, fora de seu contexto utilitário original (o contexto de causa e efeito que uma vez lhe conferiu algum significado racional específico), para investir-se agora de um novo significado analógico, ao ser colocado entre outros fragmentos selecionados. As falas são organizadas em solos, pares, trios, quartetos, variações sobre o mesmo tema; frases longas são colocadas lado a lado com frases curtas ou palavras soltas; o número de sílabas de cada fragmento pode crescer ou decrescer em relação aos outros fragmentos e assim por diante. No total, há 614 fragmentos de discurso em cada monólogo, muitos deles repetindo-se mais de uma vez.

Estas são as principais categorias nas quais o texto de *Pátio* está organizado[13]:

---

12. WILSON, *Patio*, p. 27.
13. Todas as referências subseqüentes a *Pátio* são citações da publicação mencionada acima. A numeração é minha.

1. Repetição
   a. total:
      Duas linhas:
      "Não atire" (11)
      "Não atire" (12)
      Três linhas:
      "páre" (310)
      "páre" (311)
      "páre" (312)
      Quatro linhas:
      "Estarei com você em um minuto" (41)
      "Estarei com você em um minuto" (42)
      "Estarei com você em um minuto" (43)
      "Estarei com você em um minuto" (44)
      Cinco linhas:
      "NÃO" (369)
      "NÃO" (370)
      "NÃO" (371)
      "NÃO" (372)
      "NÃO" (373)
   b. parcial:
      "e eu tinha um pai que estava com 80 anos" (580)
      "pai" (581)
2. Subtração
   a. omissão da primeira palavra:
      "pronto aponte fogo" (48)
      "aponte fogo" (49)
   b. omissão da última palavra:
      "ó de casa" (498)
      "ó" (499)
3. Adição
   a. no final da linha:
      "se" (598)
      "se o que" (599)
      ou
      "não está ruim" (519)
      "não está ruim mesmo" (520)
   b. no meio da frase:
      "é esse o mundo" (467)
      "é esse o verdadeiro mundo" (468)
4. Substituição:
   a. repetição do início:
      "há um tambor mecânico" (65)
      "há um soldado mecânico" (66)
      "há um passarinho mecânico" (67)

b. omissão do início:
"estar preparado é um passo importante" (522)
"o aspecto político" (523)
"o aspecto social disso tudo" (524)
c. no meio da frase:
"nós dormimos juntos" (566)
"nós comemos juntos" (567)
5. Decomposição da frase:
"venha já aqui" (93)
"venha aqui" (94)
"venha já" (95)
6. Organização de acordo com o tamanho das frases:
a. ordem decrescente:
"você tira as coisas do prato e você as coloca de volta" (133)
"não é nada que eu possa te dizer porque é tão ah" (134)
"eles põem as coisas no eixo" (135)
"NÃO" (136)
b. ordem crescente:
"a perigosa neve soprando" (226)
"nossa carne vai congelar se pararmos de nos mexer" (227)
"os pingüins têm uma capacidade enorme de ficarem tremendo para se manterem aquecidos" (228)
c. tamanho igual:
"sente-se já" (255)
"então tente" (256)
ou
"nós tentamos" (257)
"está certo" (258)
d. tamanhos contrastantes:
"a cobra estava acostumada a viver num clima quente" (69)
"Codie" (70)
e. tamanhos alternados:
"tenho que ir" (338)
"as sonecas estão aumentando" (339)
"estou bem" (340)
"claro que está em grande forma" (341)
"como posso ajudar" (342)
"nunca entendi" (343)
f. tamanho sem equivalência:
"todas as coisas estão sujeitas a qualidades acidentais no enorme espaço estático que forma a escultura" (535)

7. Frases que se iniciam com a mesma palavra:
   "eu quero estar certo de que" (407)
   "eu quero estar aqui" (408)
   "eu estou muito feliz aqui" (409)
   "eu estou fazendo o que quero" (410)
   "eu estou arrependido" (411)
   "eu não queria sumir daquela maneira" (412)
   "eu talvez continue enumerando" (413)
   "eu me esqueci do que estava fazendo" (414)
   etc.

8. Grupos de frases recorrentes (entre outras):
   "estarei com você num minuto" (119)
   "Oh alô esta é exatamente a chamada que eu estava esperando" (120)
   "pronto aponte fogo" (121)
   "aponte fogo" (122)

9. Frases agrupadas de acordo com o tema:
   "essas geleiras estão realmente se perdendo de vista" (222)
   "Observe os pingüins" (223)
   "Operação congelamento profundo" (224)
   "De fato está ficando frio" (225)
   "A perigosa neve soprando" (226)
   "nossa carne vai se congelar se não continuarmos nos mexendo" (227)
   etc. (até 234).

O efeito resultante desse tratamento do texto é de ordem musical, e será melhor analisado no capítulo seguinte, dedicado à música. Entretanto, o fato de existir aqui um texto, e de existirem, portanto, conotações lingüísticas inseparáveis sequer dos menores fragmentos de discurso verbal, leva naturalmente o público a procurar um fio narrativo onde ele não existe, ou a inventar significados e conexões para tudo o que é escutado durante a peça. Alguns viram em *Pátio* o retrato de um indivíduo durante uma crise nervosa, outros uma estória de crime sexual, e um crítico chegou a escrever um ensaio explicando a peça como sendo um comentário sobre o escândalo de Watergate[14]. Para a mente do público, *Pátio* está sempre introduzindo, desenvolvendo, enfatizando, modificando e substituindo temas, não importando o quão evasivos possam ser seus significados e evocações. Isso porque, como nota Stefan Brecht, o discurso verbal "é a forma e o instrumento de denotação definitiva e de julgamento, — de significação específica e de comprometimento consigo mesmo. A imagem criada no palco é quebrada por tal referência e comprome-

---

14. NED CHAILLET, "Robert Wilson and the Language of Movement", *The Times Saturday Review*, 10 jun. 1978.

timento, seja por parte do intérprete ou do autor-diretor. E se torna um epifenômeno"[15].

Apesar de não ser impossível encontrar um fio narrativo que se adeque ao texto de *Pátio*, é claro que esta tarefa é deixada à platéia — que pode ou não querer realizá-la. De qualquer forma, desde o início, a ambigüidade de *Pátio* é completa. Examinemos, por exemplo, os doze fragmentos iniciais da peça:

"Eu estava sentado no meu pátio esse cara apareceu e eu pensei que estava enlouquecendo" (1)
"Eu estava caminhando numa alameda" (2)
"você está começando a parecer um pouco estranho para mim" (3)
"Vou encontrá-los lá fora" (4)
"faz tempo que você mora aqui" (5)
"NÃO só alguns dias" (6)
"gostaria de entrar" (7)
"claro" (8)
"gostaria de beber alguma coisa" (9)
"belo lugar o seu" (10)
"não atire" (11)
"não atire" (12)

O monólogo inicia-se com a frase que dá título à peça. Contudo, ao invés de uma continuação dessa frase, o segundo segmento começa uma nova estória: "Eu estava andando numa alameda", estabelecendo imediatamente a separação entre este evento e o anterior. Duas ocasiões distintas são evocadas, uma em que o protagonista estava em seu pátio, sentado, e outra em que estava numa alameda, caminhando. Como ele não poderia estar em dois lugares diferentes ao mesmo tempo, somos levados a admitir que os dois eventos não estão relacionados em termos de espaço e tempo. Além disso, a analogia com o segundo fragmento (no qual não existe realmente um evento, nada, ao menos, que sirva de paralelo a "este cara apareceu", ou seja, o acontecimento, a intriga, e a "eu pensei que estava enlouquecendo", a conclusão, ou final) concentra-se na parte mais estática desse fragmento, a etapa preliminar de uma possível futura ação. Novamente percebe-se a similaridade entre as imagens escolhidas para *Vídeo 50* e o texto selecionando para *Pátio*: situações vazias de ação real, em que a ação é apenas uma possibilidade, além das coordenadas de tempo e espaço. Com a adição do terceiro fragmento, "você está começando a parecer um pouco estranho para mim", um estágio ainda maior de dissociação se estabelece, com um comentário de uma situação que ocorre no presente, uma situação de mudança gradual, "começando a", que também aponta para o fora do usual, "um pouco estranho" mas cujo significado, seu significado espe-

---

15. STEFAN BRECHT, *The Theatre of Visions*, p. 383.

cífico, permanece escondido em sua própria subjetividade ("para mim"). Além disso, como só há um ator no palco, o tom narrativo dos dois primeiros fragmentos, anunciando uma estória, acaba se esvaziando. Em outras palavras, o ator inicia a apresentação como quem vai contar uma estória, então passa para algo similar a uma estória mas cujo evento sintático é omitido, assim como seu efeito, e finalmente dissocia-se do público ao tornar patente que seu discurso é endereçado a uma terceira pessoa. Como esta terceira pessoa não se encontra presente ou, ao menos, visível no momento, a platéia tem a sensação de ser mera observadora de uma situação íntima e particular, na qualidade de *voyeur*. Que a platéia não é o "você" ao qual o ator se refere no texto, torna-se claro tão logo este "você" aparece associado a situações que jamais se aplicariam ao espectador, e também pelo fato de que em nenhum momento o ator dirige-se diretamente, intencionalmente, à platéia. Com a adição dos segmentos subseqüentes, estabelece-se uma fraca ilusão de continuidade, imediatamente destruída alguns momentos depois. O quarto segmento, "Vou encontrá-los lá fora", que anuncia uma ação prestes a acontecer, poderia estar relacionado ao segmento precedente, assim como todos os seis fragmentos iniciais parecem estar relacionados à mesma situação ("faz tempo que você mora aqui" / "NÃO só alguns dias" / "gostaria de entrar" / "claro" / "gostaria de beber alguma coisa" / "belo lugar o seu"). Desta vez, entretanto, a impressão que se tem é a de que existe, ainda que invisível, um interlocutor, e que o que se ouve são trechos de uma conversa a dois. Como esses fragmentos são ditos pelo mesmo homem, eles passam a representar como que uma memória de conversação, agora enraizada inteiramente na lembrança de uma só pessoa. A aparente continuidade é então rompida por dois segmentos idênticos, "não atire" / "não atire", que servem de contrapeso à conversação cordial, uma conversação que parecia implicar uma crescente comunicação ou desejo expresso de melhor conhecimento entre duas pessoas, e mesmo em conotações de uma maior intimidade (ou, ao menos, caminhando nessa direção), introduzindo enfaticamente uma manifestação negativa em relação a algo que está prestes a ocorrer. Deste ponto em diante, contudo, tentar traçar um rumo de desenvolvimento convencional em termos de intriga, ou intrigas, com o fito de desvendar o texto, torna-se tarefa por demais relativa. Seja qual for o significado atribuído pelo espectador a um determinado segmento, este será logo transformado pelo segmento seguinte, e assim por diante, de forma que o monólogo vai progredindo sempre no âmbito desse jogo. Quando o fragmento inicial é repetido novamente como fragmento 351, assim os fragmentos 2 e 3 são repetidos como fragmentos 352 e 353, sendo imediatamente seguidos de outro trecho de conversação, à maneira dos que sucedem os fragmentos iniciais ("foi tudo embora com exceção da cama" / "acho que nem todos precisam de cadeiras" / "é acho que é uma coisa difícil de vender" / "está certo vou fazer o que posso" / "estou só dizendo" / "é perfeitamente o que quer que diga Sra. Miller"), o que era narrativa no início da peça já adquiriu uma qualidade diferente. Todos os tipos de fragmentos, por mais diversos que sejam, agora estão equalizados sob a luz de uma nova perspectiva, com um significado agora independente de seu contexto prévio, desconhecido, mas dependente e integrado ao contexto estrutural da própria peça. À medida que o público começa a ficar consciente de sua crescente ambigüidade, o texto passa a funcionar como uma paisagem, o palco torna-se um ambiente formado de palavras, de pensamentos soltos como sons na atmosfera, como se sempre estivessem estado ali, assim como as palavras que se encerram, simbolicamente, no cenário de livros que envolve o ator falante. Ironicamente, todos os elementos que têm, convencionalmente, a função de pontuar o texto no teatro convencional, tornam-se suficientemente eloqüentes para tomar o centro da cena, impondo mais significados ainda aos fragmentos ouvidos.

Talvez devido ao forte poder conotativo de certos fragmentos, a atmosfera de *Pátio* é de perigo iminente. Os fragmentos recorrentes "pronto aponte fogo" / "aponte fogo" e a palavra "NÃO" (sempre em maiúsculas no texto) são mais definidos em termos de conteúdo próprio do que a cadeira suspensa em *Vídeo 50*. Fragmentos tais como "se alguém fizer um movimento errado"; "nada pode impedi-lo agora", "há uma cobra atrás de você", "temos uma vítima masculina aqui", "não se mova", "eles vão pôr fogo no lugar inteiro", "cuidado", "não parece significar boas-vidas", "você fez a ligação", "telefonista está me ouvindo... é urgente", "veja estou morrendo", "por que demorou tanto", "502 está completamente desaparecido", "ele não deveria ter ido lá sozinho", "sou um homem de missão", "o que está errado você parece mudado alô estou aqui", "olhe aja naturalmente como se nada tivesse acontecido", e tantos outros, espalhados através do texto, comunicam uma sensação de urgência, de inquietação, e até de desespero à peça inteira. Entretanto, como é o caso também em *Vídeo 50*, a percepção dos possíveis temas de *Pátio* variam consideravelmente de espectador a espectador.

A redução da linguagem verbal a um denominador comum que não é mais do que si próprio, isto é, sons a serem organizados *a posteriori* com a finalidade de veicular informação resultam, em *Pátio*, numa espécie de vocabulário pré-racional: uma lista de palavras, expressões e frases feitas que se encontram estocadas no cérebro de uma pessoa antes que esta produza qualquer discurso verbal articulado. Pois a mente humana não manipula somente uma lista de letras, de acordo com sons previamente aprendidos para poder produzir suas falas; ela também faz uso de seu manancial de frases completas, pensamentos completos e idéias completas. Há, por parte de Wilson, a intenção de simplesmente transcrever palavras e expressões da maneira exata com que são pensadas e escutadas em contextos contemporâneos, ao invés de criar uma construção poética formal e organizada. É como se Wilson estivesse simplesmente tentando capturar a poesia já existente na vida real, incluindo até erros gramaticais e construções esquisitas. O fato disso resultar num texto desconexo não é, em si, incompatível com a realidade. O ser humano freqüentemente se encontra em situações em que somente parte de uma conversa é ouvida, talvez só uma ou duas palavras. E é assim que sua memória a registra. Há momentos em *Pátio* em que se estabelece uma conexão natural entre alguns fragmentos, mas que é só momentânea, desfazendo-se novamente numa outra seqüência caótica. Alguns fragmentos se agrupam em torno do mesmo tema, como numa longa seqüência sobre pingüins e geleiras (222 a 234). Mas todos esses procedimentos são igualmente coerentes com o impulso do artista de levar a um confronto analógico todas as possíveis variações desse repertório pré-racional, estimulando um rico e contínuo processo de reconhecimento de modelos, não apenas um reconhecimento da realidade. Por exemplo, quando se escuta a expressão "não atire", seja lá qual for o significado que ela possa evocar na mente do espectador, é a porção negativa do fragmento, aquela compatível com qualquer que seja o significado atribuído a "atire" que permanecerá imutável e, portanto, passível de causar a mais forte impressão sobre o espectador. Uma coisa é certa: o que o público gostaria de saber para poder entender o monólogo racionalmente não está lá. O todo do monólogo pode lembrar uma série de excertos de um monólogo completo, coerente, ou excertos de vários monólogos completos, como as fotografias de *Evidência* ou as imagens de *Vídeo 50*. Se o contexto é intencionalmente omitido, a ênfase é transferida para as conexões não-lineares, num jogo parecido com um *Verfrendungseffect* brechtiano ao contrário: ao invés de parar o sonho, a ficção, com a repetitiva intrusão de um elemento de conexão racional, isto é, a fonte do problema em discussão, o elo imediato entre o evento ficcional com a realidade que o precede, Wilson boicota a intrusão de todo e qualquer pensamento racional possível com a finalidade de cristalizar a ficção num estágio quase absoluto, tornando o sonho contínuo. O que permanece então é uma cadeia de essências, o público estimulado a descartar mais do que observer, preenchendo o vazio deixado com sua própria imaginação. De "Eu estava sentado no meu pátio esse cara apareceu e eu pensei que estava enlouquecendo" e "Eu estava caminhando numa alameda", é mais provável que se retenha "eu estava" do que o resto, assim como um grande número de verbos e substantivos logo se confundem na mente enquanto "NÃO", "que", "estou", "muito bem", "você" etc. tornam-se o foco de atenção, reduzidos a sons tão neutros quanto os tão repetidos "hum", em *Pátio* e em *Vídeo 50* igualmente. Em outras palavras, este é um tipo de discurso que expressa, em última instância, o silêncio. É particularmente significativo que cada monólogo, deliberadamente situado numa biblioteca, com o cenário visualmente escurecido por milhares de livros, seja precedido por uma cena silenciosa visualmente clara e brilhante, o mar calmo se estendendo no horizonte. Ainda mais significativo é o fato de que o monólogo inteiro seja repetido por um segundo *performer*. O mundo das palavras é contrastado com seu equivalente silencioso, com a intenção de reforçar o seu potencial de silêncio. E o todo é então contrastado com ele mesmo para que sua relatividade seja ressaltada.

Como nota Susan Sontang em "A Estética do Silêncio", é uma característica própria de grande parte da arte contemporânea que a linguagem seja

deslocada para o *status* de evento. Algo ocupa lugar no tempo, uma voz aponta para o antes e para o que vem depois: silêncio. O silêncio, então, é tanto uma precondição do discurso como o resultado ou objetivo do discurso corretamente dirigido ou direcionado. A partir desse modelo, a atividade do artista passa a ser a criação ou o estabelecimento do silêncio; o trabalho de arte eficaz deixa o silêncio ao acontecer. O silêncio, administrado pelo artista, é parte de um programa de terapia perceptual e cultural, em geral baseado num modelo de terapia de choque e não na persuasão. Mesmo que o meio do artista seja palavras, ele pode contribuir nessa tarefa: a linguagem pode ser empregada para questionar a linguagem, para expressar a mudez[16].

Sob este ponto de vista, o teatro de Wilson jamais deixou de ser um "teatro do silêncio". Tornou-se, talvez, um teatro de "silêncio em voz alta".

---

16. SUSAN SONTAG, "The Aesthetics of Silence", in *Styles of Radical Will*, New York, Dell Publishing Co., Inc., 1978, p. 23.

Diagrama luminoso dos movimentos de *Einstein na Praia* que aparece no terceiro entreato e no final do Ato IV. Detalhe.

3. Trilha Sonora Composta para "Einstein na Praia": Um Exemplo de Arquitetura Musical

Agora só um minuto tente escutar.
ROBERT WILSON, Morte, Destruição e Detroit,
Ato 1, Cena 6, Seção B[1].

    Como vimos até agora, os elementos (ou ingredientes) que compõem o *Gesamtkunstwerk* de Wilson são submetidos, um a um, a um processo de "neutralização", o qual emudece o caráter utilitário desses mesmos elementos e os transforma em material novo, pronto a reintegrar-se no todo da forma menos convencional. Até então observamos que as imagens são despojadas de quaisquer decorações supérfluas que a elas pudessem estar relacionadas (como as imagens de *Vídeo 50*) e que mesmo as palavras perdem seus significados originais, para que sejam recicladas num novo contexto que gerará ainda outros significados, desta vez mais dependentes do trabalho artístico em si, de acordo com sua colocação ou organização dentro da peça (como em *Pátio*). Quanto a seu novo contexto, enquanto as imagens, em *Vídeo 50*, substituíram a linguagem verbal e foram tratadas como palavras organizadas numa sintaxe especial, as palavras, em *Pátio*, foram usadas com base no seu potencial imagístico e tratadas como fragmentos de imagens, de fotografias ou de pinturas, formando uma espécie de colagem de discurso verbal potencialmente visual.

    Essa desintegração do discurso verbal, descrita no capítulo anterior, tende a transformar a palavra falada/escrita em unidades quase não-verbais, meras "moléculas", fatias de som, hábitos pré-

---

1. ROBERT WILSON, *Death, Destruction and Dertoit*, Berlim, publicado pelo Schaubühne am Halleschen Ufer, 1979, p. 86.

verbais, como o discreto "hum", enfatizando principalmente os pontos de ruptura, a eterna reticência, a ausência, o afásico, e, acima de tudo, a incapacidade de se produzir palavras ou de fazê-las produzir significados. Contudo, essas moléculas jamais foram destruídas a ponto de deixarem de ser palavras ou, ao menos, reduzidas a um estágio além (ou precedente) de sua própria identificação com o discurso verbal, isto é, a um grau em que não pudessem mais ser consideradas como palavras, ou mesmo letras, desfazendo-se expressões sonoras desprovidas de sentido.

Consideremos, por exemplo, dois textos de Christopher Knowles, escritos para *O Valor do Homem em Dólar*. O primeiro alterna uma decomposição da frase "Since when can you write letter" ("Desde quando você pode escrever carta") com uma interrupção, "you and me should scadattle back home" ("você e eu deveríamos escapulir de volta para casa"), mais outra frase de conclusão: "I just like big girls" ("eu só gosto de garotas grandes"). O segundo mistura frases e sons de maneira praticamente intraduzível, mas obedecendo, de certa forma, ao mesmo princípio:

1) Since when can you write letter
2) Since when can you write lette
3) Since when can you write lett
4) Since when can you write let
5) Since when can you write le
6) Since when can you write l
7) Since when can you write
8) you and me should scadattle back home
9) since when can you writ
10) since when can you wri
11) since when can you wr
12) since when can you w
13) since when can you
14) since when can yo
15) since when can y
16) I just like big girls [2].

1) there was a sock hanging inside
   don't let the bag to hang on him
   it was a
2) a a a yo
3) a a a yo
4) ra ra ra a
5) ra ra ra a
6) wha to poolo
7) what to poolo [3].

2. ROBERT WILSON e CHRISTOPHER KNOWLES, *The $ Value of Man, Theater*, 9, n.º 2, primavera 1978, p. 92.
3. WILSON e KNOWLES, *The $ Value of Man*, p. 93.

Apesar de fragmentados, estes textos são intrinsecamente ligados a sua origem verbal, especialmente porque se constituem, basicamente, em comentários sobre a linguagem verbal: eles existem — e retêm sua qualidade de textos e de poesia — por causa de sua identificação intrínseca com o mundo das palavras. São exemplos de linguagem truncada em seu sentido mais literal. Falta-lhes a articulação da melodia — ao menos do ponto de vista da vontade do artista. O tipo de textos utilizados em *Pátio* nunca atinge um ponto de transmutação que permita à platéia confundi-los com sons condicionados a uma estrutura de harmonia musical.

Existe, na verdade, uma imensa diferença entre um mundo verbal desintegrado, em que os significados sofrem mutações causadas pela destruição — como vítimas de uma explosão nuclear, que continuam pertencendo ao gênero humano, apesar de suas deformidades — chegando ao ponto de tornarem-se irreconhecíveis em termos de significados ou, talvez, porque o que antes havia sido uma lista de respostas tornou-se uma pilha de dúvidas; e um mundo de sons originalmente desprovidos de significados que irão integrar uma canção ou uma sinfonia através de sua coordenação em termos de ritmo e harmonia. O primeiro implica a destruição de um código que é basicamente verbal, a destruição de gramática e sintaxe e a articulação de um alfabeto e das palavras que ele forma. O segundo indica a organização — e a construção — de um código que retenha suas características não significativas intrínseca e extrinsecamente, que seja capaz de denotar apenas o elusivo e de conotar apenas pela associação a algo que não ele próprio.

Poder-se-ia dizer que os fragmentos verbais de *Pátio* equivalem, de certa forma, à música, porque, ao apresentar significados incertos, ambíguos, levam o espectador a concentrar-se, naturalmente, em sua forma sonora. Do mesmo modo, é possível apreciar-se a "música" de um soneto de Shakespeare e ignorar completamente seu significado verbal, concentrando-se apenas na beleza de seus sons. Entretanto, tanto num exemplo como no outro, há total indefinição musical por parte de seus autores, no sentido de que não há, em nenhum dos casos, uma trilha sonora definida sobre como estes textos deveriam ser "cantados". O fato de que, junto com a musicalidade virtual dos fragmentos de *Pátio*, esteja sempre presente o som pontuador do piano ou do cravo, enfatiza ainda mais a diferença entre a música propriamente dita e o potencial musical do discurso verbal.

A essência do elemento musical do *Gesamtkunstwerk* de Wilson encontra-se não nestes textos, mas numa música passível de ser "neutralizada", da mesma forma que o foram suas imagens e textos, o que não se aplica às seleções musicais de *Vídeo 50* que, assim como as imagens às quais estavam associadas, conotavam, intencionalmente, significados. Em *Vídeo 50* a música investia as imagens de uma função verbal virtual e fazia as vezes de um vocabulário analógico, já que os fragmentos musicais, ao invés de causarem uma transcendência de significados, exibiam, imediatamente, sua referência: jazz associado a crime, ragas indianos à meditação, música popular instrumental a salão de beleza, e assim por diante, ao mesmo tempo em que estabeleciam seu código próprio, ao contrastarem-se um com o outro. O fundo musical de *Vídeo 50* também se incumbia de oferecer um constante comentário crítico que não é essencial à natureza da música: tornava-se simbólico através de uma imposição de significados difundidos socialmente e que, conseqüentemente, também refletem o autor.

É na música composta original e especificamente para as peças de Wilson que se encontra um processo muito peculiar de redução minimalista, mais compatível com os princípios até então observados em seu trabalho. Pois é nessa nova música (e não nos novos significados advindos de melodias preexistentes) que reside uma proposta de desintegração dos padrões musicais tradicionais. De uma forma ou de outra, sempre houve alguma música incidental composta para as peças de Wilson, principalmente composições de Alan Lloyd e de Michael Galasso para *O Olhar do Surdo, Sigmund Freud, Stalin, Uma Carta para a Rainha Vitória, Pátio* e *Morte, Destruição e Detroit*. Esta música consistia, usualmente, em progressões melódicas semi-hipnóticas, caracterizadas principalmente pela simplicidade e pela repetição. Em outras palavras, tratava-se, basicamente, de uma sucessão de improvisações propositadamente monótonas, às vezes ao piano, outras ao violino. A música composta por Philip Glass para *Einstein na Praia*, contudo, desenvolve esta tendência num sistema completo. Apesar de *Einstein* ser uma das peças mais compactas e interessantes do ponto de vista visual, é a única que conta com uma trilha sonora completa, presente do início ao final da peça e, conseqüentemente, revestida de especial importância. Sua música correspondente às três imagens principais recorrentes no trabalho — um trem, um julgamento e uma nave espacial.

Estas são as divisões temáticas gerais da "ópera", como Wilson a chama. A imagem do trem relaciona-se aos trens de brinquedo com os quais Einstein se divertia quando criança, e que utilizou mais tarde como analogias para ilustrar sua teoria da relatividade; a imagem do julgamento relaciona-se à ameaça de catástrofe atômica que poderia desencadear-se com suas descobertas; e a imagem da nave espacial indica o potencial de liberação e transcendência humanas possibilitado pela ciência moderna. O desenvolvimento destes três temas é articulado pelas *knee-plays*, ou "peças de joelho", cenas curtas que aparecem na peça como prelúdio, interlúdios e poslúdio e que, apreciadas em conjunto, formam uma peça completa. Todas elas relacionam-se sempre às mesmas duas personagens, cada vez retratadas em circunstâncias diferentes. Assim estão distribuídas na ópera as várias imagens e suas equivalências musicais:

Peça de joelho 1 (Coro e órgão elétrico).
Ato I Cena 1 TREM (grupo mais voz solo e coro adicionado no final)
Cena 2 JULGAMENTO (coro, violino, órgão elétrico e flautas)

Peça de joelho 2 (Solo de violino)
Ato II Cena 1 Dança 1 — campo com NAVE ESPACIAL (grupo mais voz solo e bailarinos)
Cena 2 TREM noturno (duas vozes, coro e pequeno grupo)

Peça de joelho 3 (Coro *a capella*)
Ato III Cena 1 JULGAMENTO/PRISÃO (coro e órgão elétrico, grupo no final)
Cena 2 Dança 2 — campo com NAVE ESPACIAL (seis vozes, violino e órgão elétrico)

Peça de joelho 4 (Coro e violino)
Ato IV Cena 1 EDIFÍCIO/TREM (coro e grupo)
Cena 2 CAMA (solo de órgão elétrico e voz)
Cena 3 NAVE ESPACIAL (coro e grupo)

Peça de joelho 5 (Coro de mulheres, violino e órgão elétrico).

Segundo Philip Glass, a música de *Einstein* foi desenvolvida diretamente a partir dos desenhos de Wilson para a peça, os quais acabaram por tornar-se os cenários da peça. Antes disso, os artistas já haviam chegado a um acordo sobre o conteúdo temático geral, a duração aproximada (por volta de cinco horas), e a divisão em quatro atos, nove cenas e cinco "peças de joelho" ou de transição, assim como sobre a formação da companhia: quatro atores principais, doze cantores (que pudessem participar, quando possível, como bailarinos e atores), um violinista solista e o conjunto amplificado de painéis eletrônicos, sopros e vozes requeridos, usualmente, pela música de Glass. "O material musical mais importante", diz ele[4], "aparece nas peças de joelho, tocado ao violino". De fato, o violinista é, ao mesmo tempo, um solista e personagem da ópera. Aparece vestido como Einstein, assim como os outros *performers* e

4. PHILIP GLASS, "Notes on *Einstein on the Beach*", *Einstein on the Beach*, New York, Dunvagen Music Publishers, ASCAP, 1979, p. 9.

ocupa um espaço entre eles e a orquestra. Sua posição estratégica coincide com sua função de tradutor musical da peça inteira. Quanto ao resto da música, ela acompanha as transformações visuais que acontecem durante a ópera:

> poder-se-ia dizer que, de modo geral, a ópera se inicia com um trem do século XIX e termina com uma espaçonave do século XX. Entrementes, acontecem eventos — julgamentos, prisão, danças — e, unindo tudo, a continuidade das peças de joelho. Uma série de personagens principais aparecem e reaparecem em circunstâncias e combinações diferentes, freqüentemente associadas a um gesto identificador. O violinista, um dos Einsteins da ópera, permanece (mesmo durante a cena final, da Nave Espacial, quando a companhia inteira está no palco) sentado à parte, como uma testemunha[5].

São estes os principais desenvolvimentos visuais e musicais de *Einstein na Praia*:

1. O trem, que aperece primeiramente no Ato I, Cena 1, depois no Ato II, Cena 2, como o Trem Noturno e, finalmente, no Ato IV, Cena 1, na mesma perspectiva que o Trem Noturno, mas agora transformado num edifício. A música para o primeiro trem possui três partes ou "temas". O primeiro é baseado na superposição de dois rítmicos alternantes, um fixo e outro mutável; o segundo (o Trem Noturno) é uma variação do primeiro tema com um complemento maior de vozes, tema este que aparece retrabalhado ainda uma vez como a música para o Edifício: e um terceiro tema, que é uma expansão rítmica de uma fórmula tradicional de cadência e que forma o material principal da peça e é desenvolvido nas peças de joelho 2, 3 e 4 e no Ato IV, Cena 3:

Ato I	Ato II	Ato IV	Ato IV	Peças de joelho
Cena 1	Cena 2	Cena 1	Cena 3	2, 3 e 4
TREM	TREM NOTURNO	Edifício	Espaçonave	

Temas

1————————1
2————————————2
3————————————————3————————3

2. O julgamento, que compreende o Ato I, Cena 2; Ato III, Cena 1 — quando o palco é dividido em duas áreas, Julgamento e Prisão —; e o Ato IV, Cena 2, quando uma cama, introduzida anteriormente, na primeira cena do julgamento, toma a posição central no palco. A música do julgamento também tem três partes ou "temas": o primeiro é um padrão rítmico harmoni-

---

5. GLASS, p. 9.

camente estável e simples que, através de um processo aditivo, expande-se e contrai-se lentamente, aparecendo no início da cena do julgamento, depois no início da cena de Julgamento e Prisão, e finalmente no início da cena da cama; o segundo é de natureza mais instrumental e aparece no final do Ato I, Cena 2, para um solo de órgão elétrico, depois no final do Ato III, Cena 1, para saxofone, soprano e clarineta, e no final do Ato IV, Cena 2, acompanhado por uma voz de solo de canto; o terceiro tema é ouvido uma só vez, após a divisão do do palco em duas partes durante o Ato III, Cena 1 e é composto de números cantados pelos *performers* na bancada dos jurados, acompanhado por arpejos harmonicamente alternados no órgão elétrico:

Ato I, Cena 2 (Julgamento)	Ato III, Cena 1 (Julgamento/Prisão)	Ato IV, Cena 2 (Cama)
Tema 1	1	1
	Tema 3	
Tema 2	2	2

3. A Espaçonave, vista primeiro à distância, no Ato II, Cena 1, depois mais de perto, no Ato III, Cena 2, e depois do interior, no Ato IV, Cena 3. Suas duas primeiras aparições estão relacionadas a danças e apresentam o mesmo material musical. "Para mim", diz Philip Glass, "elas são como dois pilares eqüidistantes de cada extremidade da ópera, ligadas apenas superficialmente ao conteúdo musical das outras cenas"[6]. A música para a terceira cena da Espaçonave é derivada, como vimos, do terceiro tema da música do Trem.

4. As peças de joelho, "que também podem ser entendidas como as sementes que florescem e que tomam forma nas cenas maiores"[7]. As duas personagens destas cenas aparecem primeiro numa sala, sentadas em frente a duas mesas, depois sentadas lado a lado em duas cadeiras, depois deitadas sobre duas grandes mesas de vidro, depois em pé defronte a um grande painel de controle e, finalmente, sentadas num banco esperando o ônibus. A estrutura musical destas cenas é assim explicada no diagrama de Philip Glass:

Peça de joelho 1	Peça de joelho 2	Peça de joelho 3	Peça de joelho 4	Peça de joelho 5
$L+C_1$	A_1-B-A_1	$A_2-C_2-A_2$	$(A_1+A_2)-C_3-(A_1+A_2)$	$L+C_1+C_3$
		Base	Baixo	
		L	L	

6. *Idem*, p. 10.
7. *Ibid*.

Einstein na Praia. Ato I   Cena 1.

Einstein na Praia. Ato IV, Cena 3: A Máquina do Espaço.

As peças de joelho 2, 3 e 4 são estruturadas de forma semelhante, as três evoluindo ao redor de dois temas, sendo que o primeiro repete-se no final. A letra A simboliza o tema da "cadência" do primeiro trem no Ato I, Cena 1, que é desenvolvido de formas diferentes (A_1, A_2, $A_1 + A_2$) em cada uma dessas três peças de joelho; primeiro como arpejos de violino, depois como um arranjo para vozes em coral, e finalmente como uma combinação das duas formas anteriores. B significa o tema da segunda peça de joelho, baseada em simples passagens de escalas, que reaparece durante a segunda dança e na seção intermediária da música da Espaçonave. C significa os temas intermediários das peças de joelho 3 e 4 e consiste em arranjos diferentes para o mesmo material, tratado de forma altamente lírica. A linha do baixo ou "movimento de raiz", implícita nessas duas peças de joelho, é representada por A-G-C, que se torna, no pedal do órgão elétrico, a linha decrescente aberta usada na primeira peça de joelho, aqui indicada pela letra L, que aparecerá mais tarde na quinta peça de joelho.

O que é peculiar em relação a este tipo de música é o fato de que sua estrutura está sempre aparente para quem a ouve. É música sobre si mesma, uma espécie de catálogo de técnicas rítmicas que contribuem para a estrutura global da peça. As anotações de Philip Glass sobre *Einstein* revelam grande semelhança entre seu tratamento do material musical e os métodos artísticos de Robert Wilson:

> Minha atitude básica em relação à música tem sido a de ligar a estrutura harmônica diretamente à estrutura rítmica, usando esta última como base. Seguindo esse princípio, escolhi um movimento de raiz (cordas ou mudanças) facilmente perceptível, para que este relacionamento pudesse ser ouvido claramente, de forma imediata. O material melódico é, em geral, uma função, ou resultado da harmonia, como nos períodos iniciais da música ocidental. Contudo, sabemos que algumas das prioridades da música ocidental (harmonia e melodia em primeiro lugar, depois ritmo) têm sido invertidas. Aqui temos primeiramente a estrutura rítmica e, em seguida, harmonia e melodia. O resultado é a reintegração de ritmo, harmonia e melodia num idioma que é, esperamos, acessível ao grande público embora, admitimos, um tanto desconcertante numa primeira audição[8].

O efeito neutralizador realizado por Wilson nas seqüências de *Vídeo 50* é repetido aqui com a finalidade de libertar a música da tirania da melodia, a qual, freqüentemente, obscurece nosso reconhecimento de sua estrutura rítmica. Mas não é o ritmo o elemento subliminar inerente ao fenômeno musical? Em outras palavras, a música composta por Philip Glass para *Einstein na Praia* liberta a essência do elemento subliminar — a estrutura rítmica — destacando-a de seu equivalente não-subliminar — harmonia e melodia — e tornando-a o foco de atenção. O resultado é muito semelhante ao causado por Wilson em seu tratamento de imagens: "É uma mú-

8. *Ibid.*

sica que reduziu conscientemente suas possibilidades, em termos harmônicos e melódicos, em favor de uma maior clareza estrutural, uma música que tende a ser extremamente consistente no que tange à métrica e tempo", diz Glass[9]. Sua consistência casa-se perfeitamente com as imagens neutralizadas de Wilson. Ao contrário da música contrastante associada aos segmentos de *Vídeo 50*, esta música, como pudemos observar na descrição da estrutura de *Einstein*, segue suas lentas transformações imagéticas, como se fosse sua própria alma. Contudo, seus códigos estruturais estão em constante processo de redefinição, como um desafio permanente ao ouvinte, do mesmo modo que os fragmentos de discurso verbal eram constantemente reorganizados de forma inusitada em *Pátio*. Na crítica de Andrew Porter sobre *Einstein*, escrita para *The New Yorker*, há um comentário sobre a música de Glass que poderia servir igualmente para o trabalho de Wilson como um todo:

> A trilha composta por Glass talvez seja encantatória, mas está longe de ser uma canção de ninar... Quem a ouve geralmente atinge um ponto, logo no início, em que o impulso é rebelar-se contra a sensação de estar escutando um disco quebrado, mas alguns minutos depois percebe que a agulha não estava quebrada: algo aconteceu. Uma vez passado esse ponto, a música de Glass — ao menos em minha opinião — torna-se fácil de escutar por horas a fio. A mente pode divagar de vez em quando, mas divaga por um novo mundo sonoro criado pelo compositor[10].

A gênese do trabalho de Philip Glass para *Einstein na Praia* revela ainda outras semelhanças entre as técnicas utilizadas pelo compositor e as de Robert Wilson. Em suas anotações sobre *Einstein*, Glass diz que a música que ele criou para a ópera é parte de um projeto musical em progresso, iniciado com "Outra Olhada na Harmonia" em 1975 que, por sua vez, se baseia em sua "Música em Doze Partes", completada em 1974, onde ele desenvolveu um "vocabulário de técnicas (processos aditivos, estruturas cíclicas e combinações dos anteriores) a serem aplicados a problemas de estrutura rítmica"[11]. O impulso de criar um trabalho artístico que seja a expressão de seu próprio código particular é a chave não só da música de Philip Glass, mas do trabalho de Wilson como um todo, no qual a música de Glass se encaixa tão bem. Em ambos os casos, este código ou o vocabulário escolhido é organizado através de um processo de conexões analógicas progressivas, uma espécie de técnica aditiva, da repetição do motivo principal, uma forma de estrutura cíclica, e a eventual combinação das duas técnicas anteriores, o que resulta num padrão em espiral.

9. ROBERT PALMER, "Itroduction to *Einstein on the Beach*", New York, Dunvagen Music Publishers, ASCAP, 1979, p. 7. Citação de Philip Glass.
10. ANDREW PORTER, "Many-Colored Glass", *The New Yorker*, 13 dez. 1976, p. 166.
11. GLASS, "Notes on *Einstein on the Beach*", p. 10.

Este tratamento fenomenológico preliminar logo é complementado por elementos de escolha e intuição artísticas, como explica Glass na descrição de seu trabalho em progresso, "Outra Olhada na Harmonia", em que ele se volta para "problemas de estrutura harmônica ou, mais precisamente, de harmonia estrutural — novas soluções para problemas do uso da harmonia, em que a evolução do material pode tornar-se a base de uma estrutura formal global intrínseca à própria música (e sem que a liguagem harmônica perca o conteúdo e o sabor no seu momento a momento)"[12]. É interessante notar que as partes 1 e 2 de "Outra Olhada na Harmonia" tornaram-se a base de Ato I, Cena 1 e Ato II, Cena 1 de *Einstein* e constituíram-se nos pontos de referência a partir dos quais se desenvolveram novas técnicas e materiais. Esta estrutura bifuncional, que coloca o artista primeiro na posição do observador imparcial, que toma em consideração somente as menores unidades do que lhe é perceptível para depois manipular seu material de dentro para fora, acreditando cegamente em sua intuição, é a base do trabalho de Glass e de Wilson. Glass começa a trabalhar com elementos simples e neutros, como textos vocais formados por números e notas ("do, ré, mi..."), sílabas e séries musicais nunca superiores a cinco acordes. Os números são utilizados para representar a estrutura rítmica da música e as sílabas de solfejo para representar a estrutura de alcance melódico: em ambos os casos, não se trata de um texto secundário ou suplementar, mas de uma descrição da própria música. De fato, como notou o crítico Ross Wetzsteon, "assim como grande parte da arte contemporânea, esta ópera parece ser primordialmente sobre si mesma — suas origens, sua linguagem, suas formas... Uma espiral auto-referencial leva-nos através de suas próprias contradições a suas próprias resoluções e busca, como quase toda a arte do século XX, uma autonomia de expressão tão purificada que parece negar qualquer outra possibilidade que não seja a mais total submissão à experiência"[13]. Da mesma forma *Vídeo 50* é "sobre" vídeo e *Pátio* "sobre" linguagem verbal. Segundo Stefan Brecht,

> Glass, de certo modo, apresenta a música como música, da mesma forma que certos pintores norte-americanos modernos apresentam a pintura como pintura: as convenções e os elementos da arte/ofício/meio não só são explicitados, mas são explícita, ostensiva e formalmente elementos, elementos-forma da música: a redução da arte ao mais simples (com o que Glass consegue construir bastante variedade e — acho — algumas complexidades interessantes), mostra a estrutura, incorpora à música os instrumentos da arte de compor[14].

12. GLASS, p. 10.
13. ROSS WETZSTEON, "The Making of a Masterpiece Blah Blah Blah Blah Blah", *The Village Voice*, 12 abr. 1976.
14. STEFAN BRECHT, *The Theatre of Visions*, p. 363.

Por outro lado, o estágio de manipulação desse material ainda cru, apesar dos poucos elementos envolvidos, é da maior complexidade. Por exemplo, o material musical utilizado para a ópera — séries de cinco acordes, quatro acordes, três acordes, dois acordes e um acorde — produz, inesperadamente, os mais intrincados efeitos. A seguinte progressão de cinco acordes constitui o "tema" principal da peça:

clave de Fá	Lá — Si — Mi
fá — Ré^b — Si^{bb}	(IV) (V) (I)
(i) (VI) (IV^b)	clave de Mi

Assim como qualquer simples seqüência de *Vídeo 50*, esta fórmula combina uma cadência familiar, constante, e uma modulação, variável. "O que torna a fórmula identificável [diz Glass] e mesmo útil, é, naturalmente, a maneira com que IV^b (Si^{bb}) se transforma em IV (Lá) na nova clave, fazendo com que a frase se resolva meio-tom abaixo. Isto, por outro lado, proporciona o tom referencial para o i (fá) original. Como se trata de uma fórmula que promove a repetição, é particularmente adequada à minha maneira musical de pensar"[15]. A repetição desse *leitmotiv* ao longo da peça preenche a mesma função que, por exemplo, a cadeira recorrente, suspensa em *Vídeo 50* ou, mesmo, o "Pronto Apontar Fogo" em *Pátio*. Ele aparece em *Einstein* como o terceiro tema da música do TREM (Ato I, Cena 1), com conjunto e coro, depois na peça de joelho 2, desta vez como solo de violino, depois em forma de coral na peça de joelho 3, depois em coral e arpejo combinados na peça de joelho 4, e finalmente integrando todos os arranjos anteriores no Ato III, Cena 3. A progressão de quatro acordes, que aparece no Ato I, Cena 1; Ato III, Cena 1; e Ato IV, Cena 2; é uma expansão rítmica dos quatro acordes fá—Mi^b—Dó—Ré, fá e Dó, e Mi^b e Ré funcionando como pares harmônicos. De forma semelhante às construções matemáticas por trás dos poemas e textos de Christopher Knowles, a frase musical expande-se gradualmente, sendo cada nova frase executada duas vezes, até que uma longa e complexa configuração se imponha. Começando com um simples modelo de oito notas

(fá)	(Mi^b)	(Dó)	(Ré)
4	3	4	3

a progressão começa a crescer como no gráfico abaixo:

	(fá)	(Mi^b)	(Dó)	(Ré)
1.	4	3	4	3
2.	4+3	4	4+3	4
3.	4+3	4+3	4+3	4+3
4.	4+3+2	4+3	4+3+2	4+3 etc.

15. GLASS, "Notes on *Einstein on the Beach*", p. 11.

Compare-se isso a um dos textos de Knowles utilizados em *Einstein*:

E vai pegar vento para o veleiro. E podia pegar porque é. Podia pegar a ferrovia para esses operários. E podia ser onde é. Podia ser Franky podia ser Franky muito fresco e limpo. Podia ser um balão. Oh esses eram os dias meus amigos e esses eram os dias meus amigos. Podia pegar algum vento para o veleiro. E podia pegar porque é. E podia pegar a ferrovia para esses operários. E podia pegar pois isto é era. Podia ser um balão. Podia ser Franky. Podia ser muito limpo e fresco. Todos esses são os dias meus amigos e esses são os dias meus amigos. Podia ser esses dias. E vai pegar algum vento para o veleiro e pod po podia pegar poi isto é isto. Podia pegar a ferrovia para esses operários operários. Podia pegar porque é. E estes são os dias meus amigos e estes são os dias meus amigos. Põe esses dias de 888 centavos 1.06 moedas de troco. .... Estes são osiiidias mmeus amigos e estes são os meus dias meus amigos[16].

A natureza deste tipo de texto, cuja estrutura vai sendo revelada lentamente através da modificação gradual de seus modelos básicos, continuamente repetidos, faz com que sua transcrição completa torne-se um tanto inconveniente, dada a sua extensão. Além disso, uma tradução a contento é praticamente impossível, tantas são as pequenas variações. De qualquer forma, a semelhança dos procedimentos é evidente, especialmente no que concerne à inclusão gradual de novos elementos. Observe-se também este trecho de *Pátio*:

(you)
You
has he gotten her yet
has who gotten here yet
NO
what would you say that was
(what would you say that was)
125
(125)
very well
very well
play opposum
(play opposum)
open the doors
(open the doors)
one you all set
(one you all set)
Go behind the door

16. CHRISTOPHER KNOWLES, "These are the days", in *Einstein on the Beach*, org. Vicky Alliata, New York, EOS Enterprises Inc., 1976, p. 40.

(go behind the door)
now is the time to get away
(now is the time to get away)
1 and 2
1 and 2
I'll be with you in just a minute
I'll be with you in just a minute
I'll be with you in just a minute
oh hello that's just the call I was waiting for
(oh hello that's just the call I was waiting for)
ready aim fire
ready aim fire
aim fire
aim fire
where
where[17]*.

Neste caso, as frases aumentam de tamanho à medida que aumenta o número de palavras em cada linha, a ponto de atrair a atenção do leitor ou do ouvinte, para, em seguida, tornarem-se novamente curtas.

A complexidade das técnicas utilizadas por Philip Glass para explorar as simples séries de acordes citadas acima aparece pre-

---

* (você) Você
ele já conseguiu pegá-la
será que alguém já conseguiu pegá-la
NÃO
o que você acha que era aquilo (o que você acha que era aquilo)
125 (125)
muito bem (muito bem)
dá uma de bicho preguiça (dá uma de bicho preguiça)
abra as portas (abra as portas)
uma que todos arrumaram (uma que todos arrumaram)
Vá prá trás da porta (vá prá trás da porta)
agora está na hora de ir embora (agora está na hora de ir embora)
1 e 2 1 e 2
Te vejo daqui a um minuto
Te vejo daqui a um minuto
Te vejo daqui a um minuto
oh alô esta é a chamada que eu estava esperando
(oh alô esta é a chamada que eu estava esperando)
pronto apontar fogo
pronto apontar fogo
apontar fogo
apontar fogo
onde
onde.

17. ROBERT WILSON, *I was sitting on my patio this guy appeared I thought I was hallucinating*, Londres, publicado por Michael White, 1978, pp. 3-4.

dominantemente na maneira como foram tratadas as séries de três acordes que constituem a música das duas seções de dança (Ato II, Cena 1; Ato III, Cena 2). Três claves centrais (Lá, mi^7 e Si^b) funcionam "ao redor" de uma clave central de ré:

> No início, cada uma das claves centrais está associada a sua própria métrica e todas são executadas de acordo com um padrão rítmico comum de 6/8. (Isto, incidentalmente, cria um "sabor" polimétrico secundário ao longo da música toda.) A clave de Lá aparece em quartas, e mi^7 em oitavas (uma clave substituta de Dó^7 aparece mais tarde) e Si^b em meios-tons. Após uma excursão a uma dessas claves centrais a música retorna, sempre, para a clave central de ré. À medida que a música progride, as claves centrais começam a trocar características métricas. Mais tarde, essas formam complexas acumulações de métricas na mesma clave, antes de retornarem à clave central, ré. Este processo acumulativo continua até que as associações originais entre métrica e clave acabam se perdendo na textura total de harmonias e métricas[18].

A desintegração da música em moléculas proporciona, aqui, uma variação constante de ritmo, apesar dos poucos elementos utilizados.

As duas seqüências remanescentes, de séries de dois e um acordes, são, de certa forma, um pouco mais simples. A primeira desenvolve uma fragmentação rítmica através da transformação gradual de duas figuras musicais assimétricas, que atuam uma sobre a outra como uma espécie de espelho, parecendo formar, portanto, uma configuração simétrica duplamente longa (Ato IV, Cena 1). Quanto à música baseada num só acorde, desenvolve-se com a adição de uma única oitava, a qual muda gradualmente o padrão original e acaba transformando inteiramente a configuração original, expandindo-a. Mais tarde, essa configuração contrai-se e retorna a sua forma original. Este processo aplica-se ao Ato I, Cena 2; Ato III, Cena 1; e Ato IV, Cena 2.

A natureza dessas técnicas define um tipo particular de arte em que o meio é formalmente explicitado, "o trabalho artístico como processo que se desenvolve a olhos vistos (ou diretamente para os ouvidos) em sua construção: de acordo com algumas regras explícitas, instituídas *dentro* deste processo como regras artificiais, senão arbitrárias, impostas, determinadas, regras do fazer artístico advindas de elementos também artificiais"[19]. A similaridade entre as técnicas de Knowles, Glass e Wilson não é, certamente, uma coincidência. É uma característica da arte de nossos tempos, mas além de uma característica, implica, também, uma filosofia comum. Em relação ao que esta arte exige de seu público, ela é, de certa forma, "selvagem e até brutal: não é moldada para o olho/ouvido

---

18. GLASS, "Notes on *Einstein on the Beach*", p. 11.

do indivíduo de *status*. Tem o impulso da entrega; não são apenas esforços no sentido de alimentar indivíduos com miniestruturas, enquanto eles se mantêm comportadinhos, vendo e ouvindo"[20].

Contrastando a reação do público à apresentação de *Einstein*, com seus meios artísticos reduzidos e a reação do público à exuberância de uma função circence, Ross Wetzsteon observa que *Einstein*, apesar de sua

repetição obsessiva, duração despropositada e simplicidade rudimentar, é muito mais excitante que todo o eufórico encanto do circo. Ao forçar-nos a nos concentrar nas implicações do menor dos detalhes... Wilson concentra e cativa nosso interesse, ao passo que o circo, ao adotar a hipérbole como sua modalidade específica, arrebata-nos com tantas sensações que ficamos logo exaustos para podermos prestar a devida atenção. Ao terminar a peça de Wilson, eu me sentia tão alerta que a súbita adição de um "fá-sol" ao refrão constantemente reiterado (dó-ré-mi) evocava um turbilhão de inquietantes especulações; ao terminar o circo, nem mesmo um canhão poderia despertar-me de meu estupor[21].

---

19. STEFAN BRECHT, *The Theatre of Visions*, p. 363.
20. BRECHT, p. 363.
21. ROSS WETZTEON, "The Making of a Masterpiece...."

Einstein na Praia. Ato II, Cena 1.

4. A Dança: A Construção de um Vocabulário

> *Então isto podia ser onde se a terra se move ou não. Então aqui vamos nós. Sinto a terra mover-se sob meus pés. Sinto despencar embaixo despencar embaixo.*
> CHRISTOPHER KNOWLES, texto de Einstein na Praia, *Ato III*[1].

A arte da dança está intimamente associada ao mundo criativo de Robert Wilson. Com efeito, suas peças têm sido descritas muitas vezes como espetáculos de dança e têm chamado a atenção de críticos famosos nessa especialidade, tais como Edwin Denby, Marcia Siegal e Ellen Stodolsky. Mesmo o crítico teatral Clive Barnes, num artigo para o *New York Times* em que ele faz distinção entre as duas grandes correntes da dança moderna, fala de Wilson como um criador de danças:

> A resposta da dança moderna ao balé clássico parece bifurcar-se em direções opostas. A primeira pode ser resumida num "se você não é capaz de ir além deles, junte-se a eles". É a facção da dança moderna que tem enfatizado cada vez mais o aperfeiçoamento técnico — com muita honra — e, conscientemente ou não, tenta equiparar-se ao elemento explicitamente espetacular da dança clássica. A segunda opção parece ser a de afastar-se completamente da própria dança. A assim chamada dança de vanguarda é freqüentemente indiferenciável do teatro de vanguarda, a não ser pelo fato de que o pessoal de teatro é quase sempre melhor, mais sofisticado, tecnicamente mais seguro e muito mais firme em seus objetivos. Não tenho certeza se o trabalho de Robert Wilson deve ser entendido como dança ou

---

1. CHRISTOPHER KNOWLES, "I feel the earth move", in *Einstein on the Beach*, org. Vicky Alliata, New York, EOS Enterprises Inc., 1976, p. 42.

drama (costumo entendê-lo como ópera silenciosa e, portanto, como dança) mas parece estar anos-luz adiante da maioria da dança de vanguarda que tenho visto[2].

Esta classificação não é absolutamente surpreendente, já que os trabalhos de Wilson não diferem, ao menos em espírito, dos espetáculos de dança concebidos por artistas como Alwin Nikolais, em que diversos elementos artísticos foram incorporados na criação de um *Gesamtkunstwerk*. O próprio Robert Wilson, como foi mencionado, já havia desenvolvido alguns de seus conceitos artísticos sobre a dança ainda em Waco, Texas. Aliás, um dos trabalhos coordenados por ele para o grupo Juventude em Movimento, em 1965, chamava-se simplesmente *Dança Moderna*. Consistia em quatro danças, realizadas por doze bailarinos, sendo que a primeira era um estudo sobre movimento no qual "figuras deslizavam, escorregavam, contorciam-se ou se batiam, freqüentemente em conjunto, mas raramente em uníssono"[3], e que incluía alguns elementos esculturais (uma série de "móbiles dependurados, embrulhados em papel de alumínio e que se moviam lenta ou violentamente"[4]); e outros pictóricos ("o efeito de luzes em tom pastel sobre eles e as sombras que eles criavam"[5]). A segunda exibia os bailarinos como se eles próprios fossem esculturas, pois estes apareciam completamente envolvidos num tecido de jérsei, de maneira a criar formas abstratas ao movimentarem braços e pernas. A terceira dança enfatizava efeitos visuais criados pelos corpos invisíveis dos bailarinos sob a luz ultravioleta ("O que se via, acompanhado de uma trilha sonora de ruídos eletrônicos estranhos e espectrais, eram bolhas amorfas e assustadoras que mudavam de forma, posição e cor, e que lembravam um famoso anúncio de TV sobre acidez estomacal"[6].) A última dança, a mais teatral de todas, era uma "paródia hilariante do Concurso de Miss América, em que se utilizavam pacotes de detergente, ferro velho e coisas do gênero"[7], e uma trilha sonora que misturava canções patrióticas, hinos evangélicos e o tema musical do Concurso de Miss América.

O ponto de contato entre essas danças e outras experiências semelhantes no mundo da dança é, contudo, superficial: encontra-se no uso anticonvencional de objetos, luz e efeitos cênicos, ou seja, nos aspectos periféricos, exteriores, da produção, não na arte do movimento em si. Além disso, ao chamá-las de "danças",

---

2. CLIVE BARNES, "Fusing Ballet and Modern Dance", *The New York Times,* 2 jun. 1974, p. 14-D.
3. GYNTER QUILL, "Salute for Unconventional Idea Presented by Youth in Motion", *The Waco News-Tribune,* 30 jul. 1965, p. 5-B.
4. QUILL, "Salute for Unconventional Idea", p. 5-B.
5. *Idem*, p. 5-B.
6. *Idem*, p. 5-B.
7. *Idem*, p. 5-B.

Wilson estava simplesmente obrigando o público a assisti-las a partir dessa perspectiva específica. Segundo um crítico da *Waco News-Tribune*, "não se trata de dança no sentido lato do termo. É movimento, moção, com seu próprio ritmo independente da música; espontâneo e individual, apesar de funcionar em cooperação com o grupo"[8]. A única indicação de que algum tipo específico de técnica de dança pudesse advir desse tipo de experiência é o fato de que o movimento havia sido tratado, aqui, como um elemento separado, um campo artístico independente, como o foram a música ("Não é música. É som e existe por si só, preenche sua função na criação de clima e atmosfera ou até, de certa forma, 'narrando' "[9]) e a iluminação ("A luz não servia apenas para iluminar, mas era uma entidade em si, uma personagem independente"[10]). Conseqüentemente, as danças de Wilson só podem ser entendidas como danças de um ponto de vista geral, já que eram, na verdade, uma justaposição de várias atividades artísticas, sendo que a dança era uma delas. Em outras palavras, as "danças" de Wilson eram primeiros passos em direção a um *Gesamtkunstwerk,* onde se evitava uma hierarquia artística e onde "todos os elementos trabalhavam juntos na criação de formas fantásticas, quadros cênicos, emoções que derivavam mais do inconsciente do que do intelecto"[11]. Vistas dessa perspectiva, as "danças" de Wilson não se distinguem claramente de suas outras peças. Se ele as tivesse chamado de *Teatro Moderno*, o público estaria pronto a aceitá-las — ou rejeitá-las — como tais, pois é "sua imaginação que cria o que quer"[12].

Por outro lado, se se considera os valores intrínsecos da dança como fenômeno, isto é, dança como uma arte específica, um meio de expressão em que movimentos corporais são conscientemente organizados num vocabulário a ser articulado em função de padrões rítmicos, há que procurá-la mais além em seu trabalho. Há que procurar por um vocabulário que seja distinto de uma simples lista de movimentos da vida cotidiana: um vocabulário de movimentos e de sistemas de movimentos que se identifiquem com uma linguagem própria da dança e que, ao mesmo tempo, possa expressar-se independentemente dos outros vocabulários artísticos reunidos no *Gesamtkunstwerk* de Wilson.

Embora o próprio Wilson tenha coreografado muitas seqüências de dança em seus trabalhos posteriores, como os movimentos dos Corredores e das Mães-pretas em *Freud*[12], os movimentos

8. *Idem*, p. 5-B.
9. *Idem*, p. 5-B.
10. *Idem*, p. 5-B.
11. *Idem*, p. 5-B.
12. STEFAN BRECHT, *The Theatre of Visions*, p. 222.

em sete partes" e a "descida em espiral" em *O Olhar do Surdo*[13], assim como as danças giratórias em *Uma Carta para a Rainha Vitória*[14], foi Andrew de Groat, colaborador de Wilson desde 1967, quem melhor desenvolveu esse "vocabulário". Além de sua participação como bailarino, de Groat foi responsável pelo treinamento corporal dos atores de Wilson e também pela coreografia de muitas passagens de suas peças, principalmente para o Ato V de *Stalin* e para as cenas iniciais e finais de *O Valor do Homem em Dólar*. Mas é nas danças criadas para *Einstein na Praia* que esse vocabulário pode ser observado em sua versão mais clara e desenvolvida.

Numa entrevista dada a Nenna Eberstadt, de Groat descreve de maneira geral seus conceitos sobre dança, apresentando uma visão muito semelhante à dos conceitos artísticos de Glass e Wilson:

> Na maioria dos espetáculos de dança que assisto, acho que *muita* coisa acontece *muito* rapidamente. O que tentei fazer foi concentrar-me num número muito limitado de movimentos e apresentá-los em variações estruturais diferentes, na esperança de que o público seja capaz de perceber uma imensa configuração cênica, ao invés de gestos individuais ou bailarinos individualmente[15].

Reconhece-se aqui o mesmo desejo de permitir que o público tenha tempo para pensar e relaxar, captando, enquanto isso, as estruturas desenvolvidas pelas danças. O procedimento básico é familiar: um mínimo de elementos — como o uso econômico de apenas cinco acordes em *Einstein*, na música de Philip Glass — e um exame progressivo de possibilidades estruturais — como nas transformações rítmicas graduais de Philip Glass. Contudo, no que concerne à seleção do material básico a ser explorado, a diferentes naturezas da música e da dança apontam para direções de ordens distintas. Enquanto Philip Glass simplesmente se apóia nos códigos musicais e numéricos os mais rudimentares, a seleção de movimentos que pudessem incluir-se num vocabulário de dança a ser articulado em *performance* estava ainda por fazer-se. Este processo seletivo já havia começado, a bem da verdade, no âmbito das experiências de Wilson com movimento, com sua observação do que, em termos de expressão corporal, era essencial para cada indivíduo em particular. Com a exceção de sua *Dança Moderna*, as peças de Wilson são quase estáticas, intermináveis sucessões de quadros vivos encadeados através de movimentos extremamente lentos. A atividade da dança fazia parte do treinamento, como exercício de relaxamento e concentração; não era apresen-

---

13. *Idem*, p. 222.
14. *Idem*, p. 222.
15. NENNA EBERSTADT, "Einstein at the Met", *Andy Warhol's Interview*, 3, n.º 2, fev. 1977, p. 30.

tada ao público. Após *O Olhar do Surdo*, entretanto, a dança passou a desempenhar um papel cada vez mais importante nas peças de Wilson e os movimentos desenvolvidos durante os laboratórios foram incorporados a elas. Gradualmente começou a formar-se a partir desses movimentos selecionados um vocabulário de dança. Como a maioria desses laboratórios consistia em treinar, não a observação dos movimentos do próprio *performer*, mas em acostumar o intérprete a observar os movimentos dos outros, alguns movimentos, devido à constante repetição, não tardaram a ser adotados pelo grupo todo. Por exemplo, Robert Wilson havia desenvolvido uma dança sua, baseada numa série de movimentos desequilibrados, que lembravam uma seqüência de espasmos, em que cada postura perigosa era sustentada habilidosamente por algum tempo, antes que um movimento de transição para uma nova postura acontecesse. Muitas dessas posturas, acentuadas por seu corpo anguloso, foram adotadas pelos outros *performers*. Outro movimento que se tornou uma espécie de marca registrada nas peças de Wilson foi introduzido nesses laboratórios por Andy de Groat: o giro. Quando de Groat passou a trabalhar na coreografia do Ato V de *Stalin*, já se havia desenvolvido no grupo um subvocabulário baseado somente no ato de girar, cujas variações consistiam nas maneiras diferentes de girar, específicas de cada indivíduo e de seu estilo pessoal. Scotty Snyder, uma senhora de meia idade, girava muito lentamente, sempre marcando o ritmo com um dos pés; Kit Carson, que tinha vinte anos quando *Stalin* estreou, girava rapidamente e com absoluta precisão; outros desenvolveram habilidades diferentes, giravam nas mais diversas velocidades e ainda adicionavam movimentos com as mãos, cabeça, e, alguns, com as próprias pernas. Nesse estágio, a coreografia de de Groat era, essencialmente, a organização desse vocabulário crescente em função de modelos estruturais. Segundo Robert Wilson, "a coisa mais importante que fizemos foi levantar esse vocabulário a partir dos movimentos individuais"[16]. Da mesma forma, a coreografia de *O Valor do Homem em Dólar* era, basicamente, a organização estrutural do "vocabulário" disponível.

A seção "livre", que iniciava e encerrava o espetáculo, centrava-se nas danças giratórias de Andy de Groat e de Julia Busto. Os outros *performers* giravam ou desenvolviam movimentos livres aparentemente não coreografados. Eles podiam participar da ação ou abandoná-la em momentos diversos, e o espaço inteiro era utilizado[17].

16. CALVIN TOMKINS, "Il Compimento di un ciclo", in *Il Teatro di Robert Wilson*, org. Franco Quadri, Veneza, Edizione de la Bienale di Venezia, 1976, p. 90.
17. ARNOLD ARONSON, "Al limite de la Performance d'Artista", in *Il Teatro di Robert Wilson*, org. Franco Quadri, Veneza, Edizioni de la Biennale di Venezia, 1976, p. 110.

Quando a coreografia para *Einstein na Praia* foi concebida, Andy de Groat havia se organizado sistematicamente. As danças para o Ato II, Cena 1, e Ato III, Cena 2 foram baseadas em ciclos de quatro movimentos simples: pular, dar um passo à frente e voltar à posição inicial; uma série de dezesseis movimentos com os braços; correr em uma contagem de vinte tempos; e pular em oito variações. Estes movimentos foram ensaiados no palco num tempo rápido e regular. O itinerário descrito por eles foi então estabelecido adotando-se como pontos de referência diversas figuras geométricas, cujas dimensões variavam de acordo com o número de passos envolvidos no movimento. Os bailarinos se movimentavam pelo palco orientados por esse simples vocabulário, embora estivessem livres para inserir nele novas variações, esticando a estrutura dada. Portanto, a dança como um todo dependia tanto de uma coreografia preestabelecida como de subvocabulários selecionados pelos próprios bailarinos. A dinâmica dessas danças seguia um sistema relacionado ao número de bailarinos nelas envolvidos em determinado momento: assim sendo, todos os movimentos foram estruturados de acordo com o número crescente ou decrescente de participantes no palco: um, três, quatro, sete ou oito.

De forma geral o processo de seleção e organização de material adotado por de Groat segue as duas etapas observadas no trabalho de Wilson (assim como no de Glass e no de Knowles). A primeira etapa desse processo é a espécie de neutralização efetuada nos movimentos "colecionados" durante os laboratórios de dança. Entretanto, em contraste com a seleção arbitrária de *Vídeo 50,* de Groat neutraliza seu material através de uma simplificação gradual. Desde o início, todos os movimentos são submetidos a uma redução sistemática e progressiva, a suas formas mais simples, já que os movimentos criados por um *performer* passam a ser copiados repetidamente, muitas e muitas vezes, pelos outros membros do grupo. Após esta transformação destiladora, movimentos excessivos e decorativos são naturalmente descartados, e somente formas essenciais, fáceis de serem captadas, são conservadas. Um dos exercícios mais comumente sugeridos à companhia era o de seguir os gestos de um líder por algum tempo, até que fosse apontado um outro líder, e então outro, fazendo com que, pouco a pouco, cada *performer* tivesse a oportunidade de seguir e de ser seguido. Os *performers* logo descobriam que os gestos mais simples são os mais fáceis de serem copiados e mantêm o exercício em contínua progressão, ao

---

18. ANDY DE GROAT, "Dance I: Circle Walk, Solo", in *Einstein on the Beach,* org. Vicky Alliata, New York, EOS Enterprises Inc., 1976, p. 45.

passo que movimentos complicados, com elaborações de virtuoses, acabam criando tensão e desinteresse no resto do grupo. À medida que alguns movimentos começam a aparecer repetidamente nos laboratórios, acabam se tornando propriedade do grupo todo, desligando-se dos indivíduos que os introduziram em primeiro lugar. Pouco a pouco vai-se formando o vocabulário do grupo.

Por outro lado, os movimentos que chegam a integrar a seleção final são também despojados de qualquer significado psicológico, já que só sua forma exterior é mantida — o movimento como fenômeno — e não sua causa. Pois é só sua forma que é copiada, sem nenhuma atenção a sua origem. Portanto, as habilidades pessoais de cada bailarino não são levadas em conta nessa primeira etapa, para que sua apreciação dos movimentos enquanto fenômenos, tais como eles ocorrem a sua volta, seja estimulada. Quando o vocabulário já estiver estabelecido, aí sim eles terão a oportunidade de adaptá-los de acordo com sua intuição pessoal. Tal como Philip Glass, que deseja libertar a música da tirania da melodia, Andy de Groat quer libertar a dança da tirania da coreografia. O resultado obtido é, então, o de uma obra de arte que corresponde à expressão de seu próprio alfabeto, não ao do coreógrafo. Novamente temos o artista (neste caso, tanto o coreógrafo quanto os bailarinos) na posição preliminar do observador imparcial, que se concentra nas menores unidades do que ele percebe antes de tentar manipulá-las.

A segunda etapa, da organização do material, é onde se encontra a oportunidade do artista de trabalhar de dentro para fora, seguindo a orientação de sua própria intuição. Neste caso, o construir a dança, proposto por de Groat, torna-se a própria dança, sua estrutura fica aparente para quem a assiste, suas técnicas coreográficas são expostas, em vez de ocultas. A estrutura geral elaborada por de Groat para as duas danças de *Einstein na Praia* é, na verdade, um intercâmbio de movimentos entre a primeira e a segunda dança. Os movimentos mais simples são executados no início por toda a companhia. Então, gradualmente, os bailarinos começam a abandonar o palco de acordo com a ordem decrescente preestabelecida (oito, sete, quatro, três, um), até que só um bailarino permaneça no palco. Os movimentos mais complexos iniciam-se com o solo de um bailarino, ao qual se unem, progressivamente, os outros bailarinos, agora em ordem crescente (um, três, quatro, sete, oito). O movimento giratório, por exemplo, que acontece no final da primeira dança, é executado, primeiramente, por todos os bailarinos, até que todos deixam o palco, com exceção do último. Já a marcha circular executada no início da primeira dança começa como um movimento solo e se desenvolve até que toda a companhia esteja agrupada. Esta é a notação de de Groat para a parte solo dessa marcha circular, conforme aparece no libreto da peça:

```
              12345678
               11234567
                21
                123456
                 321
                  12345
                   4321
                    1234
                    54321
                     123
                     654321
                      12
                      7654321
                   876543211
                     12
                   7654321
                    123
                  654321
                   1234
                 654321
                  1234
                54321
                12345
                 4321
                 123456
                  321
                   1234567
                    21
                     12345678
                      1
```

Ao começar a segunda dança, o processo inverso é executado: inicia-se a marcha circular com a participação de toda a companhia. Outro movimento que, na primeira dança, era executado apenas por um bailarino, transforma-se agora numa dança coletiva dos outro sete bailarinos. Durante os ensaios, diversas combinações coreográficas foram testadas, sempre com os movimentos estruturados de maneiras alternativas e intercambiáveis, e organizados em limites de tempo ou "ciclos" de trinta e quarenta e cinco segundos; e de um, três e quatro minutos e meio. Esses ciclos correspondiam à movimentos repetidos três, quatro, sete, oito e dezesseis vezes. Segundo de Groat, a relação entre as duas danças é que elas funcionam como desenvolvimentos diferentes do mesmo tema, apesar de a primeira dança ser mais rígida, no sentido de que basicamente apresenta os movimentos pertinentes ao vocabulário a ser utilizado e suas diversas variações estruturais; enquanto a segunda permitia "algo praticamente oposto a isso, algo muito livre — sem contagem, meio improvisado, dependente das diferentes energias dos bailarinos e aí novamente, ao final da segunda dança, algo muito estruturado que se associa ao comecinho da primeira dança"[19]. A concepção geral de de Groat para as duas danças funciona de tal maneira que, nos momentos iniciais da primeira delas, em que os movimentos são menos complexos, há tempo suficiente para a platéia apreciar a configuração arquitetônica do espaço assim como a distribuição espacial dos bailarinos, pois a coreografia é também suficientemente flexível para permitir que os bailarinos se ajustem a suas posições no palco, com o público presente. Quando começam a dançar, não hesitam em observar o que está em torno, olharem-se nos olhos, observarem os movimentos uns dos outros, seguirem a mesma direção, copiarem movimentos etc., expondo completamente seu próprio processo de aprendizado. Na segunda parte, em que a dança se torna mais complexa, a regularidade do ritmo e das progressões matemáticas garantem que os bailarinos ocupem integralmente o palco em configurações constantemente em transformação: "uma formação grupal que muda a cada momento"[20].

Poder-se-ia dizer que os quatro elementos principais da coreografia de de Groat são:

1. O uso de um vocabulário de movimentos simples, descontínuos, independentes, ou seja (no caso) pular, correr, andar e levantar os braços, freqüentemente combinados ao giro, que é um movimento de uma outra ordem, por ser contínuo[21]. O principal elemento associado ao giro é a espinha dorsal. Os movimentos de apoio são muito simples e o corpo todo participa dinamicamente do giro, que consiste, basicamente, no desenvolvimento de uma caminhada ao redor de si mesmo. Segundo de Groat, girar durante longo tempo é uma técnica excelente para se estimular novas formas de percepção, pois a noção de tempo e espaço, assim como a forma de ouvir e ver, enquanto se está girando, é consideravelmente afetada. Conseqüentemente, girar em velocidades diferentes é equivalente, de certa forma, a experimentar diferentes percepções do espaço ambiente. Além disso, a ação de girar descreve um movimento que pode ser executado continuamente, sem necessidade de se parar para repeti-lo (como os outros movimentos enumerados acima). Em outras palavras, a ação de girar pode progredir indefinidamente, através de variações e modalidades, ao passo que a maioria dos movimentos só pode durar um tempo limitado e permanecer através da repetição. Se a atividade de girar é executada acompanhada de movimentos dos braços e da cabeça, o contraste entre o elemento

---

19. NENNA EBERSTADT, "Einstein at the Met", p. 30.
20. ANDY DE GROAT, "Andy sulla Spiaggia", in *Il Teatro di Robert Wilson*, org. Franco Quadri, Veneza, Edizioni de la Biennale di Venezia, 1976, p. 140.
21. Ver ANDY DE GROAT, "La Teoria del Circolo", in *Il Teatro di Robert Wilson*, org. Franco Quadri, p. 140.

constante (como as imagens de fundo em *Vídeo 50*) e os variáveis (como os elementos móveis em *Vídeo 50*) torna-se evidente.

2. Uma articulação desse vocabulário através do uso da repetição e de técnicas de adição e de subtração, evitando elementos de transição de todo e qualquer tipo, como nos poemas de Christopher Knowles. Em outras palavras, não há "conjunções" ou "preposições" unindo este vocabulário de movimentos. Há mais do mesmo vocabulário ou menos do mesmo no palco. A "conjugação" dos elementos é efetuada através de uma equação constante baseada na presença ou na ausência dos bailarinos, e em seu movimento ou imobilidade. Nestes termos, a ausência ou imobilidade de cada bailarino funciona na dança como um equivalente matematicamente equilibrado de sua presença ou atividade.

3. Uma combinação entre formas preestabelecidas e formas espontâneas: "As danças consistem na exploração de processos simples que permitem grande margem de clareza visual e, ao mesmo tempo, possibilitam bastante liberdade aos bailarinos. Os bailarinos exploram os aspectos coreográficos das danças que foram inicialmente improvisadas e que resultaram do contínuo desenvolvimento de suas técnicas individuais e formais, de suas habilidades, bem como de seu vocabulário de gestos"[22].

4. Relativa independência de seu equivalente musical. Apesar das construções coreográficas criadas pelos bailarinos contrastarem com a estrutura contínua da música, como é o caso em *Einstein*, a música e a dança não coincidem, ao menos da forma tradicional. De fato, ambas foram concebidas separadamente.

É interessante notar que, ao contrário dos outros elementos da *Gesamtkunstwerk* de Wilson, a dança — ao menos como a vemos aqui, em suas formas essenciais — tem um lugar muito especial no contexto do seu trabalho. Ao invés de incorporar-se ao resto do espetáculo, destaca-se por estar deliberadamente justaposta a ele, seja como parte de uma cena ou como uma cena em si (que é, aliás, sua situação mais comum). Com efeito, há sempre um espaço reservado para a dança nas peças de Wilson, embora ela não ocorra durante a peça toda, apesar da movimentação geral assemelhar-se à movimentação da dança no decurso do espetáculo. Contudo, a "impressão" de dança constante — devido aos movimentos muito lentos, movimentos sem relação com o do discurso verbal, ou movimentos desencontrados que constituem a essência de toda a movimentação dos atores nas peças de Wilson — não deve ser confundida, como já se observou no início deste capítulo, com movimentos de desenvolvimento puramente rítmico, de dança pura, que ocupam longos períodos esparsos nas suas peças, de maneira a proporcionar, através da introdução de uma atmosfera radicalmente diferente, momentos de descanso e de relaxamento para o

---

22. ANDY DE GROAT, "La Teoria del Circolo", p. 140.

público. Por exemplo, entre os sete atos de *Stalin*, havia apenas um dedicado à dança. Mas era um ato em que havia exclusivamente dança, como se fosse uma atração especial dentro do contexto de um espetáculo muito variado. No *Valor do Homem em Dólar*, as duas secções de dança que iniciavam e encerravam o espetáculo serviam como uma espécie de moldura que contrastava com o miolo da peça. Outra possibilidade dessa função contrastante da dança foi explorada em *Uma Carta para a Rainha Vitória*, com a criação de uma dança giratória hipnótica e monótona, que se desenvolvia paralelamente ao todo verborrágico e constantemente em mutação.

Em *Einstein*, embora as danças representassem uma parte importante da peça, era como se não estivessem relacionadas ao resto do espetáculo. Segundo Stefan Brecht, a única conexão entre as danças e o todo da peça era absolutamente exterior: em ambas as danças, num determinado momento, via-se uma nave espacial sobrevoando os bailarinos, primeiro ao longe e depois mais perto, junto ao proscênio, numa escala maior. Esta solução visual relaciona as danças ao motivo central, Einstein, mas de forma superficial:

> Os discos-voadores acentuam a idéia de um contraste de doce inocência ou de Natureza com a tecnologia da era espacial, morte e destruição... Wilson talvez tenha calculado que a extrema simplicidade, ou mesmo insipidez, a indefinição e a inofensiva amistosidade dessas cenas poderia mitigar a aura de frio calculismo que domina o resto da peça. O espectador se sente aliviado por estas cenas de desajeitado ludismo nas quais, por um momento, é possível escapar ao totalitarismo e humilhação da coerção estética da direção[23].

Além disso, como já foi ressaltado no capítulo anterior, a música composta para as cenas de dança de *Einstein* funciona como "dois pilares eqüidistantes de cada extremidade da ópera, e que se identificam apenas superficialmente com o conteúdo musical das outras cenas"[24]. Entretanto, o fato de que estas seqüências musicais tenham sido compostas especialmente para estas danças, não significa que elas se "encaixem". A música e a dança funcionam independentemente, sobrepostas, como as imagens de *Vídeo 50,* contra seus cenários respectivos. Por outro lado, no contexto geral da ópera, este acompanhamento musical era um pouco menos acentuado do que o resto. Conseqüentemente, o sistema criado pelo vocabulário da dança acabava se expondo como uma explicação sobre um "quadro negro musical", desenhando gradualmente para o espectador sua estrutura matemática.

De maneira geral, as danças de de Groat são características das danças do chamado período pós-moderno. Elas evocam as experiências de Yvonne Rainer, em que os movimentos dentro da escala humana eram enfatizados, o contato direto com o público evitado e a independência da dança em relação a seu contexto musical era

---

23. STEFAN BRECHT, *The Theatre of Visions*, p. 341.
24. BRECHT, p. 340.

ressaltada: muitas de suas danças baseavam-se em séries idênticas de movimentos executadas contra fundos musicais diferentes. Além disso, elas ampliam a pesquisa de coreógrafos da dança moderna como Merce Cunningham, que explorou o potencial de movimentos puros ao libertá-los do contexto emocional; e de George Balanchine, que baseou suas danças em arranjos arquitetônicos abstratos desprovidos de evolução narrativa.

O uso constante de repetição, estrutura aparente e técnicas de improvisação e de utilização do acaso, aplicadas a um vocabulário limitado de movimentos, é característico da dança pós-moderna ou dança "sistêmica" de Lucinda Childs, Laura Dean, Meredith Monk e Viola Farber, só para citar alguns nomes. Esta nova estética da dança é derivada diretamente das artes visuais: a idéia de que uma escultura deve ser vista de vários lados e não de um só — uma idéia expressada na pintura pelo cubismo. "O contexto do movimento, o que vem antes, o que se segue a ele, não conta a estória toda — cada variação precisa ser vista de frente, de trás e dos lados"[25].

Assim como as imagens de *Vídeo 50*, esta dança sistêmica produz um efeito hipnótico e pretende ser enriquecida, no decorrer de sua apresentação, com as sugestões e associações que se acumulam na mente do espectador. O uso da repetição desencadeia uma multiplicação de significados semelhante ao efeito criado pela constante reaparição da cadeira flutuante em *Vídeo 50* e na reincidência das mesmas frases em *Pátio*. Essa expressão minimalista das formas do movimento pretende provocar uma estimulação da percepção semelhante à das experiências literárias de Gertrude Stein, em que o uso da repetição visava a sua própria transcendência, pois "Nenhuma repetição é igual à outra — é sempre antes ou depois, numa seqüência de repetições e, portanto, estamos menos saturados de uma imagem durante o início de uma série de repetições, um pouco mais, logo adiante, e certamente um pouco mais a cada repetição. As idéias sugeridas no início se dissipam e descobertas mais profundas passam a instigar a mente"[26]. O conceito de repetição está, aliás, relacionado à própria criação da dança, já que seu modelo principal é a própria atividade de praticar os movimentos durante o ensaio. Quanto mais se repete um movimento, melhor ele é executado, melhorando tanto durante o processo de criação quanto durante o processo de apresentação. De certo modo, ensaios e apresentações acabam se tornando sinônimos e o ato da criação da dança é trazido, intacto, para a cena.

---

25. LUCINDA CHILDS, *Harpers & Queen*, maio 1979.
26. *Ibid*.

FATHER mothen chil
boy girls loves boy
FATHER mother love
YMCA FATHER mother
peace. and love, and
FATHER mother child
and son sun sun
and son and love
father LOVE, Raymond.

Um Desenho de Raymond Andrews para MONTANHA KA.

5. Libertando os Ritmos da Comunicação Através da Arte da "Performance": As "Peças-Diálogo" de Robert Wilson

> *Sócrates: Como você vê, Meno, eu não lhe estou ensinando nada, só perguntando.*
>
> PLATÃO, *Meno*[1].

De maneira geral, o conceito de atuação, no contexto do teatro de Wilson, refere-se a qualquer atividade que aconteça no palco (ou em determinado espaço de apresentações), independentemente de seu significado ou de sua forma de expressão. Não implica, necessariamente, interpretação de uma personagem ou de um texto; e, invariavelmente, abrange a dança e o canto, já que essas atividades são executadas, nas peças de Wilson, por quem quer que esteja disponível e não por bailarinos e cantores especializados. Com efeito, a tendência moderna tem sido a de substituir a palavra "atuação" por *performance,* ao menos nesses casos, pois "atuação" restringe-se tradicionalmente à prática de interpretar um texto para o público, ao passo que *performance* é geralmente associada a um certo ecletismo. Contudo, a principal razão para a adoção da palavra *performance* para descrever alguns recentes desenvolvimentos das artes teatrais não é o ecletismo que esta palavra implica, mas o fato de que enfatiza o pessoal, as habilidades individuais do artista, e não sua capacidade de saber imitar alguém. Além disso, o *performer* é qualquer artista — incluindo escultores, pintores, arquitetos, compositores — que se utilize da apresentação artística ao vivo como meio de expressão. Considerando-se o enfoque teatral não-tradicional proposto por Wilson, poder-se-ia dizer que seu teatro é um teatro de *performers* e não de "atores".

---

1. W. K. C. GUTHRIE, trad., *Plato: Protagoras and Meno*, Londres, Penguin Books Ltd., 1979, p. 132.

Como Wilson está interessado na expressão de cada indivíduo particularmente, no potencial artístico de cada ser humano, ou seja, nas possibilidades do *performer* ao invés das possibilidades do ator, suas peças expressam um confronto entre diferentes códigos ou vocabulários, provenientes de cada *performer* em particular e não um vocabulário comum designado por um direitor para ser expressado pelo grupo todo. O trabalho que precede uma *performance* é, então, uma ocasião em que os *performers* se familiarizam com seus próprios vocabulários, não uma ocasião para aprender um deles. Na sua forma mais básica, esses vocabulários são equivalentes a simples estruturas rítmicas. Por exemplo, observe-se essa passagem em que Wilson contrasta o conceito de ritmos individuais com o treinamento tradicional de um ator:

...no ano passado eu lecionava em New Jersey numa escola particular e a diretora estava ensaiando uma peça de Shakespeare, que ela insistia ser a única forma aceitável de cultura. E ela ficava pedindo para uma menina repetir uma das falas da peça, uma vez atrás da outra — a fim de que esta falasse do jeito que a *diretora* queria. Bum te bum te bum te bum bum bumm. E a menina dizia: eu sei. Mas então a menina dizia suas falas e ela fazia bum bum bum bum bum bumm. E a diretora ia ficando cada vez mais furiosa. Era uma cena e tanto, acredite! A diretora, mensageira da cultura, dizendo não, não, não, você não *vê*, Shakespeare está tentando dizer *isto*, e ele está tentando dizer que as falas devem ser ditas do jeito que eu as estou dizendo para que a platéia possa entender, então diga as palavras querida bum te bum te bum te bum bum bumm. E a criança tentava mas cada vez as palavras saíam elas soavam assim: bum bum bum bum bum bumm. E finalmente a diretora ficou tão brava que perdeu o controle e a paciência e disse: você *pode* aprender a dizer assim, você sabe que você tem que que que D-I-S-C-I-P-L-I-N-A-R-S-E querida e dizer bum te bum te bum te bum bum bumm. E a menina fez, ela tentou mas finalmente depois de toda essa enchação a Diretora disse, AGORA DIGA QUERIDA e a pobre criança, totalmente intimidada, amedrontada e se torcendo toda tentou desesperadamente uma vez mais, porém o que saiu foi — você já adivinha — bum bum bum bum bum bumm. Agora a Diretora estava fula da vida; lívida e gritando não nÃO NÃO NÃO NÃO NÃO. Isso *não* está certo. Você *não consegue* entender. E exatamente quando *eu* pensei que a criança ia explodir ou pirar aconteceu uma outra coisa. Muito segura de si ela finalmente ficou muito forte, de pé ali muito firme e disse muito definitivamente: "Bem, eu não me importo", ela disse, "eu gosto do meu jeito", e eu sentado no fundo da sala grtei "BRAVO!" e eu gritei a favor daquela criança e a diretora da escola ficou ainda mais furiosa por causa disso[2].

É evidente, pela passagem acima, que Wilson não está interessado em discutir *como* se deve dizer o texto de Shakespeare. Ele só está interessado no processo que culmina com a descoberta da criança, de sua própria maneira de dizer o texto. Ele está mais interessado no confronto dos vocabulários interpretativos da diretora e da criança, expressados simplesmente pela variação rítmica: Bum te bum te bum te bum bumm contra bum bum bum bum bum bumm. Não lhe interessa a supremacia de uma forma ou outra

2. STEFAN BRECHT, *The Theatre of Visions*, pp. 422-3.

("Shakespeare está tentando dizer *isto*, e ele está tentando dizer que as falas devem ser ditas do jeito que eu estou dizendo para que a platéia possa entender..."). Mais do que isso, Wilson está interessado numa relação diferente entre o *performer* e a platéia. Ele acredita que a platéia terá uma experiência mais profunda se o *performer* estiver tranqüilo, relaxado. Referindo-se ao episódio transcrito acima, Wilson acrescenta que ele achou

que era especialmente notável para uma criança da oitava série que ela soubesse tanto sobre si mesma e mais ainda que a criança fosse em frente e interpretasse seu papel enunciando as falas com sua forma característica, apesar de completamente monótona em seu ritmo bum bum bum bum bum bummm mas funcionou, realmente funcionou porque ela comunicou-se com a platéia de uma forma que as outras crianças não poderiam nem imaginar e foi porque ela sabia alguma coisa especial sobre si mesma, algo curiosamente diferente e *isso* era mais importante do que aquela velha estória ou muito mais importante do que Shakespeare, acima de tudo. A criança, tornando-se subitamente mais à vontade consigo mesma, tornou também possível para a platéia reagir autenticamente[3].

Ao invés de impor um modo de ver ou de fazer, Wilson está interessado em desvendar o modo do próprio *performer* ver ou fazer, de forma muito diferente das técnicas tradicionais de atuação. Em última instância, ele está interessado em libertar a própria energia do *performer*, estimulando nele a descoberta de seus próprios ritmos.

Essa visão não-autoritária de Wilson em relação à *performance* aplica-se tanto àqueles cuja única atividade é carregar um objeto de cena através do palco — o que é o caso, freqüentemente, em suas produções mais ambiciosas — quanto ao *performer*, cuja participação é essencial à peça. Ambos serão estimulados a desempenharem suas tarefas de acordo com seus próprios ritmos. Como exemplo, discutirei neste capítulo uma série de *performances* desenvolvidas por Robert Wilson em colaboração com Christopher Knowles, que representam, a meu ver, sua mais rica interação, como diretor e como *performer*, com outro artista, apesar de se constituírem em momentos muito especiais e únicos no todo de seu trabalho (e talvez até por isso mesmo estas *performances* representam, nos mais diversos níveis, um modelo que se aplica inteiramente ao trabalho de qualquer *performer* sob a direção de Wilson).

Como já foi mencionado anteriormente, o trabalho de colaboração entre Wilson e Knowles começou em 1973, com a criação de uma cena curta para um dos entreatos de *A Vida e a Época de Joseph Stalin*. Esta cena baseava-se num diálogo muito simples entre Wilson e Knowles e fazia parte de uma das gravações de Knowles. Consistia principalmente em variações da sentença "Emily likes the TV" que eles manipulavam ludicamente através de um processo de pergunta e resposta. Apesar de parcialmente improvisado, a estrutura que sustentava a evolução desse diálogo era clara

---

3. BRECHT, p. 423.

o suficiente para comunicar à platéia uma idéia de vocabulário, de uma linguagem, cujo poder não estava no significado literal das palavras enunciadas, mas codificado nas variações rítmicas propostas por Knowles, "soando algo como Gertrude Stein interpretada com a paixão de um recitativo wagneriano"[4].

Nas primeiras etapas de sua mútua colaboração, Wilson desempenhou o papel do instrutor socrático, cujo objetivo, paradoxalmente, não era o de ensinar, mas o de estimular no aluno o que ele já sabia. Ele funcionava como um instrumento incentivador da criatividade de Knowles, despertando aos poucos sua sensibilidade. Wilson reconheceu, nas construções rítmicas de Knowles, uma linguagem genuína, uma espécie de vocabulário em expansão. Na passagem que se segue, Wilson explica seu conceito particular de linguagem, ao comparar os sons emitidos por Knowles aos sons articulados por Raymond Andrews, o menino surdo que inspirou *O Olhar do Surdo*:

> Você tem uma laranja... e no centro dessa laranja há um cubo, um cristal. Essa laranja é o mundo; esse cubo é uma maneira de ver o que quer que aconteça neste mundo. No caso de Christopher, ou mesmo de Raymond, ali havia uma linguagem. Um dia eu disse o seu nome, Raymond, bem alto, e ele nem se virou. Então eu disse "Aounn" e ele se virou. Foi emocionante. Ele se virava e eu imitava os seus sons, os sons de uma pessoa surda e havia um reconhecimento daquele som. Dava para ver isso no rosto dele... Então talvez esta também seja uma linguagem, assim como o francês é uma linguagem. E é isto o que está no centro do cubo. O centro da linguagem. Talvez seja uma linguagem que possa ser aprendida, ou compreendida[5].

É através da interação entre diretor e *performer* e não pela imposição que os ritmos da comunicação podem ser desencadeados. Mas embora Wilson estimule no *performer* a descoberta de sua própria linguagem, ele também ressalta o fato de que o processo de interação entre duas pessoas (diretor e *performer, performer* e *performer,* ou *performer* e espectador) é algo que independe do significado em si das palavras ou gestos utilizados. Segundo Wilson, há um elemento na linguagem que precede o significado e que torna a comunicação possível, uma espécie de energia. Tomando Knowles e Andrews como exemplos, Wilson nota que a semelhança entre suas reações "sugere que antes de aprendermos o significado de uma palavra, nós respondemos a seu som. Então existe algo muito básico na linguagem, há uma linguagem que é universal, e esse algo mais foi incorporado ao teatro. Idealmente, este teatro poderia ser apreciado em qualquer lugar"[6]. Convencido de que a comunicação pode ser eficiente neste nível, Wilson insiste em que o diretor e o *performer,* dois indivíduos cujas "linguagens" são

---
4. JOHN ASHBERY, "Christopher Knowles", *New York Magazine*, 18 set. 1978, p. 88.
5. "Robert Wilson: Interview", *Semio-Text*, 3, n.º 2, pp. 24-5, 1978.
6. *Semio-Text*, p. 27.

diferentes, devem encontrar-se "no meio do caminho"[7]. Cada um deve fazer um esforço para entender a "linguagem" do outro em termos de ritmos e estruturas a fim de ser bem-sucedido.

A produção artística resultante da interação entre Wilson e Knowles desde *A Vida e a Época de Joseph Stalin* tem sido prolífica. Ambos influenciaram-se enormemente. Considerado, na época, como uma criança autista, Knowles tornou-se, pouco a pouco, um artista talentoso e ativo, com poemas e desenhos publicados e apreciados por críticos de renome. Wilson, por sua vez, incorporou os métodos de Knowles a seu trabalho. Além do trabalho conjunto em *Uma Carta para a Rainha Vitória*, *O Valor do Homem em Dólar* e *Einstein na Praia*, eles criaram um gênero teatral à parte, baseado em seu próprio relacionamento, denominado "diálogos". Três desses diálogos serão examinados neste capítulo: *Um Homem Louco, Um Gigante Louco, Um Cachorro Louco, Uma Urgência Louca, Um Rosto Louco*; *Dia-Log*; e *Diálogo/Network*[8].

Em *Um Homem Louco...*, que estreou em maio de 1974 como parte do Festival Arts Now' 74 no Kennedy Center em Washington, D.C., o "diálogo" entre Wilson e Knowles era combinado com outras atividades desenvolvidas por outros *performers*. Um longo corredor situado no terraço acima do Saguão dos Estados, que atravessa toda a extensão do edifício do Kennedy Center, foi adaptado de maneira a lembrar "um Stonehenge de papelão, decorado de ambos os lados com estranhos adereços e quetais, todos em branco e preto"[9], emprestando, à peça, uma atmosfera assustadora e misteriosa. Alguns dos *performers* iniciavam o espetáculo espalhados pelo espaço, absorvidos em suas atividades, sem se importarem com a entrada do público. Seu estado de alienação investia o ambiente de "um clima assustador, um clima ao mesmo tempo ameaçador, carregado de terror, e fantástico"[10].

No início da *performance*, à guisa de prefácio, um jovem, totalmente despido, deitava-se sob uma mesa de vidro murmurando palavras em alemão; logo em seguida, em algum outro lugar neste espaço, uma mulher vestida de vermelho sentava-se numa mesa preta e comia uma salada; outra mulher, de negro, sentava-se olhando fixamente para a frente e declamando palavras soltas a determinados intervalos de tempo; e numa área um pouco mais remota, uma jovem de branco dançava ao redor de uma chama que queimava num pequeno fogareiro. Depois que o público tivesse a

---

7. *Semio-Text*, p. 27.
8. Até 1980, Wilson e Knowles haviam colaborado em ao menos cinco "diálogos". Os que se discute nesse capítulo representam uma fase em que eles estavam sendo "inventados" como forma teatral. Os "diálogos" mais recentes são mais rígidos do que estes e se parecem com peças como *Pátio*, como é o caso de *Diálogo/Jorge Curioso*, descrito no último capítulo.
9. ALAN M. KRIEGSMAN, "Mad Man Mad Dog Mad Art", *The Washington Post*, 31 mai. 1974, B-6.
10. KRIEGSMAN, "Mad Man...", B-6.

oportunidade de observar cada uma dessas ações, Wilson, Knowles e um bailarino apareciam, vindos de trás de um objeto negro. Enquanto a dança se desenvolvia continuamente, até o final da *performance,* Wilson e Knowles punham em prática uma troca de palavras e gestos que, em forma de diálogo, descrevia o processo de comunicação entre os dois. Segundo um crítico francês, que assistiu à apresentação desta mesma *performance* em Paris, o assunto desse diálogo era "simplesmente a relação socrático-pedagógica (em que um 'cutuca' o outro) que Wilson desenvolve com Christopher"[11].

A relação diretor e ator descrita e criticada por Wilson no início do capítulo é aqui invertida ou, ao menos, retificada: "Não sou o professor de Christopher... Ele usa uma linguagem que a sociedade se recusa a entender. Eu tento aprender essa linguagem para expandir o desenvolvimento de minha consciência"[12]. Durante a *performance,* enquanto Wilson repete fragmentos de gestos e de palavras sugeridas por Knowles (e vice-versa), este processo de aprendizado torna-se evidente, estimulado pelo jogo de improvisação. De fato, só a estrutura geral da peça e sua simples divisão em seções são planejadas previamente.

O material verbal utilizado para a apresentação é baseado, principalmente, nas estruturas lingüísticas geométricas inventadas por Knowles, com as quais o leitor já se familiarizou. Por exemplo, em uma das cenas de *Um Homem Louco...*, a palavra "dimensão" é decomposta em relação ao número de letras que a compõem:

DIMENSION
dimensio
dimensi
dimens
dimen
dime
dim
di
d[13]

Knowles enuncia esses fragmentos muito rapidamente, repetindo-os de trás para diante e na ordem regular, de uma forma inicialmente incompreensível para o ouvido comum, mas que gradualmente cria um padrão visual na mente de quem escuta. Como muito desse material não é facilmente reconhecível ao primeiro contato, Wilson tentou, no começo, uma forma um pouco mais científica de detectar o conteúdo dessas construções verbais: "Ele tem uma facilidade enorme para lembrar-se de estruturas. Ele pode repetir uma

---

11. J. GOUSSELAND, "L'Architecte des rêves", *Le Point,* n.º 103, 9 set. 1974, pp. 1-2.
12. GOUSSELAND, "L'Architecte des rêves", p. 2.
13. ALEX VOLKOFF, "'Madness' by Robert Wilson", *The Teheran Journal,* 10 ago. 1974, p. 2.

construção complicada, som por som e se você gravar as duas e compará-las, verá como são exatamente iguais. Ou só um fator varia; a freqüência, por exemplo"[14]. Wilson passou, então, a utilizar-se constantemente de um gravador para estudar estes textos, ralentando a rotação quando necessário. Outro "jogo" proposto por Knowles consistia em tomar algumas palavras e transpô-las para a frente ou para trás em relação às letras do alfabeto, deslocando-as "geometricamente". Por exemplo, as palavras "Jane and Bob", se transpostas treze letras para a frente no alfabeto, tornam-se "Wmar maq Nbn"[15]. "É como um tipo de código", afirma Wilson, "mas ele não usa lápis e papel para calcular isso; ele apenas diz as palavras dessa forma. É seu próprio reino"[16].

Por outro lado, através da investigação do código particular de Knowles, Wilson passou a dar expressão à própria procura artística em termos de linguagem verbal. Ele tentou aprender tanto quanto possível a estrutura dos modelos lingüísticos de Knowles, partindo do princípio de que eles continham um significado artístico:

Era algo que eu tinha interesse em pesquisar antes mesmo de conhecer Chris. Quando dizemos uma palavra, há muitas outras coisas acontecendo. No segundo que utilizamos para dizer essa palavra muitos outros pensamentos já passaram por nossas mentes: pudemos experimentar, através dos outros sentidos, muitas outras coisas. Eu queria saber como poderia transcrever todas essas outras coisas, que se pasam ao mesmo tempo, para os sons das palavras. Parecia-me que muitas das coisas que Chris estava fazendo relacionavam-se diretamente com o que ele estava vivenciando. Seja lá como for, eu achava que o que Chris estava fazendo era simplesmente muito bonito; achava que ele era um excelente artista[17].

Durante a *performance,* estes jogos verbais tornavam-se o meio de intercâmbio entre Wilson e Knowles.

Como uma *performance* desse tipo é, em última instância, a demonstração de um processo, ou seja, uma *performance* em criação, ela não depende de uma *mise en scène* no sentido tradicional. Na verdade, como sugere o crítico francês Jacques Lonchampt, ela é uma *"mise en oeuvre"*[18]. Da mesma forma, embora a relação entre os dois principais *performers* possa lembrar a relação entre um professor e um estudante, ou entre um terapeuta e seu paciente, torna-se logo evidente que "a peça é centrada na atualização lúdica de um diálogo agora obsoleto, aquele em que Bob ensinou a Christopher alguns rudimentos"[19]. O modelo primeiro desses "diálogos"

14. VOLKOFF, " 'Madness' by Robert Wilson", p. 2.
15. VOLKOFF, p. 2.
16. *Idem*, p. 2.
17. *Idem*, p. 2.
18. JACQUES LONCHAMPT, "A Mad Man", *Le Monde*, 25 ago. 1974.
19. *Ibid.*

é, na verdade, a recorrente evocação de um momento que se encontra, agora, no passado do relacionamento entre Wilson e Knowles. Por exemplo, variações deste simples fragmento de diálogo, que evocam os primeiros estágios de seu relacionamento, são repetidas em diversas ocasiões, não só nesta, mas em várias outras *performances,* como se a reativação de um momento bem-sucedido da comunicação entre os dois pudesse funcionar como veículo para a abertura de novas possibilidades de interação, sem que a situação professor-aluno se repita:

> Emily watches the TV. Because?
> Because she likes the TV.
> Because? She likes to watch the monsters. Because...[20]

É a técnica utilizada por Wilson para desencadear a criatividade de Knowles o que é mostrado em *performance.* Contudo, ao invés de funcionar como a simples representação de um evento do passado — como uma imitação da primeira interação entre Wilson e Knowles após a audição da fita gravada com o diálogo "Emily likes the TV" — ela estimula, durante seu decorrer, a energia inerente à atividade da improvisação. A simples atividade de se repetir um fragmento familiar de diálogo é um método funcional que permite que os dois *performers* mantenham sua interação energizada, mesmo quando o nível de inspiração decresce. Na verdade, este é um princípio criativo dos mais básicos. Só para citar um exemplo famoso: Picasso disse uma vez a um jornalista que ele não podia esperar para sentir-se inspirado e então dirigir-se a uma tela e pintá-la, pois poderia estar longe da tela quando viesse a inspiração. Ao invés disso, ele explicou ao jornalista que decidira pintar todos os dias por um determinado número de horas. Se a inspiração viesse, estaria pronto para aproveitá-la. Enquanto isso, continuaria repetindo o modelo estrutural — a atividade de pintar, sua interação com a tela — de seu próprio momento criativo. A seqüência "Emily likes the TV", que também aparece aqui e ali em outras peças de Wilson, indica uma "predisposição" criativa, assim como uma espécie de procedimento ritualístico através do qual o momento criativo é invocado.

Os movimentos desenvolvidos por Wilson e Knowles durante *Um Homem Louco...* são semelhantes, em estrutura, às configurações, constantemente em mutação, que suas trocas verbais desenvolvem, apesar de não estarem relacionados ao texto. Na maior parte do tempo, consistem em séries de progressões simétricas que são constantemente enriquecidas à medida que novos movimentos são

---

20. *Ibid.*
21. Ver referência a essas categorias em VICKY ALLIATA, org. *Einstein on the Beach,* by Vicky Alliata, New York, EOS Enterprises Inc., 1976, p. 8.
22. Conforme citação em HENRY HEWES, "The Non-Stars of Tomorrow", *The Saturday Review,* 20 set. 1975, p. 50.

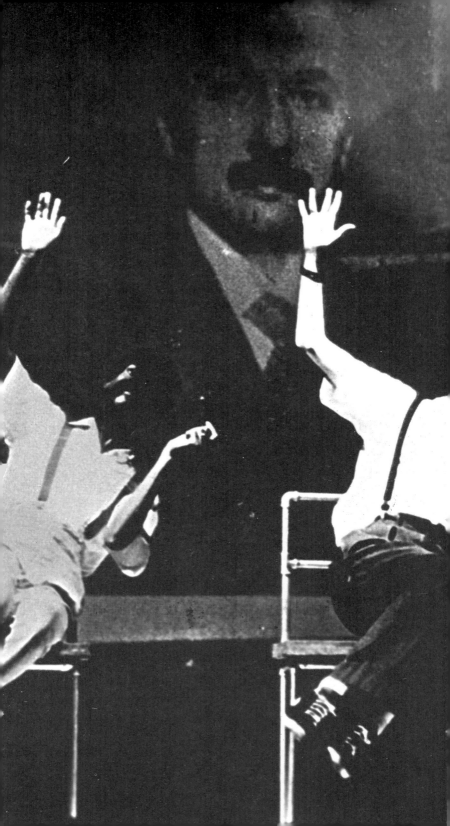

propostos. Este "copiar" de movimentos nunca é exato, mas sempre adiciona algo à forma sugerida, sempre deixa espaço para a possibilidade de mudança, ao mesmo tempo em que tenta ser suficientemente delicado para que não se destrua a conexão tendo em vista a intromissão de um movimento completamente diferente dos anteriores, com a inclusão abrupta, por exemplo, de um movimento que não se tenha originado da troca entre os dois *performers*. Seu diálogo verbal transcorre, então, paralelamente a um diálogo não-verbal em que eles rastejam, sentam-se, ficam em pé, deitam-se, dançam (ou giram) e assim por diante. A variedade de seus movimentos contrasta com os movimentos repetitivos e hipnóticos executados pelos outros *performers* que participam do espetáculo, cujas atividades permanecem praticamente inalteradas do início ao final da *performance*. A dança giratória executada pela jovem que entra com Wilson e Knowles é de outra natureza, pois modifica-se à medida que o relacionamento entre os dois progride, assim como ocupa áreas diferentes no espaço do espetáculo. A participação dos *performers* em *Um Homem Louco* varia, então, da dimensão de "paisagem" — os atores funcionando como fundo (o jovem nu falando em alemão; a mulher em vermelho comendo salada; a mulher de negro declamando um texto; o primeiro dançarino de branco), à participação intermediária de "natureza morta" — a segunda bailarina que entra com Wilson e Knowles, e "retrato" — Christopher Knowles e Robert Wilson. Deixo a discussão destes dois níveis menos intensos de participação para o Cap. 7, em que os aspectos de participação no espetáculo wilsoniano são examinados mais a fundo.

Em *Dia-Log* e em *Diálogo/Network,* duas outras *performances* em que Wilson e Knowles trabalharam juntos depois de *Um Homem Louco...,* o jogo cênico entre os dois baseava-se numa estrutura mais rígida e num mínimo de improvisação. Com exceção de uma versão de *Dia-Log* em que a bailarina Lucinda Childs teve uma participação especial, Wilson e Knowles passaram a ser os únicos *performers* em todos os "diálogos" que se seguiram a *Um Homem Louco... Dia-Log,* apresentado inicialmente no Public Theatre de Nova Iorque em junho de 1975, era uma *performance* muito simples, em que Wilson e Knowles ficavam cada um num lado do palco e assim desenvolviam seus jogos verbais, de maneira semelhante a *Um Homem Louco...* Desta vez, entretanto, tudo era feito de forma mais refinada e o tom geral evocava experiências literárias de Gertrude Stein, como na passagem abaixo:

Wilson: "A! Where are we?"	(A! Onde estamos?)
Knowles: "We are in the world".	(Estamos no mundo.)
Wilson: "B!"	(B!)
Knowles: "Because we like it!"	(Porque gostamos!)

Um gravador duplicava o mesmo diálogo e, algumas vezes, eles repetiam as falas enunciadas por esse mesmo gravador. O palco aparecia vazio, com exceção de duas cadeiras e alguns poucos objetos, como, por exemplo, um jornal do qual Wilson lia alguns trechos. Havia um interlúdio engraçado em que os dois dançavam vestidos com longos casacos de peles e chapéus Al Capone pretos, desaparecendo, em seguida, por uma porta entreaberta, da qual vinha uma luz intensa e ofuscante. Embora *Dia-Log* consistisse apenas numa demonstração do extraordinário nível de comunicação atingido pelos dois *performers*, desenvolveu ainda mais o filão iniciado com *Um Homem Louco...* e serviu de ponte de transição para um trabalho mais complexo ainda, *Diálogo/ Network*, que estreou em Amsterdam, no Mickery Theatre, em junho de 1978.

Diálogo/Network é construído compactamente como um poema em prosa, em doze partes de três a oito minutos cada. Seu espaço cênico é completamente negro, com exceção de uma rotunda branca e preta. No início de cada parte uma cortina branca, com um desenho estampado sobre ela, é esticada através do palco, no fundo. Os desenhos, criados por Knowles, representam sempre uma longa linha ondulante, acrescida de uma casinha em seu ponto mais elevado e às vezes uma palavra escrita num canto da tela. São todos variações de uma paisagem bucólica em estilo *naïf* pintada em tons pastel. Wilson e Knowles aparecem elegantemente vestidos com ternos escuros. Com exceção da primeira e da última parte, Wilson permanece deitado ou sentado num retângulo inclinado colocado na frente do palco, à direita; enquanto Knowles, no lado oposto, caminha sinuosamente do fundo para a frente do palco, executando uma seqüência rígida de movimentos inventada por ele mesmo. Na primeira parte os dois se movimentam numa linha diagonal através do palco, balançando-se durante alguns segundos em cada perna, cada vez que dão um novo passo. Na parte final eles retomam a caminhada em diagonal, depois apontam um para o outro com os braços levantados, até que se ouve um tiro. Os dois gritam *bang* e caem lentamente no chão, permanecendo assim, em posição fetal, até que as luzes se apaguem completamente. Apenas alguns objetos são utilizados nessa apresentação, como o esqueleto de uma cadeira de madeira que desce lentamente do teto até repousar suavemente nas costas de Knowles (que, aliás, permanece indiferente a isso) e um aviãozinho de brinquedo que aparece suspenso acima da cabeça de Knowles, num momento em que ele fala interminavelmente[23].

23. Toda a informação sobre *Diálogo/Network* foi consensada das seguintes críticas, traduzidas por John Ricker, do Stichting Mickery Workshop, para a Fundação Byrd Hoffman:
    a. H. VAN DEN BERG, "Monotonous Dialogues", *Het Parool*, 17 jun. 1978.
    b. JAC HEIJER, "Stylized Form of Insanity in *Dialogue-Network*", *NRC Handelsblad*, 17 jun. 1978.

O texto para esta *performance* foi escrito conjuntamente por Wilson e Knowles, vagamente baseado no filme *Network* (*Rede de Intrigas*), a estória do ator de televisão que anuncia que vai cometer suicídio em frente às camaras porque seu índice de audiência está baixando. Knowles assistiu ao filme muitas vezes e lembrava-se, acima de tudo, das cenas relacionadas ao momento do suicídio. Wilson e Knowles gravaram uma série de conversas descontraídas sobre ou relacionadas ao filme, as quais foram utilizadas como material para a *performance*, após edição e inclusão de novas variações. Parte dessa gravação é ouvida durante a apresentação, com o gravador visível sobre o palco. Durante o "diálogo" Wilson e Knowles conversam entre si, assim como com as vozes que vêm do gravador. Enquanto a fita está sendo tocada, eles repetem o texto através de microfones de lapela, embora sempre alterando o ritmo e o volume. "Várias vezes eles recomeçavam, contando e recontando o estranho caso de 'Howard Betel', que parecia ser um anunciante de uma estação de TV de Nova Iorque, decidido a se matar durante um programa ao vivo e que, aparentemente, deve ser persuadido a não fazê-lo: alguém vai trazê-lo para casa, dar-lhe café e deixá-lo passar a noite"[24]. Contudo, o argumento recorrente é apenas um pretexto para que Wilson e Knowles demonstrem sua própria forma de comunicação, como declara o próprio Wilson a um jornalista de Boston: "... o palco está dividido em dois; Chris fica do lado esquerdo e eu do lado direito. Ele decidiu o que queria do seu lado, eu o que queria do meu e juntamos tudo. Trata-se, na verdade, de uma rede de linguagens, palavras, pensamentos, seu jeito especial de usar as palavras, que é altamente matemático e conciso"[25].

Assim como em *Vídeo 50*, em que a progressão de imagens não conduzia a um significado final ou conclusão, essas *performances* também não possuem nenhum significado literal, apesar de estimularem, no público, todo tipo de conexões e analogias. Como não existe, aqui, desenvolvimento narrativo, todas as atividades no palco permanecem num estado de "presente absoluto" através da contínua estimulação da energia do *performer*. O uso de repetição e progressão em *performance* é também semelhante ao uso de imagens em *Vídeo 50* e reflete as mesmas técnicas ana-

  c. DANÏEL DE LANGE, "Theatrical Experiment opens new Avenues", *De Volksraut*, 19 jun. 1978.
  d. ANDRÉ RUTTEN, "The Different Perception of Theatre Makes Wilson", *TROUW*, 19 jun. 1978.
  e. "*Dialog-Network*: A Form of Communication", *Haarlems Dagblad*, 17 jun. 1978.
  24. ELLIOT NORTON, "Bob Wilson 'Dia Log' — strange interlude", *The Boston Herald American*, 17 jul. 1978.
  25. CAROLYN CLAY, "Robert Wilson's Moving Pictures", *The Boston Phoenix*, Seção 3, 18 jul. 1978, p. 12.

lisadas na dança e na música. A reincidência de fragmentos de diálogo, principalmente o "Emily likes the TV", funciona como *leitmotiv,* à maneira da cadeira flutuante em *Vídeo 50* e a sentença "pronto apontar fogo" em *Pátio.* Ela representa, nessas *performances,* uma espécie de âncora hipnótica que segura o todo. A técnica de justaposição também aparece, aqui, numa grande variedade de níveis. Para começar, a interação entre os *performers* funciona independentemente do contexto da *performance* em si. É simplesmente inserida num determinado ambiente, assim como os elementos móveis de *Vídeo 50* eram superpostos às imagens de cartão postal. Os diferentes vocabulários desenvolvidos pelos *performers* também são superpostos: eles se relacionam analogicamente, não através de uma relação de causa e efeito. Além disso, um mesmo *performer* freqüentemente utiliza vocabulários superpostos. Por exemplo, o uso da linguagem verbal por Knowles é independente da evolução de seus movimentos; e suas configurações verbais geometrizadas não correspondem a seu simples vocabulário de gestos e movimentos simétricos. De maneira geral, Wilson vê as atividades da *performance* e da direção de forma muito parecida com que entende cada arte segundo seu vocabulário e linguagem. O mesmo procedimento utilizado para reunir e organizar o material de *Vídeo 50* foi utilizado também nessas *performances.* Só que desta vez o foco de interesse são seres humanos e seus vocabulários pessoais. A *performance* é, em última instância, as vidas dos *performers.* Ela depende, intrinsecamente, de quem a executa.

Uma das características mais importantes das *performances* descritas acima (e uma das razões pela qual este capítulo focaliza várias apresentações e não uma só) é a da continuidade do trabalho do *performer* além do contexto da *performance* em si, o que indica claramente que o cerne desses projetos situa-se na exploração de certos aspectos da comunicação e da criatividade humanas e que a apresentação pública desse processo é apenas uma etapa de uma experiência mais ampla. Embora o relacionamento entre Wilson e Knowles não seja exatamente a regra no teatro de Wilson, ele representa a exceção pela qual somos informados de que não existem regras. Cada *performer* que trabalhe com Wilson, seja qual for o seu nível de participação, passará por uma experiência diversa. Mas a *performance* será sempre apenas uma parte de sua experiência. O relacionamento entre Wilson e Knowles representa um ideal, a colaboração mais bem desenvolvida dentro do contexto de seu teatro.

Poder-se-ia pensar na colaboração entre o diretor polonês Jerzy Grotowski e seu principal ator Richard Cieslak como sendo igualmente intensa e criativa. Contudo, sua interação é inteiramente externa à *performance.* Não existe a comunhão de um vocabulário. Cieslak desenvolve um vocabulário de gestos e sons, guiado por Grotowski, com o objetivo primordial de enriquecer, em termos cênicos, um texto preexistente. Este texto, por sua vez, foi selecionado a partir de um critério relacionado ao seu potencial de apelo universal. Não originou-se no *performer*. Apesar de trazer a marca individual de Cieslak, incluindo seus maneirismos e idiossincrasias, a *performance* final representa um pacote de significados com os quais a platéia já se havia familiarizado anteriormente. O vocabulário cênico de Cieslak — assim como o vocabulário desenvolvido pelos atores de Grotowski em geral — é, invariavelmente, a materialização de símbolos arquetípicos transformados em configurações físicas. Por exemplo, a posição da *pietà* no *Príncipe Constante*, assim como a interpretação da figura do príncipe por Cieslak, copiada da estátua medieval de um príncipe católico, são dois exemplos típicos desse vocabulário. Embora o teatro de Grotowski seja orientado para a expressão dos arquétipos psicológicos e não para a descrição de psicologias individuais, seu ponto de partida é de base stanislavskiana, já que os modelos que estimulam o vocabulário do ator são extrínsecos ao trabalho desenvolvido pelo *performer*. E apesar de se utilizar do autoconhecimento psicológico do *performer* para dar expressão a estes arquétipos, materializando-os em forma cênica, ele os aprisiona a uma progressão narrativa que é alheia ao *performer*. Em outras palavras, trata-se de um teatro stanislavskiano cujo modelo psicológico é junguiano e não freudiano.

O teatro de Wilson, ao contrário, está interessado no processo, não no produto final. Não demonstra nada além de si mesmo. O fazer a *performance* é a *performance*. O modelo é o *performer*. Ao observar-se Knowles anunciando seus próprios textos, é seu processo criativo o que se vê, da mesma forma que ouvimos a música de Glass e nos informamos sobre como foi composta, como se desenvolve, para onde vai. E por ser a demonstração de um processo, o teatro de Wilson caracteriza-se por uma qualidade não-emocional que é, *grosso modo*, muito mais brechtiana que stanislavskiana. O tipo de emoção desencadeada pelo sistema desenvolvido pelo diretor russo é fortemente ligado à história da personagem que, por sua vez, está relacionada a uma série de eventos circunstanciais, tudo isso a ser amalgamado à própria história psicológica do ator e às circunstâncias de sua própria vida, com o fito de infundir a ilusão da vida real num ser ficcional e, finalmente, emocionar a platéia através de empatia. Wilson está interessado numa experiência de outra ordem, em que a emoção tem um papel diferente:

> Wilson é completamente avesso à imposição de uma interpretação ou mesmo de uma emoção a suas platéias. Não usa atores profissionais, diz ele, porque foram treinados para emocionar, e ele odeia isso. Cheio de opiniões, nosso elegante "artista de teatro" descreve o Actors' Studio como "o fim", Geraldine Page e Maureen Stapleton como "vulgares". Ele prefere, diz, os velhos atores de *vaudeville* que conseguiam risadas com gestos repetitivos. Jack Benny é o ator favorito de Wilson; "movimento no tempo e no espaço", opina o diretor, referindo-se à marca registrada dos gestos de

mão no queixo e cara de morto do comediante. Era o segredo de seu número. Wilson também investe contra o drama contemporâneo de estrutura tradicional, de Tennessee Williams a David Mamet. Ele se sente ofendido, parece, por um teatro que impõe sentimento a seu público e prefere o trabalho dos pioneiros da dança George Balanchine ou Merce Cunningham: a postura perfeita do corpo de um bailarino desencadeia a emoção, mas não indica qual. Talvez seja em parte a aversão de Wilson por técnicas teatrais tradicionais o que o fez associar-se a colaboradores não-profissionais como Raymond Andrews, o adolescente surdo-mudo no qual *O Olhar do Surdo* foi baseado e Christopher Knowles, considerado "autista" quando criança, mas proclamado gênio por Wilson[26].

A irritação da crítica acima é, até certo ponto, compreensível. Wilson, é verdade, pretende emocionar apenas enfatizando as incongruências da psicologia dos seres humanos, que devem ser aceitas mesmo sem serem entendidas. Se a emoção é estimulada, é porque um interesse foi criado por aquilo que não é conhecido ou familiar, e não porque possui uma história psicológica diferente, já que a idéia de história não entra nesse seu contexto. É a criatividade do espectador que se agita. É o espectador quem se sente compelido a produzir "histórias. No teatro brechtiano, a história psicológica torna-se irrelevante quando confrontada com a história social de um indivíduo. A empatia é criada não através dos indivíduos retratados, mas pelo comentário social apresentado ou, ao menos, pela lógica por trás do comentário social. Mas este ainda refere-se a um ponto em comum entre a platéia e o assunto da peça em termos da comunhão de certos dados fatuais. Wilson elimina todo e qualquer dado fatual. Não há bandeira de mudança, nem estórias de mudanças em seu teatro e, no entanto, ele é todo sobre mudança, pois é a própria mudança que ocorre em frente à platéia e, até um certo ponto, na platéia. A empatia produz-se, ao invés, através de estruturas rítmicas operando em níveis não-racionais, ou seja, os ritmos básicos da comunicação.

---

26. *Idem*, p. 12.

Ouverture para a MONTANHA KA E O TERRAÇO GUARDenia, Shiraz, 1972.

6. O "Teatro Estático" de Wilson: O Potencial Dramático de Objetos Silenciosos e Espaços Vazios

> *Olhar para alguma coisa «vazia» é ainda olhar, ver alguma coisa — mesmo que seja só os fantasmas de nossas próprias expectativas.*
> SUSAN SONTAG, A Estética do Silêncio [1].

Antes de prosseguir com a discussão do *Gesamtkunstwerk* de Wilson visto de dentro para fora e como um todo, agora que os principais elementos que o integram já foram descritos, gostaria de considerar dois outros exemplos da produção artística de Wilson que, embora periféricos em relação a seu trabalho teatral, são emblemáticos de dois extremos de seu teatro. O primeiro é um "ambiente arquitetônico" construído mediante solicitação da Escola Grailville de Loveland, Ohio, em 1966, após Wilson haver trabalhado alguns meses com o arquiteto Paolo Soleri. É uma estrutura gigantesca que consiste em 576 postes telefônicos espalhados por uma área de 76 metros quadrados. Os postes, de vários comprimentos, foram fincados numa plantação de trigo, começando com a altura de 75 cm e aumentando gradualmente até a altura de 4,80 m, e descrevem um espaço quadricular. Esta "escultura-teatro-ambiente", que Wilson intitulou *Postes (Poles)*, foi idealizada para todo tipo de eventos, como uma espécie de praça pública, "onde as pessoas pudessem caminhar dentro e em volta"[2]. Apesar de se constituir numa estrutura um tanto enigmática para os plantadores de trigo, ela "tem sido usada desde então como um local para casamentos e outras reuniões festivas" e, segundo Wilson,

---

1. SUSAN SONTAG, "The Aesthetics of Silence", in *Styles of Radical Will*, New York, Dell Publishing Co., Inc., 1978, p. 10.
2. JACQUES MICHEL, "Bob Wilson Peintre", *Le Monde*, 26 set. 1974.

"provavelmente ainda ficará lá por muito tempo"³. Outro aspecto da atividade artística de Wilson está em suas várias mostras de desenhos, esculturas e objetos, todos derivados de seus trabalhos teatrais. Uma das mostras mais importantes desse tipo foi organizada em 1974 pelo Musée Galliera, em Paris, reunindo projetos e artefatos usados anteriormente em ao menos três de seus principais espetáculos: *A Vida e a Época de Joseph Stalin, Uma Carta para a Rainha Vitória* e *Ouverture*. Parte do material exibido nessa ocasião integrou posteriormente a mostra da Galeria Goodman, em Nova Iorque. Outra mostra (março de 1978) apresentou algumas fotografias, desenhos, escritos, sempre relacionados a algum espetáculo, como *Pátio* e *Morte, Destruição e Detroit*. Uma outra mostra (maio de 1980) acrescentou à anterior desenhos e fotografias relacionados a *Edison*.

O fato de que tantos desenhos, pinturas, adereços, telões, objetos, textos e estruturas, todos, durante certo período, intrinsecamente relacionados ao mundo de um espetáculo em particular, terem sido selecionados por Robert Wilson para participarem de mostras artísticas, confirma sua independência como objetos de arte e serve para completar o ciclo dos principais elementos constitutivos de seu *Gesamtkunstwerk*. Estes objetos, despojados de sua ligação com seu contexto original e liberados de sua função anterior de integrarem, da maneira mais essencial, uma complexa obra de arte, são uma vez mais desligados de seu último contexto para exibirem sua individualidade. Fecha-se aí um ciclo de transformações artísticas, uma metamorfose, não do objeto em si, mas de seu ponto de referência. O processo é similar à "artistificação" de Marcel Duchamp no tocante a seus *objects trouvés*, principalmente a *Porte-bouteilles* (Prateleira para Garrafas), sobre a qual Jean Bazaine fez o seguinte comentário: "Esta prateleira para garrafas, retirada de seu contexto utilitário e atirada à praia, foi investida com a solitária dignidade do abandono. Inútil, disponível, pronta para o que der e vier, está viva. Vive na beira da existência de sua própria e perturbadora vida absurda. O objeto perturbador — é este o primeiro passo para a arte"⁴. Contudo, o que Robert Wilson pretende é mais do que apenas indicar o potencial artístico de um objeto comum. Ele está também indicando as várias possibilidades artísticas de um mesmo objeto, visto inicialmente no contexto de um espetáculo e depois no contexto de uma galeria de arte. A diferença é que o objeto também readquiriu um passado (um novo passado) — por haver desempenhado uma parte numa peça — e está sendo tratado, agora, como uma peça de museu, um *souvenir*, uma reminiscência, ou seja, tornou-se um ponto de referência em si. Segundo o crítico francês Jacques Michel, que comentou a mostra de Wilson no Galliera, "os dese-

---

3. TOMKINS, "Time to Think", p. 44.
4. Conforme citação em CARL JUNG, org., *Man and His Symbols*. New York, Dell Publishing Co., 1968, p. 290.

nhos e esculturas exibidos por Wilson no Musée Galliera seriam inconcebíveis se seu teatro não existisse"⁵. Embora a exibição desses objetos possa ser tão perturbadora quanto a dos objetos encontrados por Duchamp, seu enigmático efeito é produzido pela razão oposta: são objetos que apontam em direção a seu recente contexto teatral, não a si mesmos. Eles são, em última instância, peças arqueológicas, que transformam a própria exibição em "um sítio arqueológico onde linhas, formas e objetos evocam uma existência vivida sobre o palco"⁶. Pois quando alguém observa uma obra como a *Prateleira para Garrafas* de Duchamp, pensa necessariamente no quanto é interessante estar olhando para um objeto que, se não tivesse sido encontrado pela imaginação do artista — que apontava para além do contexto utilitarista do objeto — permaneceria artisticamente despercebido, embora esse alguém não se preocupe de fato com a origem do objeto. Em relação aos objetos de Wilson, ao contrário, a questão de suas origens passa a ser primordial, mesmo se seu valor artístico intrínseco for inquestionável. Contudo, suas origens são enganosas, pois se autodefinem com os títulos de seu conteúdo ficcional. Por exemplo, entre as obras exibidas no Galliera estava uma série de cadeiras que haviam aparecido previamente em *Joseph Stalin*, *Rainha Vitória* e *Ouverture*. Seus títulos apontam em direção a uma referência exterior, algo enigmática, especialmente para quem não está familiarizado com o trabalho de Wilson: *Cadeira de Freud*; *Cadeira de Pendurar*; *Cadeira para Ouverture n.º 2*; *Cadeiras Stalin: Modelo*; *Cadeiras para a Rainha Vitória*, e assim por diante. Mas estas cadeiras não têm qualquer tipo de ligação com Freud, Stalin e a Rainha Vitória. Seu único significado está em seu valor simbólico, em seu poder de evocação. Richard Lober, que criticou a mesma exposição na Galeria Goodman de Nova Iorque, comentou que

> o trabalho de Robert Wilson identifica-se apropriadamente com a história teatral, sobretudo aquele primeiro momento em que o ritual tornou-se espetáculo e os instrumentos cerimoniais tornaram-se relíquias estéticas. O fato de deslocar seu mobiliário do palco, para o qual foi criado, e levá-lo para uma galeria intensifica sua ambigüidade. Ao perder a especificidade de seu papel em um evento teatral, suas peças tornam-se acessórios psicodramáticos atemporais. É uma ocasião para a Experiência, a tal ponto resplandece a aura de tais objetos⁷.

Cada cadeira recebeu, em ambas as exposições, um tratamento teatral, um efeito causado pelo fato de estarem envolvidas por ambientes independentes, que até mesmo incluíam efeitos de luz. A *Cadeira para Ouverture*, estrutura de madeira semelhante a um cubo, foi colocada sobre um pedestal quadrado, em um tanque

   5. JACQUES MICHEL, "Bob Wilson peintre"
   6. *Ibid.*
   7. RICHARD LOBER, "Robert Wilson: Multiples", *Artforum*, fev. 1978.

raso com água. Ligada a ela havia um maçarico que emitia uma chama azul de propano. "A pureza arquitetônica atarracada e a simetria enfaticamente estável da peça, com associações elementares de fogo e água", escreve Lober, projetavam uma imagem de "autoridade arcaica"[8]. De fato, grande parte do impacto da cadeira foi criado por essa apresentação um tanto teatral. Mais uma vez evocava-se um mundo situado além da cadeira, um mundo cujo significado podia desenvolver-se unicamente na imaginação do observador e dependia da interseção entre objeto e ambiente, nesse caso o ambiente dentro do espaço da galeria. De acordo com Lober, a imaginação de Wilson tem o poder de investir formas com ressonância atávica, mas a expensas do próprio objeto, que se torna instável, alvo vulnerável para a imaginação de quem o vê. A atmosfera de ilusão criada em torno desses objetos, como a ficção que outrora os rodeava, quando eles faziam parte de uma peça, é simplesmente um mundo de efeitos de palco. A ilusão de significado é, do mesmo modo, vulnerável, sempre à beira do desaparecimento, fazendo com que objetos como essa *Cadeira para Ouverture* pareça "meramente bombástica — uma caricatura *à la* Bauhaus de um trono faraônico"[9].

As duas *Cadeiras Vitorianas* de madeira que faziam par também receberam um tratamento dramático especial: um conjunto de faróis dianteiros foi instalado na extremidade do espaldar e nos quatro pés de cada cadeira e a fiação permaneceu descoberta, no chão. As cadeiras foram colocadas a uma distância aproximada de trinta metros, uma diante da outra, sobre uma superfície semelhante a um espelho. A tensão existente entre as duas cadeiras transcendia, pelo menos até certo ponto, a vulnerabilidade da ilusão do significado. O monólogo solitário implícito na *Cadeira para Ouverture* agora é substituído por um diálogo mais dinâmico:

> Menos voláteis em sua aura (as *Cadeiras Vitorianas*) iluminadas enquanto estão frente a frente, em cada lado da sala, mantêm-se em estado de vigilância, como adversárias colocadas à distância, como peças de xadrez em posição de empate. Os fios elétricos dependurados e sua rigidez lhes conferem o aspecto de instrumentos de tortura, de cadeiras elétricas ou de um aparato ainda mais macabro. Essas impressões agourentas mantêm-se quando continuamos a encarar o par de cadeiras, que parecem fazer sinais uma para a outra e manter o seu próprio circuito de comunicação hermética[10].

As *Cadeiras de Stalin*, duas cadeiras de braço muito simples revestidas de chumbo, alcançam a mesma qualidade teatral imposta pelas *Cadeiras Vitorianas*, devido à simples razão de que, ao formar um par, elas implicam em diálogo, só que desta vez são

8. *Ibid.*
9. *Ibid.*
10. *Ibid.*

colocadas ao lado uma da outra e ambas voltadas para a frente. Essas duas cadeiras são, talvez, as que menos dependem de qualquer efeito teatral extrínseco. Em conseqüência, são criações mais econômicas. Embora de natureza mais relaxada, colocadas informalmente em relação uma com a outra, como se retivessem a posição original que ocupavam outrora no meio ambiente doméstico de uma sala de visitas, seu mistério transmite uma atmosfera de ameaça (estão completamente cobertas, como as esculturas de Christo). Grace Glueck, em artigo escrito para o *The New York Times*, nota que "as duas cadeiras de Stalin têm a aparência de ser estofadas recentemente, mas, na verdade, acham-se revestidas de uma camada de chumbo"[11]. O emprego do chumbo torna-se metafórico. "Wilson manipula com fluência as propriedades e associações deste metal alquímico. Envoltas em um manto fúnebre, pesadas e refletindo a luz com opacidade, das cadeiras desprende-se um ar grave e malevolente", diz Richard Lober. "As *Cadeiras de Stalin*, a exemplo das demais, são repositórios sacerdotais. Trata-se de um mobiliário antropomórfico ameaçador, que investe aqueles que nelas se sentam de um poder nada terreno. A imaginação de quem as observa é incitada a ocupar indevidamente aqueles assentos vazios"[12].

Embora a tensão criada entre objeto e ambiente, técnica que já vimos desenvolvida em imagens de *Vídeo 50* (quando um elemento móvel justapunha-se contra uma paisagem ou era visto em contraste com um fundo neutro), baste para produzir qualidade dramática, levanta-se a questão da dimensão teatral dessas obras. O ambiente descrito no início deste capítulo, *Postes*, é desprovido do evento, do elemento móvel. Os objetos exibidos no Galliera e na Galeria Goodman, embora possuam seus próprios ambientes, não apresentam o movimento que se costuma associar à maior parte do teatro a que assistimos. Essas amostras, retiradas de um domínio que inicialmente consideraríamos desligado das artes teatrais conservam, no entanto, um apelo teatral óbvio. Onde se acha a linha divisória? A tensão dramática criada entre duas cadeiras vazias, que se confrontam, é a mesma tensão dramática criada por duas pessoas sentadas naquelas mesmas cadeiras? Seria suficiente as pessoas andarem através dos *Postes* de Wilson para engendrar uma experiência teatral? A construção de um cenário teatral em torno de um objeto comum acaso lhe transmite uma impressão dramática? A despeito de seu tremendo potencial teatral, parece que ainda falta algo nessas obras, quando as comparamos com os trabalhos teatrais plenamente realizados, que constituem os empreendimentos artísticos mais importantes de Wilson. Os desenhos e projetos, expostos juntamente com as cadeiras de Wilson, não contêm a menor teatralidade. Na realidade fazem parte do

---

11. GRACE GLUEK, "Art People", *The New York Times*, 23 dez. 1977.

12. LOBER, "Multiples".

portfólio do artista, mas os trabalhos acima mencionados desafiam nossas definições convencionais do que seja a essência do teatro. É claro que uma das intenções subjacentes a *Postes*, bem como aos objetos enigmáticos apresentados nessas exposições, é exatamente a destruição das fronteiras entre as artes, o próprio questionamento da necessidade de uma linha divisória. O impulso criativo de Wilson deseja que *Postes* seja teatralmente auto-suficiente. Por outro lado, ele apresenta suas cadeiras como se fossem acessórios teatrais. Em vez de negar o *status* teatral dessas criações, talvez se deva discutir o que torna essas obras criações de uma natureza muito distinta das obras especificamente teatrais, abordadas na parte principal deste estudo. É por isso que uma digressão sobre a essência do elemento teatral no trabalho de Wilson se faz necessária.

Em uma entrevista para *Le Monde*, em 1974, ao ser questionado sobre a relação entre a arquitetura e o teatro, Robert Wilson mencionou o nome de dois arquitetos contemporâneos, Paolo Soleri e Fuller, pois ambos se interessam pela melhoria da vida humana em relação com o meio ambiente. É sua abordagem filosófica da arquitetura que os liga ao trabalho de Wilson no teatro.

> A nova arquitetura de Soleri e Fuller [diz Wilson] interessou-me em particular porque eles tentavam fazer pessoas diferentes viverem juntas. De acordo com Fuller, para mudar o homem é preciso mudar seu meio ambiente. De acordo com Soleri, como o meio ambiente urbano é a projeção do homem, é preciso modificar a este se quisermos modificar a vida. Deparo-me com problemas semelhantes no teatro, pois que ele reúne, durante um tempo determinado, todo tipo de pessoas diferentes, que acabam por se comunicar. *A Vida e a Época de Joseph Stalin* reuniu 125 atores, entre eles uma avó de 85 anos e três crianças provenientes de meios completamente diferentes, sob o ponto de vista social e econômico, mas a comunicação estabeleceu-se. Afinal de contas, para mim cada peça é um laboratório de exploração da comunicação humana[13].

As duas palavras-chave nessa declaração são mudança e comunicação, sendo o ser humano o foco da atenção. Isso nos dá um conceito que nos permite equacionar a idéia subjacente ao trabalho artístico de Wilson.

Ele está interessado em desafiar nosso modo habitual de perceber o mundo. Existe em sua arquitetura, bem como em seu trabalho artístico, um impulso teatral, a possibilidade do teatro. Assim que o ser humano é incluído no ambiente criado ou quando o público reconhece o potencial dramático das esculturas de Wilson, ocorre uma experiência muito semelhante àquela desencadeada por suas peças maiores. Embora representativas da periferia de sua produção artística, sua arquitetura e sua escultura definem o âmbito no qual o teatro de Wilson se torna possível: o vácuo entre ambiente e objeto. Sua obra de arte marca, portanto, o limite de seu *Gesamtkunstwerk*.

13. MICHEL, "Robert Wilson peintre".

Esta articulação entre ambiente e objeto é de importância capital para a compreensão do teatro de Wilson. Quando penso na totalidade de seu trabalho, levando em consideração seu início, puramente arquitetônico e pictórico, além de uma trajetória que, cada vez mais, incluiu o ser humano, e quando os contrasto com esse contexto de criações pós-teatrais, nas quais os acessórios são isolados das peças, como objetos artísticos independentes, reconheço, enquanto teatro, o que pode ocorrer possivelmente entre essas fronteiras, quando o elemento humano se faz presente. Em si, *Postes* constitui um ambiente para algo, porém vazio. Por outro lado, suas *Cadeiras* são objetos que precisam de alguém que os contemple. É importante, porém, que o potencial teatral dessas criações faça parte da vontade do artista. Wilson denominou *Postes* uma "escultura-ambiente-teatro". Suas *Cadeiras*, cuidadosamente colocadas sobre pedestais e tratadas teatralmente por meio de efeitos de iluminação, indicam claramente uma abordagem teatral. Como o conceito de ação, no teatro de Wilson, não depende da ocorrência de um evento, do modo como ele é entendido no teatro tradicional, poder-se-ia dizer que o trabalho artístico de Wilson é um caso extremo de "teatro imóvel". Com efeito, se ele tivesse denominado suas exposições "peças de teatro imóveis com objetos", tentaríamos vê-las dessa forma. Em outras palavras, quando o ser humano interage com as circunstâncias propostas por Wilson, existe a possibilidade de mudança e comunicação, isto é, de teatro.

A Vida e a Época de Joseph Stalin.
São Paulo, Teatro Municipal, 1974.

7. Um Modelo de "Gesamtkunstwerk": A Produção de "A Vida e a Época de Joseph Stalin" no Brasil, dos Primeiros Laboratórios à Apresentação Pública

> *Então fiquei pensando que certas pessoas que eu conhecia nunca tinham — huuuuuuuuuummm — visto outro tipo de gente (ou de pessoas) que não fossem como elas. Fiquei pensando também no que fiz nas festas — juntando pessoas diferentes — e é curioso como, nas festas, pessoas completamente diferentes umas das outras se conhecem inesperadamente. Acho que foi assim que me ocorreu a idéia de minha peça.*
> ROBERT WILSON, *Notas de Produção para* O Rei da Espanha[1].

Ao contrário da preparação que precede a estréia de qualquer peça tradicional de teatro ou até mesmo a encenação de uma ópera wagneriana complexa, o trabalho que resulta na produção da maior parte das peças de Wilson é parte essencial de seu *Gesamtkunstwerk*. Em certo sentido, as oficinas e exercícios, em uma peça como *Stalin*, constituem a essência da produção. A importância da inclusão do processo como parte do produto artístico final é igualmente fundamental no teatro de Wilson. Com efeito, desde o último quarto do século XIX, os artistas procuraram, com grande consistência, alargar as fronteiras da experiência artística, incluindo em seu trabalho não apenas as idiossincrasias de seus processos artísticos, como também os estágios que precedem seus resultados finais. O processo de se fazer arte tornou-se, sob vários aspectos, igual à própria arte. Por esta razão, o exame do trabalho que precedeu a pordução de *Stalin* é especialmente importante.

Por outro lado, é através deste trabalho preliminar que todo o conjunto irá fundir-se pela primeira vez com aquele mesmo estado de espírito que unifica a peça. Atores, contra-regras, técnicos, assistentes e quem mais estiver envolvido na produção, passam por uma

---

1. ROBERT WILSON, "Production Notes on *The King of Spain*, a play presented by the Byrd Hoffman School of Byrds", in *New American Plays*, org. William M. Hoffman, New York, Hill and Wang, Inc., 1970, p. 247.

espécie de iniciação, sem a qual o esforço de pôr em pé um espetáculo tão complexo seria desprovido de sentido. Isto ocorre porque os trabalhos de Wilson têm que ser mais vivenciados do que simplesmente entendidos de modo racional. Essa experiência deve ser vivida não apenas pelos espectadores, mas também pelo grupo de pessoas que tentam comunicá-la. A experiência dos espectadores depende inteiramente da capacidade do grupo em vivenciá-la. Em outras palavras, trata-se de um teatro no qual o *Paradoxo do Comediante*, de Diderot, não tem lugar, posto que o impulso principal é a resolução deste suposto "paradoxo": o ator comunica a emoção através de um trabalho mental frio, ao passo que a emoção real, no palco, deixa a platéia fria[2]. No teatro de Wilson essa separação não existe. Os atores são o que são. Não se distinguem de modo algum dos cenotécnicos, quando encarados como seres humanos individuais e, a esse respeito, não se diferenciam dos membros da platéia. Em certo sentido, o *Gesamtkunstwerk* de Wilson inclui também os espectadores. O tipo de atmosfera que ele gera acaba afetando tudo e todos à sua volta porque, acima de tudo, ele gira em torno de um estado de espírito.

Neste capítulo tecerei considerações sobre o *Gesamtkunstwerk* do ponto de vista da experiência total, isto é, da geração desse estado de espírito à comunicação, ou melhor, ao ato de compartilhar este estado de espírito com a platéia. Nos capítulos anteriores examinamos o trabalho de Wilson a partir de um ponto de vista mais analítico. Tomando os elementos principais que compreendem o produto final — um reconhecimento da separação, da individualidade, da incongruência, da justaposição radical — extraímos um princípio metodológico até certo ponto unificador. Imagens, sons, movimentos, vistos em seus contextos tradicionais de dança, música, interpretação, pintura, escultura, poesia etc., surgiam em contradição constante com os mesmos contextos. O efeito da dança, por exemplo, foi substituído pela construção da dança. O efeito de uma imagem foi construído a partir do processo que envolvia a criação dessa imagem. As palavras foram esvaziadas de seu significado, de tal modo que pudessem ser observadas como sons. Cada diferente possibilidade artística parecia ter sido retirada de algum contexto tradicional, com a finalidade de liberar sua função independente e pura. No entanto, uma vez concluído este processo, tudo apontava para a mesma direção: uma percepção alterada do mundo. É a transformação desta percepção que constituirá o centro de nosso interesse, de agora em diante. O trabalho de Wilson, visto de dentro, passará a ser estudado como um processo integrado e unificador. O âmago de semelhante unificação, em termos de "uma obra de arte total", além de composto das várias artes que examinamos é, em última análise, um processo de unificação do corpo e da

---

2. Ver OSCAR G. BROCKETT, *The Essential Theatre*, New York. Holt, Rinehart and Winston, 1976, p. 141.

mente. A maior parte dos exercícios descritos neste capítulo são exemplos das várias técnicas concebidas para diminuir o fosso entre a mente e o corpo, sobretudo através da observação e da compreensão de seus ritmos próprios. O principal, porém, é que aquilo que Wilson quer de seus *performers*, como veremos a partir dos exercícios por ele sugeridos, é muito semelhante àquilo que deseja estimular na platéia. A percepção que quer criar em seu próprio grupo através destas oficinas, bem como através da experiência de participar do espetáculo, é a mesma percepção que ele deseja provocar nas pessoas dispostas a acompanhar uma de suas peças. Uma *perfomance* é, em última análise, uma oficina destinada a uma platéia.

Neste capítulo analisarei uma produção completa, desde sua gênese até a apresentação final. *A Vida e a Época de Joseph Stalin*, conforme foi encenada em São Paulo, em 1974, será nosso "modelo" devido às seguintes razões: engloba o trabalho de Wilson desde 1968, incluindo, num espaço de doze horas, *O Rei da Espanha*, *A Vida e a Época de Sigmund Freud*, *O Olhar do Surdo*, *Overture*, *MONTANHA KA E O TERRAÇO GUARDenia*, além de cenas de ensaios de *Uma Carta para a Rainha Vitória*, posteriormente apresentada em Nova Iorque, trata-se da última de uma série de espetáculos nos quais a maior parte dos atores não são profissionais, possibilitando assim uma amplitude maior de experimentação, bem como uma ênfase especial quanto ao treinamento dos *performers*; é o único trabalho de Wilson que representa um ciclo completo em sua carreira. O que se segue ainda são desenvolvimentos de uma nova tendência na arte de Wilson e nenhum deles representa sinteticamente um ciclo novo e completo. Como participei da produção desta peça em São Paulo, na qualidade de intérprete de Robert Wilson e de ator, minha abordagem será necessariamente muito mais pessoal. Conforme já mencionei, a peça recebeu novo título, *A Vida e a Época de Dave Clark*, por temor à censura[3]. Refez-se a peça conforme foi apresentada em Copenhague e em Nova Iorque no ano anterior, embora com uma série de alterações. Sempre que necessário, farei referências às produções originais e às notas de Wilson sobre elas. A produção em São Paulo foi realizada por Ruth Escobar, uma ousada empresária, que se tornou famosa no Brasil por ter trazido pessoas como Peter Brook, Tom O'Horgan, Andrei Serban, Jerzy Grotowski e Victor Garcia para a cena teatral local, bem como por organizar um Festival Brasileiro de Teatro Internacional, em cujo contexto se tornou possível a visita de Robert Wilson.

Além de dedicar uma secção preliminar aos laboratórios que precederam a produção de *Stalin* no Brasil, decidi distribuir a descrição de seus sete atos entre outras várias secções em que se

---

3. A fim de evitar confusões desnecessárias, refiro-me à encenação brasileira como *A Vida e a Época de Joseph Stalin*. Afinal de contas, a modificação do título foi provocada por circunstâncias alheias à encenação.

divide este capítulo, a fim de o tornar mais interessante para o leitor. Em conseqüência, o I Ato será descrito juntamente com a análise dos ensaios, já que ele pode ser encarado como uma progressão natural dos laboratórios e ensaios. O II e o III Atos serão descritos na secção dedicada ao roteiro, sobretudo por eles constituírem os melhores exemplos de anotações do imaginário detalhado e específico da peça, bem como de seu poder de síntese. Os IV e V Atos serão descritos enquanto examino a representação. São a parte principal da peça, quando sua longa duração começa a ser sentida pelo elenco e pela platéia e quando *Stalin* vai além da experiência que se dá comumente em uma peça de três atos. A última secção, dedicada à platéia, descreverá finalmente o VII Ato: somente neste momento pode-se dizer que a platéia vivenciou a experiência que a encenação da *Stalin* propõe.

A. LABORATÓRIOS

Como a produção de São Paulo envolvia a realização de laboratórios prolongados com os atores brasileiros, a maior parte dos quais amadores, antes de a peça ser finalmente encenada, os passos que precederam a estréia são de especial interesse. Embora se refizesse uma produção, ela era completamente diferente de uma peça trazida pronta por uma companhia. A natureza da peça exigia um tipo específico de preparação. Os membros da Fundação Byrd Hoffmann, os "Byrds", como se autodenominam, começaram a chegar no início de dezembro de 1973 e alguns permaneceram no país muito depois de a peça terminar, em abril de 1974. Esta prolongada visita criou uma atmosfera especial, semelhante, quanto aos sentimentos, à atmosfera reinante na sede da Spring Street, onde os Byrds trabalhavam com Robert Wilson desde 1968, quando as primeiras peças dele foram apresentadas na Fundação Byrd Hoffman. Eles, porém, não constituem uma companhia estável que vive uma vida comunitária, como o Living Theatre costumava ser. Permanecem juntos quando uma encenação está sendo preparada, mas também se separam da companhia sempre que sentem vontade de o fazer. Quando chegaram ao Brasil, de maneira um tanto independente, aliás, pois vieram formando pequenos grupos ou então sós, em datas diferentes, estavam no auge de suas atividades enquanto grupo. Em meados de 1976, com o fechamento do espaço de ensaios na sede da Spring Street, que foi vendida para uma butique, somente o andar superior permaneceu como escritório de Wilson. Os Byrds tornaram-se independentes dele e alguns mudaram-se para outras áreas ou concentraram-se na realização de um trabalho individual. A essa altura, porém, o trabalho de Wilson era praticamente um sinônimo das atividades desenvolvidas pela Fundação Byrd Hoffman. A companhia incluía vinte e cinco membros, mas alguns dos Byrds não conseguiram vir e permaneceram em Nova Iorque. Os demais atores, necessários à encenação, seriam recrutados entre os brasileiros.

Alguns dos Byrds vieram poucas semanas antes de Robert Wilson, que se apresentava em Milão em uma peça, ao lado de Christopher Knowles. Desde que chegaram, centenas de atores e pessoas que não o eram apresentaram-se para uma série de laboratórios anunciados como parte do Festival Internacional de Teatro organizado por Ruth Escobar. Alguns dos Byrds, entre eles Mel Andringa, Cindy Lubar e Andrew de Groat, encarregaram-se dos primeiros encontros com os candidatos. Minha participação, àquela altura, era a de intérprete e ainda desconhecia completamente o trabalho de Wilson. Somente mais tarde passei a participar com maior intimidade dos laboratórios e dos ensaios.

Os primeiros encontros entre os Byrds e os brasileiros levaram muitos candidatos a desinteressar-se, pois era quase impossível, através de uma explicação verbal, expressar o tipo de trabalho que a produção exigiria. Ninguém tinha a menor idéia do que o esperava e a primeira descrição que Mel Andringa fez do espetáculo decepcionou, mais do que intrigou, os atores em perspectiva. O primeiro encontro consistiu em uma demonstração. Sheryl Sutton, uma atriz negra que chegara com os primeiros Byrds, fez uma cena de *Stalin*, na qual ela mata duas crianças, uma após a outra, com os movimentos mais lentos possíveis. Os espectadores olhavam, contrafeitos, à medida que a cena se desenvolvia e a ação levava quase vinte minutos para ser realizada[4]. Então Mel Andringa começou a descrever o que vinha antes, na peça, e o que se seguiria, explicando que a encenação constava de sete atos diferentes e duraria aproximadamente doze horas. Começaria às sete da noite e se prolongaria até as sete da manhã. Os espectadores teriam liberdade de retirar-se e voltar a qualquer momento, durante a *performance*. Mel Andringa anunciou também que Cindy Lubar se encarregaria dos laboratórios em que se faria o trabalho vocal, Andrew de Groat cuidaria da dança e os demais Byrds se alternariam na condução dos laboratórios de movimento e ensaios de certas cenas de grupo, até a chegada de Robert Wilson. Os laboratórios durariam toda a tarde, mas os participantes teriam total liberdade de chegar mais cedo e fazer um esquentamento ou dançar e permanecer até mais tarde, sempre que o espaço estivesse a sua disposição.

Os laboratórios ocupavam todo o espaço do Teatro Ruth Escobar, que abriga três salas de espetáculos. Diferentes sessões eram realizadas simultaneamente em cada espaço. Eventualmente o local dos ensaios tinha de ocupar um espaço maior — essa mudança ocorreu duas vezes antes da estréia — pois, à medida que o

---

4. A cena executada por Sheryl Sutton foi o Prólogo ao Ato IV de *Stalin*. Voltarei a esta cena específica na Secção D deste capítulo.

espetáculo ia gradualmente tomando forma, necessitava-se cada vez mais de espaço. A escala da produção e o tamanho do elenco — mais de cem atores e atrizes — tornou muito difícil para o grupo reunir-se em uma única sala. Na realidade o elenco só se viu inteiramente reunido nos ensaios gerais realizados no Teatro Municipal de São Paulo.

1. *Movimento*

Os laboratórios de movimento consistiram sobretudo em sessões em que se dançava livremente. Os Byrds e os brasileiros dançavam juntos, desenvolvendo todo tipo de estilo, principalmente ao som de músicas populares americanas, embora de vez em quando também se tocasse música brasileira. Entre as músicas preferidas incluíam-se "Visions of the Inner Eye", com Stevie Wonder, "Band on the Run", com os Beatles, as canções de Scott Joplin e sambas de carnaval. No início os Byrds davam exemplos esquisitos, dançando constantemente contra o ritmo da música ou algumas vezes parando, sem fazer o menor gesto, como se estivessem paralisados, enquanto a maior parte dos brasileiros oscilava entre passos de música de discoteca ou movimentos de jazz ou de dança moderna aprendidos em escolas locais. Em breve, porém, todo o elenco começou a desenvolver movimentos originais.

A atividade de dançar sempre exerceu um papel muito importante no trabalho de Wilson. Conforme Stephan Brecht enfatiza, "trabalhar uma peça consistia mais do que tudo em sessões nas quais os ensaios ocupavam com freqüência o menor tempo. A atividade principal era dançar ao som de *rocks* menos frenéticos e de movimentar-se com ou sem música"[5]. Além do mais, após os ensaios, os Byrds costumavam voltar a dançar nas discotecas locais, encorajando os brasileiros a fazer o mesmo. Em Nova Iorque, no espaço da Spring Street, eles tinham o hábito de organizar atividades semanais, abertas a todos, que incluíam principalmente a dança. Esta preferência por movimentos naturais e soltos em relação a um conjunto muito estruturado de exercícios físicos, tendo em vista a percepção corporal do ator, reflete a crença de Wilson, no sentido de que não se deve impor a quem quer que seja nossos próprios movimentos. É preciso estimular, no outro, a descoberta de padrões próprios de movimentos. Somente através desse processo pode-se chegar a uma espécie de troca e os atores desenvolvem um interesse cada vez maior pelos movimentos uns dos outros:

todo mundo deve fazer seus próprios movimentos, andando ou dançando, geralmente sem parceiros, sem passos ou instruções (ao que parece, o conceito de Wilson era de que, subconscientemente, o participante sentiria e se adaptaria aos movimentos dos demais). As instruções, esparsas, sugeriam que cada um deveria obedecer aos impulsos de seu corpo e tentar tomar consciência de que movimentos gostaria de realizar em cada momento. O recém-chegado surpreende-se ao descobrir que seu corpo tem tais desejos,

5. STHEPHAN BRECHT, *The Theatre of Visions*, p. 205.

isto é, impulso de relacionar-se com o espaço de determinada maneira, criar um espaço próprio, concretizar o tempo e individualizá-lo de acordo consigo. Até certo ponto a pessoa se acha *capaz* de movimentar-se livremente, sem um propósito, consciente das necessidades que tem o corpo de movimentar-se, obedecendo facilmente a seus impulsos cinéticos[6].

Em seguida a essa etapa de livre movimentação, os Byrds sugeriam alguns exercícios simples, ainda relacionados com a dança, tais como designar um líder, cujos movimentos deveriam ser seguidos por todos; selecionar alguém para dançar sozinho, a fim de que os demais o observassem; escolher dois ou mais parceiros para dançarem juntos. A essa altura, querendo aproveitar o tempo em que eu não era solicitado como tradutor, já me integrara aos laboratórios, começando a participar de outra variedade de exercícios conduzidos pelos Byrds. Tratava-se sobretudo de exercícios de entrega e relaxamento:

1. Os atores formavam círculos com seis ou mais integrantes e um deles era colocado no centro, de olhos fechados, completamente relaxado, enquanto os demais o faziam passar em torno desses círculos.

2. Um grupo de cinco a dez atores carregava uma pessoa acima de suas cabeças em torno do palco, algumas vezes até mesmo correndo, enquanto que a pessoa que estava sendo carregada tentava permanecer em um estado de relaxamento total.

3. Os atores escolhiam parceiros e os massageavam da cabeça aos pés, o que levava no mínimo uma hora. Após uma pausa, em que a pessoa massageada limitava-se a permanecer deitada no chão e relaxada, os parceiros trocavam de papel, a fim de permitir que aquele que fez a massagem também fosse massageado. Não havia regras de como fazer a massagem, apenas a indicação de que o objetivo era relaxar e entregar-se, confiando.

4. Além dos exercícios, os atores eram encorajados a trabalhar por si mesmos em relação àquilo que julgavam necessário, tal como relaxar determinada parte do corpo, ou efetuar qualquer trabalho de pesquisa nos olhos, andar, saltar, fazer ioga e assim por diante, bem como compartilhar com o resto do grupo aquilo que julgassem relevante.

No início essa liberdade quase completa intimidava mais do que excitava os atores, no sentido de uma participação. Ninguém tinha de fazer absolutamente nada, se não quisesse. Muito em breve, porém, começando com os membros mais jovens do grupo,

---

6. BRECHT, p. 205.
7. É uma característica de muitas das encenações de Wilson. Na encenação nova-iorquina de *Stalin* os participantes "quanto à idade, iam de Devin, de sete meses, filho de Duncan e Diana Curtis, à avó de Wilson, Alma Hamilton, de oitenta e sete anos, que veio da distante Waco, no Texas, a fim de assistir à peça e viu-se participando do elenco, em papéis bastante importantes, surgindo em quatro dos sete atos." CALVIN TOMKINS, "Time to Think," *The New York*, 13 jan. 1975, p. 39.

cuja idade variava dos três aos sessenta e três anos[7], novos exercícios foram propostos pelos brasileiros. Alguns deles foram aprendidos outrora na escola e outros simplesmente inventados naquele momento. O importante, porém, é que o grupo aprendeu a acolher todo tipo de contribuição. A fase inicial de inibição é algo de se esperar, sobretudo nos mais velhos. De acordo com Stephan Brecht,

> o adulto normal receia movimentar-se. Existe segurança e uma espécie de identidade com um lugar fixo. O movimento chama a atenção sobre a pessoa, dá-lhe uma responsabilidade, parece perigoso... Ao participar das sessões de Wilson, o indivíduo percebe que uma inibição específica está subjacente ao senso comum, ao recato, à economia do movimento adulto normal. Trata-se de um temor que não se relaciona a nenhum objeto, mas que, na verdade, é sentido permanentemente, de um estado tão persistente de inibição muscular que a pessoa não tem consciência dele, de um medo que não é relativo ao próprio corpo, mas que se refere ao temor de identificar-se, devido ao receio que o indivíduo tem de não ser suficientemente competente[8].

Por ocasião da chegada de Robert Wilson a São Paulo, duas semanas mais tarde, predominava uma atmosfera um tanto relaxada. Havia também momentos de frustração e conflito. Após a primeira semana de laboratórios, um grupo de uns quinze atores decidiu organizar um encontro a fim de questionar a validade do trabalho. Sentiam que ninguém sabia absolutamente nada sobre o que a peça a ser produzida iria abordar. A acusação de que o grupo estava sendo usado como "marionete" foi lançada por um jovem ator profissional. A maior parte desses atores abandonou o trabalho essa mesma tarde, mas foi a primeira e a última das rupturas. Depois disso, muito poucos largaram completamente o trabalho. Na verdade, nunca chegou a existir qualquer solicitação, no sentido de um compromisso total, e o grau de participação de cada ator variava imensamente. Alguns compareceram a certos laboratórios, entediaram-se, desapareceram durante algumas semanas e voltaram quando a peça estava para estrear, tendo nela uma pequena participação. Outros apresentaram-se em apenas um segmento do espetáculo. Por exemplo, algumas pessoas mostravam-se interessadas em dança e participaram apenas dos laboratórios de dança de Andrew de Groat, o que acabou resultando nas danças apresentadas no quinto ato da peça; as pessoas interessadas em voz e som trabalharam com Cindy Lubar e finalmente pediram para participar do coro, revezando-se durante as doze horas da apresentação. Outros, em um estágio posterior, ajudaram a colocar os acessórios de cena no lugar, levaram os Byrds para conhecer São Paulo, organizaram festas, serviram de intérprete etc. Alguns tornaram-se extremamente ativos e participaram de muitas maneiras. O grupo era tão grande, a produção tão complexa e eclética que qualquer tipo de participação era bem recebido.

8. STEPHAN BRECHT, *The Theatre of Visions*, p. 205.

2. *Voz*

Os laboratórios de voz dirigidos por Cindy Lubar baseavam-se no mesmo princípio que presidia o laboratório de movimento, na medida em que encorajava a observação mútua, agora em termos de som. Os atores eram constantemente solicitados a ouvir atentamente os sons que os rodeavam. Os primeiros encontros consistiam simplesmente em exercícios durante os quais os atores relaxavam e ouviam. Em seguida, eram solicitados a emitir sons. Ao contrário, porém, dos laboratórios de voz de Peter Brook, realizados na década de 1960, onde o interesse principal era a liberação dos sons do indivíduo reprimido, e que geralmente transformavam todos os ensaios em uma selva povoada de pesadelos ou em um asilo de loucos, Lubar guiava os atores, solicitando-os a se ocuparem dos menores sons. A ênfase era dada à audição, ao desenvolvimento da capacidade de distinguir os ruídos mais sutis, e não à atividade exuberante de falar, emitir sons, isto é, ao desejo *de ser ouvido*.

A essa altura pode-se traçar um paralelo sobre a presença do ator no palco tradicional e enquanto participante das peças de Wilson. A ênfase está *em ver*, não *em ser visto*, como ocorre no teatro tradicional. Recomenda-se sempre aos atores que "abram os olhos", em vez de os fechar, tendo em vista a concentração. Trata-se de uma característica de muitos métodos baseados nas experiências de Stanislávski, por meio dos quais o ator tentará estimular-se, acreditando que é outra pessoa e procurando em seguida passar esta ilusão para o espectador. À platéia é deixada a atividade de imaginar para além daquilo que está no palco. Retirando-se da posição focal e fundindo-se com o "ambiente", a função do ator é levar a platéia a vê-lo como ele *é*, isto é, *parte* do todo. Ele, porém, *também* está vendo no palco. Alcança-se assim um sentido relaxante de continuidade, pois a platéia olha constantemente para uma paisagem com atores que também estão olhando uma paisagem com atores. Não existe no palco nada capaz de confrontar ou intimidar a platéia.

Em seguida, Cindy Lubar dava ao ator alguns sons para serem repetidos, enfatizando sempre que, ao falar, deveria tomar todo cuidado para não parar de ouvir. Palavras simples como *call, click, collect, hop, hip, hat, had*, parte das quais não se distinguiam umas das outras, a menos que fossem ouvidas com atenção, eram designadas para cada ator. Deviam ser anunciadas em intervalos de tempo, de acordo com a conveniência do ator, contanto que ele se mantivesse em compasso com os demais atores. O resultado era uma totalidade, isto é, um verdadeiro coro. Durante a *performance*, esse coro deveria estar em sintonia com o resto da peça. O som global resultava extremamente sutil, quase inaudível durante a maior parte do tempo, a menos que um membro da platéia decidisse prestar atenção específica nele. Mais uma vez é deixada à platéia a escolha de ouvir este ou aquele segmento do espetáculo. É claro que havia muitos momentos ruidosos durante o espetáculo, mas intervinham da mesma maneira que um ônibus barulhento cruza inesperadamente uma rua silenciosa, ou quando um raio se abate subitamente sobre uma floresta, rompendo o silêncio ali reinante. O foco da platéia mudava durante um momento, mas não se ligava a nenhum acontecimento, pois nada existia. O objetivo principal desses exercícios era a criação de uma atmosfera sonora que, sem ser descritiva, conviesse à paisagem visual proposta para a platéia. Tratava-se em outras palavras, da construção de uma paisagem auditiva

3. *Câmara Lenta*

O papel da câmara lenta é de extrema importância no teatro de Wilson. Grande parte das atividades, durante a *performance*, acontece em câmara lenta e grande parte do tempo é dedicado a exercícios e experiências que recorrem a essa técnica, durante os laboratórios. Esteticamente, pode-se dizer que a câmara lenta é sinônimo do estilo de Wilson. Seu uso constante não decorre, porém, de um mero capricho. A obsessão de Wilson pela câmara lenta é resultado de seu interesse por níveis subliminares de comunicação, difíceis de ser detectados em condições normais. Ele recorre à câmara lenta como um instrumento, partindo de um conceito de muito bom senso, segundo o qual podemos observar melhor o que temos condições de observar com detalhes e por um período prolongado.

Wilson ficou impressionado com uma série de filmes de pesquisas realizadas pelo psiquiatra experimental Dr. Dan Stern, no Instituto Psiquiátrico de Nova Iorque, referentes a mães que cuidavam de seus filhos. Quando exibidos em velocidade normal, os filmes não revelavam muita coisa, a não ser as imagens socialmente aceitas de mães dedicadas, ninando seus filhos com grande paciência. No entanto, quando mostradas em câmara lenta, as fitas transmitiam as mais surpreendentes variações; algumas imagens revelavam nitidamente relances de ódio, pânico, sensualidade, impaciência, repugnância, evasão etc., enfim, reações emocionais que não eram aparentes quando se projetava normalmente o filme. Wilson usa constantemente um desses filmes como exemplo do mundo de comunicação gestual que costuma ser invisível para nós:

> Um bebê chora e a mãe faz um gesto, tomando-o nos braços. O que vemos com nossos olhos é o movimento amplo, o gesto de ternura, mas quando o filme é mostrado em câmara lenta ou parado, quadro por quadro, notamos que a relação inicial da mãe, em que quase todos os casos, é *investir* sobre a criança. A reação desta é encolher-se, numa atitude que chega a evocar o terror[9].

A conclusão é que o ser humano expressa com excessiva rapidez muitas das emoções que ele experimenta, a ponto de não se poder percebê-las com clareza. Entretanto, nós nos comunica-

9. TOMKINS, "Time to Think", p. 45.

mos nesse nível, ainda que inconscientemente. De acordo com o Dr. Stern, a comunicação entre os seres humanos em geral é estruturada de modo muito semelhante àquele empregado pelas mães e seus filhos, em seus jogos verbais/visuais: "É como uma espécie de dança que antecede a palavra, com ações e reações específicas acontecendo o tempo todo"[10].

Em conseqüência, muitos dos exercícios físicos desenvolvidos durante os laboratórios dizem respeito diretamente ao conceito de câmara lenta. Alguns deles consistiam simplesmente em treinar o corpo para executar movimentos comuns em câmara lenta: andar, girar, levantar braços e pernas, mover os dedos, dobrar-se etc. Não se tratava, porém, de exercícios sobre o comportamento relativo a "espaço-idade". Recomendava-se aos atores o tempo todo não *imitar* uma apresentação teatral de "correr em câmara lenta", no estilo de Marcel Marceau, mas concentrar-se em "levar um tempo extra" para realizar um movimento que, normalmente, é apressado. Em outras palavras, não se procurava o "efeito câmara lenta", mas o ralentar de ações, a fim de se alcançar o relaxamento e se dispor de tempo para a observação. Para os atores, essa distinção provavelmente era a mais difícil de fazer. No início, todos tendiam a imitar os movimentos de um astronauta, embora aos poucos, quase sem ter consciência da modificação, eles simplesmente ralentavam, talvez porque acabassem por se cansar, devido à tensão requerida para a realização "teatral" de movimentos lentos. O principal objetivo do exercício era ajudar a relaxar quem o fazia e concentrar-se na variedade de pensamentos que lhe vinham à mente, quando se proporciona ao corpo um tempo a mais para movimentar-se. É por isso que a realização "teatral" dos movimentos em câmara lenta era rejeitada. Ela conduziria o executante a um estado de espírito completamente diferente, pois o forçaria a estar permanentemente consciente do que se supunha que estivesse personificando e, assim, aumentaria a tensão, em vez de diminuí-la.

Outro exercício comum era dispor um grupo de vinte a trinta pessoas em fila e começar a andar em velocidade normal, pedindo aos poucos que todos caminhassem em velocidade mais lenta. A pessoa que liderava a fila desempenhava um papel importante neste exercício, pois o resto do grupo teria de ajustar seus movimentos de acordo com os dela. A troca constante de líderes fazia o grupo se dar conta de que um "movimento lento" significava para cada executante uma velocidade diferente. A velocidade "correta" seria aquela em que a pessoa se sentisse relaxada, livre de tensões.

Indiretamente esses exercícios levavam em consideração os espectadores, pois a tranqüilidade de quem os fazia deveria contribuir para o relaxamento da platéia, dando-lhe espaço para concentrar na variedade dos próprios pensamentos, enquanto ela

10. TOMKINS, p. 45.

contemplava ações simples e relaxadas. Afinal de contas, segundo Wilson, espera-se que a platéia e os *performers* passem por uma experiência idêntica.

E a razão para apresentar (mais tarde) os resultados desses processos e exercícios realmente básicos em um palco ou em um teatro é que não se pode sequer ver uma pessoa (ou a totalidade delas), a menos que ela esteja completamente relaxada. É difícil ver as pessoas se não estiveram descontraídas. É difícil vê-las e relacionar-se com elas[11].

4. *Ritmos*

O problema dos diferentes ritmos individuais, inerentes a todos os exercícios descritos até agora, foi abordado da seguinte maneira: cada pessoa tem um ritmo pessoal, que, quando respeitado, permite a ela fluir criativamente, livre de tensões. Wilson acredita que uma das condições básicas para o desenvolvimento da criatividade consiste em permitir que "as pessoas relaxem e se sintam à vontade com seus corpos, além de ter um pouco de conhecimento de como esses corpos são, sendo capazes de usar a menor quantidade de energia a fim de exprimir o que elas quiserem"[12]. Paradoxalmente, alguns atores precisam apressar seus movimentos ou fala a fim de atingir um ritmo comportamental equilibrado. Mary Peer, uma das atrizes que participou da versão original de *Stalin*, é um bom exemplo desta situação:

Mary é uma pessoa especial mas intrigante. Durante nossos exercícios de concentração ela não conseguia parar e permanecer sentada na cadeira, como todo mundo. Tinha de se levantar constantemente e movimentar-se. Ia para os cantos da sala e trocava de roupa, que ela usava uma em cima da outra. Alegava que isso era por demais confortável. Como ela naturalmente fala sem parar e de maneira concentrada, não havia alternativa a não ser deixar que se exprimisse e contasse suas estórias, muitas das quais fluíam automaticamente. No final elas acabavam por fazer sentido[13].

A atitude inicial de Wilson foi tentar acalmá-la, persuadindo-a a permanecer sentada em silêncio, concentrando-se. Logo, porém, notou que seu corpo, apesar de imóvel, mostrava-se visivelmente inquieto e assim ele decidiu deixá-la seguir o próprio ritmo. Ela se mostrou tão ansiosa por comunicar a variedade de pensamentos que lhe ocorriam que seu corpo finalmente assumiu uma postura confortável e repousante. Então seus ritmos equilibraram-se de maneira apropriada.

A questão central é que o ralentar dos movimentos é apenas a contrapartida da *rapidez* do pensamento. Ao observarmos as pessoas conversarem, enquanto se entregam a uma ação física, é muito comum percebermos a existência de duas velocidades que tendem a variar, obedecendo a uma equação de equilíbrio. É pos-

---

11. ROBERT WILSON, "Production Notes on *The King of Spain*...", p. 249.
12. *Idem*, p. 248.
13. *Idem*, p. 255.

sível compararmos a questão dos ritmos pessoais, em uma representação, com os ritmos pessoais, na escrita. O fluxo da consciência em alguns escritores como Jack Kerouac (sobretudo em *The Subterraneans*) ou de James Joyce (como ocorre no último e longo parágrafo de *Ulysses*) está em contraste absoluto com o movimento físico a ela associado. As passagens mais ricas de Kerouac são expressões do corpo em seus momentos mais inativos, quando contempla uma paisagem quase imutável. A última fala de Molly Bloom, quando a pontuação é descartada rapidamente, ocorre em um momento em que ela se encontra completamente imóvel, deitada na cama.

A discussão dos ritmos do corpo humano, do ponto de vista de um ritmo mais *pessoal* do que *adquirido*, é nova no teatro. Aprendemos habitualmente a entender uma ação do ponto de vista do ritmo que observamos, em sua versão estereotipada, e a imitar sua forma. Wilson diria que isto é nocivo, pois vai contra o desenvolvimento natural de cada ser humano, bloqueando a mecânica que rege o impulso criativo. Aquela técnica teatral de representar o ritmo de outra pessoa para ele não apresenta o menor interesse. Ele quer que as pessoas sejam simplesmente o que são. Seria possível dizer que Stanislávski, embora em contexto diferente, também almejava incluir os traços da própria personalidade do ator quando ele retratava personagens de ficção. O objetivo final, porém, era iluminar a personagem de ficção e não a expressão da individualidade do ator. Wilson interessa-se pelo processo oposto: recorrer à ficção, a fim de facilitar a expressão humana. É muito comum, em suas peças, diferentes atores representarem as mesmas personagens. A figura de Stalin, por exemplo, foi representada por vários atores no mesmo espetáculo e, de vez em quando, havia dois Stalins no palco. Não tinha a menor importância se a personagem era representada por uma mulher ou uma criança. A semelhança jamais se colocava como objetivo. Embora seguisse os mesmos padrões de movimento, cada ator exprimia, através de seus diferentes ritmos, a própria "versão" de Stalin. No Brasil, quando Scotty Snyder representava cenas interpretadas nos Estados Unidos por outra atriz, ela atuava de modo diferente, seguindo os próprios ritmos. Se acaso tentasse imitar a outra atriz, sua tensão se evidenciaria, prejudicando a cena.

A definição aristotélica do teatro como imitação de uma ação só pode ser aplicada a Wilson em sentido lato, pois as estruturas de suas peças não são rígidas e o final fica em aberto. Ainda que as mesmas ações sejam repetidas de uma *performance* para outra, elas, pelo menos do ponto de vista do ator, são ações particulares, independentemente do contexto em que ocorrem. De acordo com Wilson,

mesmo que não esteja acontecendo muita coisa, as pessoas são muito diferentes umas das outras e criam espontaneamente um contexto ou sua própria peça, apresentando-se como elas são. Então (teatralmente) nada mais é necessário. É isto o que qualquer diretor profissional tenta criar, só que não se situa o contexto de uma estrutura imposta; não se trata de algo que seja retirado de dentro e gerado com espontaneidade[14].

5. Dança

Os laboratórios de dança, aos cuidados de Andy de Groat, diferenciavam-se dos laboratórios de movimentos gerais na medida em que concentravam-se mais na fixação de padrões de movimentos do que numa liberação desses mesmos movimentos. Em outras palavras, iam além dos exercícios de movimentos gerais já descritos. Explicavam-se trechos de coreografia, repetidos pelos atores, embora não fossem necessariamente incluídos na apresentação final. Funcionavam como pontos de partida, oportunidades para um grupo maior desenvolver um senso de movimentos combinados e em colaboração, bem como o senso de observação do outro, isto é, um vocabulário comum. Todos os laboratórios de dança começavam através da dança espontânea, como ocorria, aliás, com os laboratórios gerais, embora de Groat solicitasse constantemente aos atores para tomar cuidado com seus movimentos, manter os olhos sempre abertos, de modo a não se chocarem uns com os outros e, acima de tudo, perceber todo o espaço disponível, tentando preenchê-lo completamente. O objetivo era o desenvolvimento de uma coreografia natural nos atores, uma espécie de estrutura para uma verdadeira improvisação de grupo, em vez de criação de movimentos desenvolvidos em separado. Era o sentido de equilíbrio e a percepção de ritmos pessoais e grupais que voltava a se colocar como o objetivo final desses laboratórios.

A maior parte dos exercícios era dirigida para a construção do quinto ato, "O Templo", que consitia, como já foi dito, em um ato de dança, um tanto independente. Alcançou-se assim uma combinação engenhosa de coreografia planejada previamente, aprendida aos poucos pelos atores que demonstravam o desejo de participar dela, e de improvisação. Os atores desenvolveram o senso de dosagem de sua própria participação na dança. Eram encorajados a sentar-se e relaxar tanto quanto quisessem, se acaso sentissem que seus corpos precisavam de repouso, e sempre diante dos espectadores, como se o modelo para a peça não fosse o balé apresentado no teatro, mas a estrutura flexível de uma festa, na qual a dança ocorre voluntariamente. Os atores podiam então voltar a dançar quando sentissem vontade, ou para preencher um espaço ou por acharem que já tinham repousado suficientemente. Em outras palavras, eles também estavam aprendendo a moldar a composição da coreografia pelo simples fato de afastar-se dela ou de se integrarem a ela em determinados trechos.

Os laboratórios de dança também serviram de ensaios para o grupo ou vários grupos de atores que se alternavam, responsáveis

14. *Idem*, p. 249.

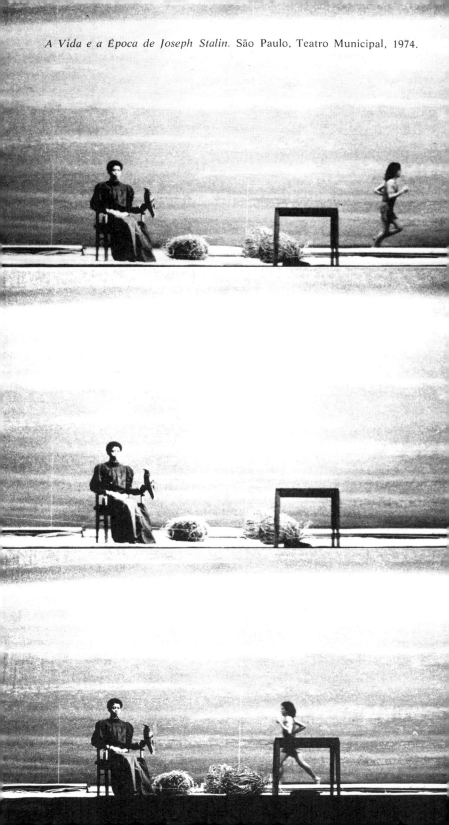
A Vida e a Época de Joseph Stalin. São Paulo, Teatro Municipal, 1974.

pelo desfile contínuo de dançarinos que passavam no fundo do palco e que se mantinha durante as doze horas em que a peça durava. Os movimentos usados para essas aparições eram inventados pelos próprios atores ou sugeridos por Andy de Groat. No entanto, como eles aconteciam um tanto ao acaso durante a peça, a eficácia de seu desempenho dependia exclusivamente do fato de os atores observarem com extrema atenção seus eventuais líderes. De vez em quando via-se um grupo de dançarinos deslocar-se de uma extremidade a outra do palco, algumas vezes da direita para a esquerda, outras vezes na direção oposta, emoldurados pela tela de fundo. Em determinados momentos os dançarinos simplesmente erguiam e abaixavam os braços e em outros giravam, enquanto desenvolviam com os braços e mãos movimentos que obedeciam a um desenho complicado. Esses laboratórios desenvolveram-se durante todo o período de produção do espetáculo, à tarde, e costumavam durar três horas. Mais adiante os dançarinos integraram-se aos ensaios gerais, que aconteciam à noite.

6. *Percepção Sensorial*

Quando Robert Wilson finalmente chegou, todas as cenas que envolviam um grande número de atores já estavam sendo ensaiadas em separado pelos Byrds, sobretudo por Mel Andringa, o diretor de cena da companhia. Elas incluíam a "dança das mães-pretas", no final do primeiro ato, a "dança de Raymond", no quarto ato (mais tarde expandida por um grupo de adolescentes surdo-mudos que vieram juntar-se ao elenco uma semana antes da estréia), os coros no poço da orquestra e algumas outras cenas grupais. Robert Wilson deu a todo o elenco uma explicação geral da natureza de seu trabalho, distribuiu papéis para todo mundo, enfatizando o fato de que ainda eram necessários mais atores. Incentivou os participantes a trazer amigos para os ensaios e ele mesmo agiu assim, trazendo gente que conheceu ocasionalmente nas ruas de São Paulo. Após observar o elenco trabalhar com os Byrds, dirigiu alguns laboratórios que apresentavam um tipo diferente de exercício — uma espécie de exercício "corretivo" — muitas vezes destinado a um ator determinado ou restringido a resolver um problema específico.

A maior parte dessas sessões tinha a ver com a percepção do relaxamento e Wilson costumava complementá-las com breves explanações verbais, relacionadas a suas idéias centrais. Um desses exercícios, que repetiu-se algumas vezes durante os ensaios, consistia simplesmente no seguinte: os atores iam para o palco e escolhiam uma posição na qual se sentissem bem, permanecendo lá o tempo que julgassem necessário, voltando em seguida para a platéia. Podiam sentar, ficar de pé, deitar-se, isolados do resto do grupo ou ligando-se a quem quer que também estivesse no palco. O objetivo principal era desenvolver no ator o senso de imobilidade, enquanto representavam. Wilson não queria que eles fossem para o palco e "representassem" a ação de sentar-se ou "interpretassem uma cena" em que ficassem em pé, junto a uma cadeira. Importava que aprendessem a relaxar, enquanto se encontravam lá. No início a maior parte dos atores fez exatamente o contrário. Desenvolveram *cenas, quadros*, em torno de sua "atividade" de sentar ou ficar em pé, simplesmente incapazes de estar lá, mas sempre movendo os dedos ou balançando nervosamente. Seus rostos não conseguiam deixar de exibir sorrisos, mudanças de humor e inquietação. Wilson então falava um pouco de como é difícil simplesmente relaxar, sem interpretar o que quer que seja, ser apenas quem somos, sentados no palco, absorvidos pela própria situação e por aquilo que nos rodeia, ou sintonizados com o fluxo rápido do pensamento que pode estar ocorrendo em nossa mente. Pedia aos atores para ouvirem, para perceberem sua posição em relação com os outros e com o resto da sala, como se fossem componentes de uma coreografia imóvel.

A semelhança entre esses exercícios e os que já foram mencionados é evidente, embora eles se relacionem mais especificamente com o simples fato de entender a filosofia de Wilson e sua abordagem pessoal em relação ao teatro.

> O *mais* importante de tudo é que eu esteja superconsciente do que as pessoas são e que eu tente chegar a uma percepção ou a algo que possa ajudar, enfim, algo que eu possa dizer ao grupo de modo individual, tentando encorajar os participantes ou elogiá-los, de tal forma que, o que quer que eles comecem a fazer, seja levado até o fim, pois então começando a manifestar confiança em si mesmos e em seus movimentos. Então eles podem relaxar naturalmente e torna-se possível *enxergá-los* melhor[15].

Outros exercícios consistiam simplesmente em andar em torno do palco, percorrendo direções diferentes e em diversas velocidades, parando e voltando a andar sempre que se tivesse vontade. No início, a maior parte dos atores não se satisfazia com o simples fato de apenas realizar o movimento enquanto tal. Achavam necessário "contar uma estória" enquanto se deslocavam. Em breve e não apenas devido às explicações verbais de Wilson que, aliás, eram poucas, os atores paravam de "interpretar". Nesse caso específico, como a peça estava sendo ensaiada em um país onde o inglês é uma língua estrangeira, as explicações de Wilson tinham de sujeitar-se à distorção da tradução do intérprete. De qualquer forma, essas explicações tinham um efeito limitado, pois era difícil para a maioria dos atores entender racionalmente conceitos tão "inexplicáveis", que se aprendiam melhor através da experiência direta. Muitas vezes Wilson usava alguém como exemplo: "Olhem para Maria. Está relaxada. É fácil contemplá-la. Não há nela a menor tensão".

Parte do sucesso de Wilson não se encontrava no conteúdo de sua fala, mas no modo como ele se expressava, sempre olhando

15. *Idem*, pp. 248-249.

diretamente nos olhos do ator, como se não existissem barreiras de linguagem e empregando sempre um tom de voz reconfortante e tranqüilizador. A maior parte do tempo ele dizia o que *não* se deve fazer, eliminando gradualmente compreensões incorretas, até que a maior parte dos atores acabava fazendo exatamente o que ele queria. Existe algo de fundamental no modo como Robert Wilson lida com as pessoas. Ele é um grande observador e estabelece facilmente comunicação por meio de uma variedade de maneiras paralelas à comunicação verbal. Na realidade, as palavras tornam-se secundárias se pensarmos que, a exemplo de peritos em hipnotismo como o Dr. Erickson (*Hypnotic Realities*)[6], ele estabelece imediatamente um diálogo com os padrões de movimento do ator, a qualidade da voz, a duração da respiração. A base da hipnose apóia-se no rápido reconhecimento dos ritmos da pessoa a quem se deseja hipnotizar, bem como na capacidade do hipnotizador em interagir com esses ritmos, sobretudo os padrões de respiração, enquanto ele mantém um diálogo aparentemente banal. O tema da conversa torna-se irrelevante, é claro, embora a pessoa a ser hipnotizada não tenha consciência desse fato. A capacidade de Wilson em fazer com que as pessoas se sintam bem, à vontade, é um dos fatores mais importantes em seu sucesso como diretor de atores. Além do mais, ele é muito hábil em analisar os ritmos de respiração. Isso não quer dizer que alguns atores não sejam motivados pelo conteúdo de suas explicações, que são simples e vigorosas. A intuição exerce, porém, um papel mais eficaz em seu trabalho. Wilson repetia muitas vezes que a mente trabalha com muita rapidez e que nossos corpos não são equipados para exprimir todos os pensamentos. Assim, é bom ralentar os movimentos físicos, a fim de tomar consciência de toda essa riqueza de impulsos. Ele fez menção aos filmes do Dr. Stern e também aos filmes mudos estrelados por Charles Chaplin, onde nossa percepção da variedade de expressões do ator era realçada pelo fato de que as luzes daquele meio ainda imperfeito, em constante oscilação, permitiam-nos ver o filme como uma série de fotos, uma progressão de rostos cambiantes, que exprimiam estados de alma e emoções diferentes e contrastantes.

Quando o próprio Robert Wilson juntou-se ao grupo em algumas sessões de dança, tomei conhecimento de outro exercício, que não era dado ao grupo, mas que ele e alguns dos Byrds executavam constantemente: parar de repente e congelar completamente todo movimento, no meio de uma dança agitada. A imagem de um instantâneo inesperado ocorreu-me então, sugerindo que talvez, através desse artifício, um impulso ou uma emoção escondida poderiam surgir subitamente, revelados ao corpo e à mente. Após uma pausa e um tempo para que se observasse atentamente o

---

16. MILTON H. ERICKSON *et al.*, *Hypnotic Realities: The Induction of Clinical Hypnosis and Forms of Indirect Suggestion*, New York, Halsted Press, 1976.

impulso oculto agora liberado, ele voltava a sua dança frenética. Os padrões de movimento característicos de Wilson, cortados por essa espécie de cesura fotográfica inesperada, pareciam uma contrapartida à capacidade de ralentar os movimentos, que ele tanto queria que o elenco desenvolvesse.

Outra característica interessante de Wilson e do resto dos Byrds era o fato de que muitos deles piscavam constantemente, como se tirassem com os olhos fotos das imagens que os rodeavam (na realidade Robert Wilson usava óculos escuros a maior parte do tempo, mas, sem dúvida, piscava um bocado). O fato é que esse constante piscar acaba por apresentar a realidade para a mente como se ela fosse uma série de instantâneos, no lugar do fluxo constante de um filme. Mudanças sutis passam a ser identificadas e as imagens de uma realidade que até então não se fazem acessíveis à consciência. Uma ponte entre a mente e o corpo parecia ser o objetivo final. Assim, espera-se que os espectadores vejam as peças de Wilson de modo tão relaxado que, se o sono se aproximar, as piscadas naturais de seus olhos terminarão por levar ao cérebro uma coleção de imagens que se gravarão com muito mais vigor do que o fluxo regular daquelas imagens que eles absorvem sem perceber.

Voltarei a algumas dessas considerações quando analisar outros estágios da produção da peça. O importante até agora é que, após algumas semanas de laboratórios, aquele grupo grande de pessoas foi transformado em um conjunto de verdade e todos se mostravam ansiosos por recuperar a aventura de *Stalin*.

A abordagem gestáltica de Wilson em relação ao processo de treinamento do elenco conseguiu despertar o interesse de todo mundo. É particularmente significativo notar que essa compreensão dos laboratórios caminha paralela à idéia que ele tem do teatro. Referindo-se a seu trabalho com as crianças, Wilson coloca os processos e os resultados no mesmo plano:

> Talvez eu me refira a algo semelhante ao que um amigo me contou a respeito daquele psiquiatra de Londres, R. D. Laing. A sua abordagem diz respeito à situação total, ao indivíduo no contexto daquilo que o rodeia e às circunstâncias de seu comportamento e de suas ações. Foi especificamente devido a esses casos especiais e a meu trabalho com teatro de crianças que esses processos muito básicos — e vividos — que observo todos os dias nas salas de aula tornaram-se relevantes para a compreensão do eu ou da personagem ou do teatro. Uma criança está sempre se mostrando e não deixa a menor dúvida quanto a isso. Uma pessoa observadora ou alguém que seja "criativo" ou sensível consegue contactar o lado especial e positivo da personalidade, isto é, contanto que não se oponha, não imponha ou faça exigências em relação às crianças. Não se pode ensinar Arte às crianças, da mesma maneira como não se pode definir, especificar, comprar ou produzir maciçamente Arte para os adultos. Algumas vezes a arte não é nada e algumas vezes significa debater-se nos pântanos, em vez de entoar canções de Natal. Algumas vezes ela significa permitir todas as possibilidades e outras, recorrer à exceção. Talvez eu tenha me perdido em alguns momentos, mas, quem sabe, por uma boa

razão. Essas coisas estão sempre acontecendo: divertir, interromper, educar; são, portanto, teatrais[17].

B. ENSAIOS

O conceito de um ensaio como o entendemos atualmente, em se tratando da prática teatral normal, é alheio às encenações de Wilson. Suas peças são ensaiadas como se se tratasse, até certo ponto, de uma cerimônia de casamento, de um evento cívico ou talvez de uma parada. Os membros do elenco recebem papéis de acordo com sua disponibilidade e suas capacidades, mais ou menos do jeito como os adolescentes organizam uma orquestra, no ginásio. Eles ficam sabendo o itinerário a ser seguido e a peça é "amarrada". Aprendeu-se evidentemente muita coisa durante os laboratórios, tal como danças que envolviam um grande número de atores e as palavras a serem repetidas pelo coro, no poço da orquestra. Essas atividades, porém, foram aprendidas da mesma forma que, na escola, a gente aprende alguns poemas, os passos de algumas danças, um jogo, a tocar um instrumento etc. Elas foram aprendidas fora do contexto da peça. Nunca houve o menor esforço da parte de Wilson ou dos Byrds em relacionar a dança aprendida com determinadas partes da peça. Além do mais, muita coisa foi ensinada apenas com a finalidade de treinar a mente e o corpo, não sendo aplicada ao espetáculo. Somente umas duas semanas antes da estréia é que o elenco começou a tomar conhecimento de como suas atividades se integrariam a um todo. Um roteiro — na realidade, uma tabela dos horários relativos à variedade de acontecimentos que se dariam em um período de doze horas — relacionava uma série de atividades em uma ordem rigorosa, que deveria ser seguida pelo elenco e pelos maquinistas, sob a orientação do diretor de cena.

Os laboratórios transformaram-se em ensaios. Os atores chegavam, dançavam durante quase uma hora, algumas vezes desenvolviam exercícios, mas agora o objetivo era o esquentamento. A idéia, segundo Wilson, era

tentar despertar um nível de energia (grupal) muito alto. A fim de chegar a isso, fazíamos um esquentamento antes dos ensaios e espetáculos; então corríamos, saltávamos, esticávamos nossos corpos e gritávamos, até que a energia atingia um ponto elevado. Eu então dizia: "Sentem em cima dessa energia". Era o mesmo que agarrá-la, mantê-la a partir do momento em que ela foi despertada, de tal forma que ela dure e, ao mesmo tempo permaneça relaxada, contida[18].

O resto do tempo foi dedicado a explicar a seqüência dos acontecimentos no palco, bem como a anunciar quem faria o quê.

17. WILSON, "Production Notes on *The King of Spain...*", pp. 271-272.
18. WILSON, "Production Notes on *The King of Spain...*", p. 249.

Grande parte das escolhas foi arbitrária. Por exemplo, era designada determinada atividade a um ator, mas de repente ele descobria que tinha um conflito com outra atividade que lhe atribuíram anteriormente. Então alguém se oferecia para ficar com seu papel. Outro ator era escalado inicialmente para participar de uma cena, mas desistia, a fim de "trocar de papel" com um colega. Algumas vezes uma cena, de acordo com o roteiro, requeria a participação de cinco atores, mas Wilson incluía seis ou sete, dependendo da solicitação do ator. Em uma produção de escala tão gigantesca, essas variações, essenciais em qualquer produção teatral normal, constituíam detalhes de pequena importância. Essa relatividade, porém, é típica da abordagem de Wilson em relação ao teatro. Outro fato interessante é que a questão do tempo do ator, dado o ritmo lento e a longa duração do espetáculo, tornou-se muito mais flexível. Por exemplo, se uma atriz era solicitada a atravessar o palco em determinado momento, obedecendo a um ritmo muito lento, não faria muita diferença se ela levasse vinte ou trinta minutos para executar sua tarefa. Na realidade não fazia a menor diferença se alguns desses acontecimentos deixassem de ocorrer. Era a atmosfera desenvolvida nos laboratórios que iria garantir a coesão da *performance*, não os acontecimentos em si. Algumas atividades foram suprimidas ou modificadas por Wilson na produção brasileira, de acordo com determinadas circunstâncias. Por exemplo, um par de pernas de gato gigantescas deveria atravessar o palco no final do segundo ato, mas, devido a razões técnicas, essa cena teve de ser cortada, embora sem prejuízo aparente para a *performance*. Por outro lado, nos dois últimos dias antes da estréia, Wilson encarregou-se pessoalmente de certos detalhes relativos à iluminação e à posição dos adereços e móveis, de modo quase obsessivo. Passava horas com o eletricista, até conseguir o efeito que pretendia. Inspecionava também todos os figurinos, conferia a maquiagem de cada ator e treinava os contra-regras no manejo dos cenários e adereços. Isso era da mais extrema importância, pois não só os atores como também os acessórios tinham de deslocar-se em câmara lenta. Por exemplo, uma cadeira, pendurada por meio de tubos desde o início dapeça, somente encosta no chão no final do terceiro ato. Era fundamental destinar um tempo do ensaio para aprender a executar essas tarefas, pois a *performance* inteira baseava-se no controle preciso do tempo.

Foi durante essas duas semanas de ensaio que o *Gesamtkunstwerk* aglutinou-se. Nesse período os elementos da *performance* foram juntados, como ocorre em uma montagem. A essa altura os atores apenas faziam parte de uma estrutura maior. Até mesmo levantar as cortinas foi exaustivamente ensaiado, até se chegar ao "tempo" correto. O único conselho de Wilson aos atores é que eles deveriam tentar estar permanentemente conscientes de tudo o que acontecia a sua volta e com eles mesmos, sem interferir deliberadamente, isto é, sem tentar dirigir ou planejar o que quer que fosse, "ficando atentos às energias dos outros, como eles se movimentam e o que estão fazendo"[19]. Wilson insistia também para que se ouvisse com muita atenção todos os sons, durante a *performance*. Nunca se disse nada a respeito de atitudes emocionais, enquanto se executava uma ação. Todas as atividades que se davam no palco deveriam acontecer de modo "não interpretativo", desenvolvido durante os laboratórios. De vez em quando, ao assistir o ensaio geral (realizou-se apenas um, na véspera da estréia), Wilson fazia anotações e então as comunicava aos atores após a *performance*. Todas elas tinham a ver com o fato de "fazer menos", isto é, não tentar passar nada além da própria atividade. O tempo que sobrou, antes da estréia, foi empregado para organizar as atividades nos bastidores, que incluíam refeições e repouso, durante as doze horas de *performance*. A maior parte desses preparativos introduziu nos ensaios uma atmosfera de aventura, como sucede quando garotos acampam durante umas duas noites ou convidam os amigos para passar a noite em suas casas e organizam uma lista de atividades e jogos, a fim de preencher o tempo.

No dia anterior à estréia, com tudo pronto, realizou-se um ensaio de toda a peça no Teatro Municipal de São Paulo. A essa altura, tendo ouvido falar da natureza controvertida da peça, o prefeito da cidade de São Paulo tentou impedi-la de ser apresentada naquela casa de espetáculos. Semelhante atitude resultava do fato de que, até aquele momento, ninguém podia ter uma idéia muito clara do tipo de trabalho que estava para estrear. O roteiro enviado ao diretor do teatro não oferecia a menor indicação de qual poderia ser a reação dos espectadores. Os técnicos do teatro, acostumados a lidar com as companhias de ópera italianas ou com o English Royal Ballet, acolhidos anualmente naquele respeitável local, entraram em conflito com o elenco muito pouco profissional, seu diretor nada autoritário e com uma peça onde, aparentemente, não acontecia nada. Os velhos funcionários do teatro deploravam o fato de Wilson profanar os impecáveis assentos de veludo da platéia, pois eles foram usados como parte do cenário, bem como de transformar o prédio inteiro em uma espécie de acampamento. Naquele estágio, porém, o elenco constituía um grupo forte e quando a decisão do prefeito foi anunciada, o teatro foi ocupado e todos se recusaram a sair. Jornalistas, câmaras de televisão, a polícia, transeuntes curiosos, amigos, artistas, todo tipo de gente, que, por uma razão ou outra, foi informada da proibição, participou da confusão, a favor ou contra aquela estranha peça que durava doze horas e que sequer havia estreado. A conseqüência desta publicidade adicional e inesperada foi que o prefeito teve de dar ordens no sentido de evitar um caos ainda maior. A peça, entretanto, estreou cercada de severas medidas de vigilância, por parte da polícia, pois o governo temia que uma grande multidão (a lotação esgotou-se) no maior teatro da cidade

---

19. WILSON, p. 248.

por um período de doze horas, reunida para assistir a um trabalho outrora intitulado — o que já era do conhecimento de todos — *A Vida e a Época de Joseph Stalin* — em uma data que coincidia ironicamente com o décimo aniversário do golpe militar de 31 de março de 1964, organizado pela CIA, certamente incitaria demonstrações antigovernamentais. Esse último ensaio mal poderia receber tal nome. Seria mais apropriado denominá-lo um ato de protesto.

Por outro lado, foi a primeira vez que o elenco e a equipe técnica conseguiram satisfazer a própria curiosidade em relação ao que significava *Stalin* e ao que Robert Wilson propunha. Era a primeira vez que todos os cenários e acessórios de cena tornaram-se completamente visíveis e muitos segmentos da peça, a que os Byrds faziam constantes alusões, mas que, na realidade, não representavam, finalmente se materializaram. A não ser pela ausência de uma platéia, todo o trabalho concretizou-se. Meia hora antes da cortina se levantar e com a maratona marcada para iniciar exatamente às 19 horas, Cindy Lubar, vestida como a Rainha Vitória, foi para o proscênio, na esquerda baixa, e lá permaneceu parada, concentrando-se, na posição que deveria assumir quando os espectadores entrassem. Usava um vestido de cetim branco e uma faixa vermelha. Suas mãos apoiavam-se num pedestal de mármore. Outro ator, um menininho vestido com um uniforme do exército, veio juntar-se a ela no proscênio e ficou na direita baixa, sob uma pequena moldura de madeira.

A boca de cena acha-se então dividida em três áreas: a do meio é uma plataforma elevada, de plexiglass negro, de uns dez metros quadrados. Cada lado da plataforma está coberto de vermiculita, uma substância parecida com a areia. Atravessando a frente das áreas laterais encontram-se grandes buracos ovais, suficientemente grandes para que uma pessoa fique de pé neles. Ao lado de cada buraco encontra-se uma vela num prato. Cactos, rochas, fuinhas empalhadas, aparelhos telefônicos brancos, montes de milho e purpurina decoram essas áreas. A direita baixa tem, na lateral, cinco desses buracos ovais. O lado esquerdo tem quatro buracos e um outro retangular, ainda maior, com escadas que descem. Ao lado desse buraco há uma grande pedra. Em cima dela uma vidraça está pendurada em um cabo. Outro cabo, com argolas prateadas, paira bem no alto, acima das poltronas, que está feericamente iluminada.

Por detrás das cortinas os atores e os contra-regras caminham em todas as direções, excitados com aquele palco que brilha, completamente coberto por um pano gigantesco, o qual, por sua vez, está coberto de vermiculita. O cenário é um telão com um céu de praia, diante do qual se acha, em cima da areia, o telão da sala de visitas que será usado no ato seguinte. Um *poster* de Stalin está dependurado no centro do palco, a quase três metros do chão. bem como uma cadeira. Espalham pelo palco uma pequena mesa quadrada, no centro, logo atrás da cortina, uma cadeira de braços, à direita, fazendo ângulo com a mesa, uma corda branca que atravessa o palco, em frente ao telão da praia e a um metro e meio do chão, cinco vasos com plantas, próximos ao centro do palco, com linhas que saem para fora do palco, à direita, um piano à esquerda, fora do palco, uma tartaruga à esquerda, fora do palco, e uma linha de pescar que vai da tartaruga, à esquerda, até um anel de rosca, a uns seis metros do chão, à direita do palco.

Alguns minutos após as 19 horas, quando o público deve entrar, as luzes da platéia começam a diminuir, obedecendo a uma contagem de doze minutos. Ouve-se música, mas muito baixinho. Todo o elenco encontra-se reunido no palco, de mãos dadas, e formando um amplo círculo. Wilson pede ao membro mais jovem do elenco para dirigir-se a todo o grupo e então solicita ao mais velho que faça o mesmo. Conversa com todos: "Lembrem-se: ouçam. Prestem atenção em tudo o que acontecer em torno de vocês. Ouçam".

Parado naquele círculo foi que, pela primeira vez, percebi o quanto o elenco era grande, bem como notei a variedade de gente que participava do espetáculo. Havia mais de cem *performers* dando-se as mãos, ocupando o palco inteiro. O menininho que foi trazido para o centro do palco, um garoto negro de três anos de idade, pronunciou algumas palavras inaudíveis. Acho que ninguém entendeu uma palavra do que ele disse, mas foi com certeza um momento comovente para nós. Ficou claro que estávamos participando de algo que, antes de tudo, se constituía num experimento em comunicação humana. Foi trazido mais alguém para o centro do palco. Era um adolescente de treze anos, que declarou-se muito feliz por estar lá e que se sentia muito bem. Então uma velha senhora dirigiu-se para o centro do círculo, abraçou Wilson durante alguns momentos e desejou boa sorte ao grupo. Outras pessoas fizeram o mesmo e algumas anotações finais foram passadas para o elenco. A situação evocava para mim um ritual, uma comemoração, a preparação para uma espécie de jornada espiritual. A maioria dos Byrds mantinha-se profundamente concentrada e quase todos guardavam silêncio, aliás muito maior do que o de qualquer um dos brasileiros, cuja excitação, cada vez maior, era difícil de controlar. Talvez isso se devesse a que tudo era novo para nós. O fato, porém, não era surpreendente, pois até aquela altura dos acontecimentos, os laboratórios e ensaios estavam muito longe de ser espirituais. A última pessoa a ser trazida para o centro do círculo foi Christopher Knowles, que permaneceu com Wilson até eles irem para o proscênio anunciar a peça. Knowles disse algo ao grupo, que soava como palavras de encorajamento, mas que quase não faziam sentido. No fundo, ninguém sabia muitas coisas a respeito da participação de Knowles no espetáculo e sua presença no meio do círculo, olhando de lado, era um tanto perturbadora. Aqueles dois de mãos dadas foi a última imagem de que o elenco conseguiu se lembrar, antes do início do ensaio geral e definiu para mim o alcance da experiência a que se propunha o espetáculo. Tratava-se de uma combinação equilibrada de organização e acaso, sistema e loucura, harmoniosamente relacionados.

Foi também enquanto segurava a mão das pessoas que tomei consciência dos talentos dos participantes daquela produção. Cada um dos Byrds possuía uma capacitação especial e eu iria aprender muito mais durante o ensaio geral. Sua participação na *performance* era apenas uma expressão de algum talento artístico que eles cultivavam em suas vidas e que, devido à natureza particular dessa mesma *performance,* encontrava uma maneira de a ela se incorporar. Durante esse primeiro ensaio-geral compreendi que aquilo que eu encarava inicialmente como mera excentricidade na maior parte dos Byrds, era na verdade uma reverberação de sua capacidade de atuação e que se dava fora do palco. Eles, até então, estavam ocupados demais, preparando os brasileiros durante os laboratórios, mas subitamente emergiam como *performers.*

Embora a peça estivesse para começar, não havia a menor indicação de que iria se iniciar um acontecimento teatral. Ainda tínhamos a sensação de estarmos num laboratório, onde todos nós precisamos cumprir várias tarefas. Alguns de nós, entretanto, só iríamos aparecer horas mais tarde, no quarto ou quinto atos. Apenas em dois momentos todo o elenco juntou-se: ao reunir-se por detrás da cortina e, bem mais tarde, a fim de receber os aplausos. Nos bastidores a atmosfera reinante era a de um acampamento. Alguns atores preparavam seus camarins para um sono breve, mais tarde, outros cuidavam das refeições, enquanto dezenas de contra-regras eram vistos de todos os lados, carregando adereços e figurinos. Quando o palco foi desimpedido a fim de que se iniciasse o primeiro ato, apenas Sheryl Sutton, que representava o papel da Mulher-Pássaro — uma personagem que usava um vestido negro, vitoriano, e segurava um corvo empalhado na mão direita e uma pequena estátua egípcia na outra — permaneceu lá, sentada tranqüilamente em uma cadeira de braços. O maior talento dessa atriz consistia em sua imobilidade, em sua capacidade de permanecer parada durante muito tempo. Enquanto eu a contemplava por alguns momentos, vi-me forçado a olhar também para o espaço a sua volta. Visto do palco, o cenário parecia uma imensa tela coberta de manchas de todas as cores, algo como um detalhe de um quadro de Seurat ampliado até atingir o tamanho de uma tela de fundo. Sentado na platéia pude constatar mais tarde, sobretudo com a vermiculita que cobria o chão, que a ilusão de uma paisagem marinha era total. O pio distante e ocasional de gaivotas, que começava a se fazer ouvir e que, inicialmente, quase não se notava, tornava tudo ainda mais convincente. A essência desse primeiro ato foi, porém, a atmosfera contemplativa que se estabeleceu. Era uma espécie de introdução relaxante à maratona da noite, proveitosa para nós, atores, e num futuro próximo, para a platéia. Ao pensar nas atividades que eu teria de exercer durante esse ato, bem como durante o resto da peça, exercícios anteriores me ocorreram. O ato consistia em entrar em cena, sentar-se, sair do palco, carregando algo em câmara lenta etc., exatamente como acontecia durante os laboratórios, mas agora usávamos figurinos coloridos e um pouco de maquiagem. Todo o primeiro ato, uma espécie de esquentamento para o resto da peça, ainda encerrava uma atmosfera de laboratório.

Exatamente às 19,20, do outro lado da cortina, a Rainha Vitória iniciou uma fala de cinco minutos, um monólogo comprido e desconjuntado que ela mesma escreveu. Sua voz, ouvida do palco, soava para nós como se lá estivessem muitas personagens. Era como se várias pessoas se expressassem por sua boca. A fala, parcialmente transcrita, era, em sua quase totalidade, absolutamente incompreensível:

> Vejam vocês, o que fiz foi consertar os movimentos pineais, transformando-os em um conjunto de recordações glandulares. Os arcos do tempo imploraram ao universo todo perenemente perdurável. Síu foi eleito para sempre e o único revolucionário que sobrou foi o dirigente do coro que evolucionou os fachosdospensamentos transformando-os em ectospaçossupramodulares. Excavelações mais profundas dataram as fontes das simbiorussélidas, indo para o Período Carródino, entre Helvécio, que rompeu as células do cérebro reatando os castores nos mares astutos luminescentes, e Ardema, que estraçalhou as veias das artérias e repressou o velho saberdocoração. Célulasvivas de dia, vetores à noite. Círculo vermelho. Quadrado negro. Cubo amarelo. Luz branca. Lascas de porcelana rodeando o globo de poeira banhada em óleo. Sementes de limão capimgirando vomitando borboletas de aramefarpado cruzeteando a regênese das ondas aéreas de cada uma, essas lagoartas de herança atlândida. Hum murmurandozumbindo...[20]

E assim por diante. O monólogo, sublinhado em sua maior parte por meio de gritos e berros agudos, foi uma surpresa para o elenco brasileiro. O que Cindy Lubar fazia contrastava de tal modo com a delicada natureza de seus laboratórios de voz que fui levado a pensar nos Byrds e nos brasileiros como duas equipes opostas, que se justapunham em cena. Havia notado, durante os exercícios de dança, que alguns dos Byrds, incluindo o próprio Robert Wilson, realizavam movimentos violentos e abruptos, que pareciam contradizer sua ênfase constante em relação à tranqüilidade e à câmara lenta. Na realidade, esse era apenas o outro extremo da experiência desenvolvida pelos Byrds, isto é, a tentativa de capturar a multiplicidade em um único momento e a variedade das personagens em um único indivíduo. Acima de tudo compreendi que nada era contraditório, apenas contrastante. A pesquisa da voz é o domínio de Cindy Lubar, assim como a dança constitui o principal interesse de Andy de Groat, e a imobilidade é o talento especial de Sheryl Sutton.

Às 19,25, quando a Rainha terminou sua fala, a cortina afastou-se, a fim de que o Príncipe e a Princesa entrassem. Atravessaram o proscênio, em direção à direita baixa, do lado oposto da

---

20. CINDY LUBAR *et al.*, "The Byrd Hoffman School of Byrds". *Cahiers Renaud-Barrault*, 81-82 (1972), pp. 3-4.

A Vida e a Época de joseph Stalin. São Paulo, Teatro Municipal, 1974.

Rainha. Essas personagens, como as demais da peça, não o são no sentido em que as compreendemos no teatro tradicional. Lá, sua vida no palco depende habitualmente de uma ligação entre os fatos conhecidos pela platéia, relativos a suas vidas e às modificações por que passam, graças às circunstâncias fornecidas pela história que vivem em cena. Nas peças de Wilson, as personagens são antes figuras, cujas estórias estão apenas nas mentes dos espectadores e não nas delas. São simplificadas, estereotipadas. Seu comportamento como príncipe e princesa deriva dos trajes que usam, não de sua psicologia. Freqüentemente, nas peças de Wilson, os papéis femininos são interpretados por homens e vice-versa. Se alguém não consegue desempenhar determinado papel, ele costuma ser entregue a outra pessoa sem a menor dificuldade. O que não pode ser substituído com facilidade são certas personalidades e não os papéis, gente como Sheryl Sutton e Cindy Lubar, devido a suas capacidades pessoais. Não ocorre jamais a menor tentativa de alcançar a semelhança do ponto de vista de uma interpretação bem-sucedida. Por outro lado, chega-se a um tipo peculiar de ilusão, ainda que não seja realista, sobretudo quando assistimos a uma composição sentados na platéia. As cores, o projeto e a perspectiva são concebidos cuidadosamente, a fim de fazer com que o trabalho seja uma espécie de pintura móvel, que se funde com essas figuras de tal modo que as deficiências da distribuição dos papéis se tornam irrelevantes. Na realidade as eventuais inconsistências acabam se transformando em um estilo particular, como se as incongruências ingênuas da peça, de uma inspiração que lembra o Douanier Rousseau, fossem planejadas de antemão.

Entra em seguida um anunciante, vestido com um traje que lembra a roupa de um domador de leões, e atravessa o palco, desde a abertura da cortina até a esquerda baixa. Volta-se, olha para o Príncipe e para a Princesa, que lhe fazem uma reverência, cruzam a boca de cena, em direção à orquestra, vão para a lateral do teatro e finalmente entram em um dos camarotes principais, à direita do palco, onde permanecerão durante o resto do espetáculo. A formalidade do prólogo, que certamente ridiculariza certas tradições teatrais, é, no entanto, característica do uso abundante das convenções teatrais, a que Wilson recorre. Seu teatro faz uso constante de todos os elementos tradicionais do teatro e da ópera, e o artesanato presente em algumas de suas peças — cenários, figurinos, objetos de cena e até mesmo as marcações — lembram as técnicas de encenação do século XIX, anteriores a Appia. É sua constante alusão às convenções teatrais do passado que coloca seu trabalho no contexto de um comentário contínuo sobre o próprio teatro e lhe confere uma qualidade metateatral, consistente com a atitude contemplativa que ele espera da platéia. Atrás do anunciante entra Robert Wilson puxando Chistopher Knowles pela mão. Eles se entregam à rotina, sem olhar um para o outro:

```
Wilson:    Emily o que?
Knowles:   Porque Emily gosta da TV.
Wilson:    Por que...
Knowles:   Porque Emily gosta da TV
Wilson:    Por que...
Knowles:   Porque Emily gosta da
           Porque Emily gosta
           Porque Emily
           Porque Em
           Porque
Wilson:    O que?
Knowles:   Porque Emily gosta de TV.
           Porque o Sundance kid era lindo...
```

Essa troca de palavras prossegue durante algum tempo e então Wilson deixa Knowles e vai para junto do anunciante, a fim de apresentar a peça à platéia. Usa um bigode *à la* Stalin e grita, em inglês, enquanto o anunciante traduz, em português:

```
Wilson: Ladies and Gentle...men!
Anunciante: Senhoras e Senhores!
Wilson: The Life...
Anunciante: A Vida
Wilson: and Times...
Anunciante: e a Época...
Wilson: of...
Anunciante: de...
Wilson: Dave...
Anunciante: Dave...
Wilson: Clark!
Anunciante: Clark!
```

No final desta irônica introdução, no exato momento em que é pronunciada a palavra "Clark", a cortina levanta-se com rapidez. Imediatamente apaga-se a luz do refletor que ilumina o *poster* de Stalin, o qual desaparece no ar. É como se o impulso, o desejo e a energia de fazer o que o título anunciava, isto é, contar uma estória com princípio, meio e fim, subitamente se evaporasse. O que se segue, durante a maior parte das doze horas, evidencia apenas uma remota ligação com o título da peça, enunciado com tanto orgulho.

A Mulher-Pássaro permanece imóvel no palco. Faz-se uma pausa, antes que qualquer coisa aconteça. Então, aos poucos, figuras e eventos alteram a composição, obedecendo a seguinte seqüência, de acordo com o roteiro da peça[21]:

---

21. A seguinte lista de atividades é adaptada do texto original da peça, que se encontra nos arquivos da Fundação Byrd Hoffman, com ligeiras alterações.

A corda branca começa a mover-se.
As cinco plantas começam a sair pela direita do palco, com grande lentidão.
Os refletores do palco são ligados ao máximo, em uma única contagem.
A Rainha Vitória, Wilson, Knowles e o anunciante saem pela esquerda do palco.
O menino debaixo da moldura sai pela esquerda. O coro emite sons, no poço da orquestra.
Um corredor atravessa o palco da esquerda para a direita, ao fundo.
Um corredor bronzeado de sol leva uma carta e corre, entrando pela esquerda e emitindo um IIIII muito agudo; sai pela direita.
Um grupo de crianças surdas, fora do palco, emite um IIIII.
O corredor atravessa o palco da esquerda para a direita, ao fundo.
O corredor bronzeado, sem a carta, corre da direita para a esquerda.
Uma tartaruga, na esquerda baixa, começa a cruzar o palco em direção à direita, movimento que será executado em 25 minutos.
Três figuras, nuas até a cintura e usando calças bem largas, cruzam o palco da esquerda para a direita, executando uma série de movimentos lentos.
Uma menina entra pela esquerda, pinta uma lista vermelha nas costas de uma das três figuras que se movimentam no fundo do palco e volta para a esquerda a fim de brincar na areia.
Um grupo de soldados surge à direita e dança, emitindo o som IIIII.
Um grupo de crianças surdas aparece à esquerda, ao mesmo tempo, executando a mesma dança.
A Rainha Vitória entra pela esquerda, faz alguns gestos e emite alguns sons para os soldados.
Os soldados e as crianças surdas saem pela direita e pela esquerda, dizendo "O.K.".
A Rainha Vitória sai e volta galopando, pela esquerda.
A Mulher-Pássaro detém a Rainha Vitória com um gesto, no centro do palco.
A Rainha Vitória sai pela esquerda.
Periodicamente, durante todo o ato, a Mulher-Pássaro emite um som semelhante ao de uma buzina que toca em um nevoeiro.
Um homem com um pássaro no ombro entra pela esquerda e dança, indo para o fundo, em direção a um urso pardo que entrou pela esquerda; este rasteja em direção ao centro do palco, até que o homem quase tropece nele; volta-se e sai correndo.
Três ursos (um branco, um preto e um pardo) entram pela direita; o homem continua a andar por entre eles; os ursos dão mais um passo. Após o homem cruzar com eles, voltam-se e saem pela esquerda.
Um homem de cabelos compridos e verdes entra pela direita, senta-se na praia, abre uma tela protetora contra o sol e a coloca debaixo do pescoço.
Uma velha com uma lanterna entra pela esquerda e cruza para a direita, enquanto uma jovem com uma lanterna cruza o palco na direção contrária.
Um homem carrega uma cobra de um metro e meio de comprimento seguido por outro homem, e entra pela esquerda.
Surge uma corda, voando.
Um surdo entra correndo pela direita e olha o homem com a cobra.
O homem com a cobra entrega o animal ao homem que o segue, sobe na corda e esta é puxada para fora do palco.
O homem que ficou com a cobra é arrancado para fora do palco, à esquerda, dando a impressão de que levou um tombo nas coxias.
O surdo retira-se correndo pela direita.

Um anjo cor de rosa entra voando.
O homem de cabelos verdes enrola a tela que o protege do sol e sai pela esquerda.
Uma velha com véu entra pela direita, cruza em direção ao anjo e imobiliza-se.
O anjo voa para fora.
A velha com véu sai pela direita.
A tartaruga sai pela direita.
A Rainha Vitória e Dave Clark entram pela esquerda e pela direita e dançam um dueto.
Sigmund Freud e Anna Freud entram pela esquerda e cruzam lentamente para a direita.
A essa altura a última das três figuras que se movimentam no fundo do palco deverá estar saindo pela direita.
O Homem Pesado, uma figura vestida de branco, repleta de enchimentos, a fim de parecer extremamente gordo, e com a cabeça envolta por um véu negro, entra pela direita, dança girando através do palco, chuta a areia e pára à esquerda.
Freud e Anna saem pela direita.
O Homem Pesado sai pela esquerda.
As luzes diminuem e ouve-se o "Danúbio Azul", enquanto uma voz gravada conta os passos de uma dança.
Executa-se uma dança que reúne sessenta mães-pretas do Sul dos Estados Unidos, com maquiagem negra, saias vermelhas e compridas, blusas cinza, aventais brancos e travesseiros na barriga e no traseiro. Trinta mães-pretas entram de cada lado do palco. Enquanto as mães-pretas estão saindo do palco, o telão que representa a sala de estar começa a subir muito lentamente.
O palco volta a ficar vazio, a não ser pela presença da Mulher-Pássaro.
Silêncio.
A Mulher-Pássaro levanta-se, anda até uma mesinha no centro do palco, ergue a cabeça, após contar até sete, faz uma pausa durante quatro segundos e a cortina começa a descer, obedecendo a uma contagem de doze. Antes que a cortina chegue acima da cabeça da Mulher-Pássaro, esta coloca a estátua egípcia, que vinha segurando com a mão esquerda, sobre a mesinha, enquanto encara a platéia.
A cortina chega ao chão.

O ato dura uma hora e quarenta minutos. Segue-se um curto entreato, durante o qual a Rainha Vitória, sentada numa carruagem que cruza o palco da esquerda para a direita, emite todo tipo de sons frenéticos. Começa então o primeiro ato. O cenário consiste em um telão negro, representando uma casa vitoriana, com as janelas em chamas. Excetua-se uma delas, na qual se vê um homem olhando através de um pedaço de vidro. A cena dura seis minutos. Por detrás do telão o cenário está preparado para o segundo ato e representa uma sala de visitas vitoriana. O pano que cobre o chão é enrolado, a mobília entra e um cenário, muito semelhante ao de uma comédia de costumes, ocupa o palco. Em vez de enredo e diálogos, acontecimentos, personagens, acessórios sucedem-se uns aos outros, sem se relacionarem. A beleza do primeiro ato, com sua atmosfera de sonho, pareceu ter inspirado o elenco brasileiro. Uma espécie de tranqüila excitação foi desencadeada por aquela praia mágica. Tudo o que me cabia fazer durante o primeiro ato era puxar a linha amarrada a uma das plantas e, no final, participar da dança das mães-pretas, mas quando o segundo ato começou eu me sentia como que hipnotizado. Era evidente que algo modificara meu modo de perceber as coisas. Nos bastidores Wilson falava com um jovem ator: "Silêncio! Tome cuidado. Você está se excedendo. Apenas ouça. Preste atenção em quem está a sua volta".

C. ROTEIRO

O roteiro de *A Vida e a Época de Joseph Stalin,* como todos os demais roteiros das peças de Wilson, é estruturado a partir do ponto de vista de um arranjo arquitetônico do material incluído em suas peças desde 1968. O mesmo procedimento que vimos aplicado às palavras na peça *Pátio* e às imagens, em *Vídeo 50,* isto é, a criação de um novo contexto para um material, destituído de qualquer referência, aqui é repetido em escala tão gigantesca que peças inteiras, outrora produzidas por Wilson, voltam a se juntar para fazer parte de um espetáculo de doze horas. Examinarei agora as principais características desse roteiro, não por causa de seu conteúdo, mas porque se trata de uma das amostras mais representativas de um *Gesamtkunstwerk* sob a forma de anotações. Instrumento de organização para a encenação de um trabalho tão gigantesco, o roteiro de *Stalin* revela um método tão singular quanto o próprio espetáculo. Como não existe um texto em torno do qual operar escolhas cênicas por parte de um diretor, como acontece no sistema tradicional, em que se lida com roteiros de marcações, feitas em cima de uma peça normal, e como o teatro de Wilson apóia-se na simultaneidade e na justaposição e não na sucessão e na transição, os acontecimentos sobrepostos que formam *Stalin* foram relacionados de acordo com uma tabela de progressão do tempo. Tudo o que acontece em cena é registrado de acordo com sua duração no tempo e em relação com as doze horas que dura a *performance.* Isso resolve qualquer problema relativo à simultaneidade dos acontecimentos, bem como permite que a peça seja encenada com uma espécie de distanciamento fenomenológico: acontecimentos, palavras, mudanças de luz, danças etc., tudo será abordado da mesma maneira, enquanto qualquer ação cênica tornar-se-á uma simples tarefa, despojada de qualquer contexto psicológico. O roteiro é, em última análise, uma lista de tudo o que acontecer em cena do ponto de vista do espetáculo como produto acabado, isto é, do modo exato como será percebido pelos espectadores. O teatro de Wilson é concebido, desde o início, como um *Gesamtkunstwerk.* Seu ponto de partida está muito longe de ser um texto a ser desenvolvido de acordo com uma série de opções do diretor, feitas durante o processo de encenar a peça. Ele evolui a partir da multiplicidade de elementos envolvidos na encenação da peça.

Este modo tão peculiar de organizar um roteiro oferece algumas semelhanças com o trabalho de dramaturgos como Samuel Beckett, cujas abundantes anotações diretivas constiuem contribuições no sentido de apresentar a peça como um espetáculo que transcende o texto. Está também próximo da idéia que Gordon Graig tinha do teatro como arte independente, um campo no qual "ação, linha, cor, ritmo e palavras"[22] deveriam ser articulados de acordo com as próprias necessidades do teatro. Na organização arquitetônica de Wilson ocorre que os muitos elementos teatrais jamais estão a serviço de qualquer tipo de interpretação. Fazem parte da composição como acontecimentos artísticos independentes, que se desenvolvem simultaneamente, através de uma simples justaposição. Beckett, em seus textos, e Graig, em suas teorias, estão preocupados principalmente com o controle que podem exercer sobre a platéia, estendendo um ponto de vista pessoal além dos limites de um texto. Formalmente Gordon Graig vê o teatro ideal como uma sucessão de elementos harmonicamente ligados entre si, com o propósito de compor um meio artístico híbrido que, em última análise, deve ser essencialmente linear. Na verdade, ele deve limitar as possibilidades sugeridas por determinado texto, preenchendo completamente as lacunas que o dramaturgo ainda não abrangeu. Beckett, por outro lado, tenta prencher essa lacuna, restringindo o mais que pode o terreno de uma interpretação aberta na encenação. Wilson, ao contrário, através do emprego da multiplicidade e da simultaneidade sistemáticas, nunca impõe um único ponto focal à platéia, permitindo ao espectador observar uma série de imagens justapostas, na perspectiva de uma paisagem onde o olhar é estimulado a vagar através da composição, de acordo com o interesse de quem a contempla. A completa ausência de instruções interpretativas, por parte do diretor, libera a platéia da tirania do próprio ponto de vista do artista.

A concepção do roteiro, no caso de Wilson, sempre nasce da construção visual como um todo e não de uma parte que deve ser ampliada e desenvolvida. É por isso que suas peças começam como diagramas, anotações globais nas quais diversas linhas de ação estão potencialmente incluídas. Ele diz, por exemplo: "Se dois homens devem sentar-se num sofá, eu faço um desenho. Invento imagens, à semelhança de um pintor, e não uma estória, como um escritor... Mais tarde essas imagens começam a viver, porque

---

22. E. GORDON CRAIG, "The Art of the Theatre: The First Dialogue", in *The Theory of the Modern Stage*, org. Eric Bentley, Baltimore, Penguin Books, 1968, p. 136.

os atores se envolvem de fato no jogo"[23]. A anotação gestáltica, as imagens-chave, as figuras principais são, de certo modo, uma espécie de anotação de um sonho, da forma de reter o momento de inspiração de uma visão complexa, do modo mais econômico possível: a recordação de um ambiente. O diagrama, o desenho, contêm muitos acontecimentos: "No momento em que eu volto a contemplar aquelas linhas, consigo recordar as idéias que me vieram no momento em que as desenhava"[24]. Com efeito, cada ato de *Stalin* é simplesmente a apresentação de um lugar, conforme o título indica: "A Praia" (Ato I); "A Sala de Visitas" (Ato II); "A Caverna" (Ato III); "A Floresta" (Ato IV); "O Quarto" (Ato VI) e "O Planeta" (Ato VII). Os entreatos, destinados a manter ininterruptos os fluxos das imagens, enquanto os cenários estão sendo trocados, também são referenciados como lugares: Uma Fachada Vitoriana, Um *Iceberg*, Um Muro etc. Esses meio ambientes funcionam exatamente como as imagens de fundo em *Vídeo 50*. Trata-se de cartões postais gigantescos, telões fora de moda que nos recordam cenários de ópera. Não existe a menor tentativa de criar um efeito tridimensional, à maneira dos cenários de Appia. Ao contrário, a idéia de contraste, de justaposição é sempre explicitada de maneira óbvia. Contra esses fundos de cena imóveis, as imagens, os eventos devem acontecer de vez em quando. Por exemplo, no segundo ato de *Stalin*, de acordo com o roteiro, temos o seguinte cenário[25]:

> Telão com a sala de visitas vitoriana.
> Mesa de jogo e respectivas peças, carrinho de chá, cadeiras.
> Rei da Espanha numa cadeira de espaldar alto.
> Arame esticado através do palco.
> Piano.
> Escada.

O palco está vazio, com exceção da figura do Rei da Espanha que, aliás, quase não é visto pela platéia até os momentos finais do ato, pois está sentado de costas para o espectador. De acordo com a escala horária do roteiro, são estes os elementos móveis acrescentados à composição:

0:00   A cortina levanta-se, obedecendo a uma contagem de 20 segundos.
O Rei da Espanha começa a cantar 14 segundos após a cortina subir.

23. JACQUES MICHEL, "Le Rituel du Théâtre et celui du Dessin", *Le Monde*, 26 set. 1974. Texto em francês: "Si deux hommes doivent êtres assis sur un sofa, je fais un dessin. J'invente des images comme un peintre et non une histoire, comme un écrivain... Ensuite, ces images se mettent à vivre parce que las acteurs s'engagent vraiment dans le jeu".
24. JACQUES MICHEL, "Le Rituel du Théâtre..." Texto em francês: "Lorsque je revois ces lignes, je peux me souvenir des idées qui me traversaient l'esprit pendant que je les traçais..."
25. Informação baseada no texto original da peça, fornecido pela Fundação Byrd Hoffman, com ligeiras modificações.

UM MODELO DE "GESAMTKUNSTWERK"... 133

	Canta durante 35 segundos, pára durante 6 segundos e volta a cabeça para a esquerda.
0:01	Um menino entra pela esquerda; apóia-se no arame e canta.
0:03	O primeiro jogador entra pela esquerda, vai até a direita, na extremidade da mesa de jogo. É cego.
	O carrinho de chá é sacudido com ruído.
0:04	O acendedor de candelabros entra por uma porta à esquerda, sobe na escada, acende as velas, em seguida vai um pouco para a esquerda, acima do menino, e deita-se.
0:07:30	O segundo jogador entra pela porta da esquerda.
	O carrinho de chá é sacudido com ruído.
0:07:36	O terceiro jogador entra pela esquerda e deixa uma rosa em cima da cadeira, na direita baixa.
	O carrinho de chá é agitado com ruído.
0:11:36	Uma mulher com bota entra falando sozinha, pela esquerda, e senta-se à esquerda da porta.
0:12:00	Vê-se durante um minuto um homem que olha através de um pedaço de vidro. Ele está por detrás de um telão leve de algodão, no fundo.
0:14:00	A primeira esposa entra pela porta, vai até a cadeira que se mexe. Ela pega a rosa. Grita. Sai pela esquerda.
0:18:00	Uma mulher entra rastejando e falando, pela esquerda, e pára perto da porta.
0:18:10	Outra mulher entra, acima dos jogadores, e vem até a cadeira, à esquerda.
	O carrinho de chá é sacudido com ruído.
0:22:10	A primeira esposa volta a entrar, canta, senta-se na cadeira à direita.
0:24:10	A vaca-marinha entra debaixo do piano, vai para a direita, circula, rasteja para debaixo do piano, à esquerda.
	A mulher rasteja e começa a contar uma estória, quando a vaca-marinha entra.
0:29.10	A mulher termina a estória e sai pela esquerda.
0:29:20	O pianista entra e toca.
0:34:20	Entra outra mulher.
0:34:30	Dueto de Dave Clark com a Rainha Vitória, no centro para a esquerda.
0:38:00	Entra avó, senta-se à direita da porta.
	O carrinho de chá é sacudido com ruído.
0:40:30	Mulher com bota avança para a boca de cena falando e volta.
0:45:00	Freud e Anna entram, andam um pouco em direção à boca de cena.
	O pianista pára de tocar.
0:47:00	Stalin entra pela esquerda, na boca de cena, caminha em direção a Freud, pára, olha, sorri. Quatro segundos depois estende a mão, mantém o gesto durante um segundo, aperta durante 4 segundos, volta-se, pára de sorrir, diz "Hmmmm" e sai pela esquerda.
	Uma pessoa entra pela direita, pega o quadro e sai pela direita.
0:54:00	Freud e Anna retiram-se e, enquanto caminham, Anna soluça.
	O pianista volta a tocar.
0:55:00	A avó levanta a cadeira, vai até a boca de cena e senta-se.
0:58:00	Velha com véu entra acompanhada de homem com pasta, pela esquerda.
	Velha entrega carta à avó, que a devolve.

0:61:00	Homem entra pela esquerda, diz "Uma carta para a Rainha Vitória", sai pela esquerda. A velha e a avó fazem um gesto com a mão. A velha e o homem com a pasta recuam e saem pela porta. A avó levanta-se, vai até a boca de cena, conta uma estória ("Quando eu era pequena..."), grita, carrega a cadeira para o fundo do palco.
0:68:00	O diretor de cena e um assistente entram pela direita e ajeitam um monte de feno.
0:70:00	A primeira pessoa da pilha pega a escada e a leva até a boca de cena, à esquerda, acima da criança. A criança sobe na escada e debruça-se. O grupo da pilha entra de um em um, juntando-se em torno da escada, à esquerda.
0:83:00	O grupo do monte de feno espalha o feno pelo palco e então o grupo da pilha sai pela direita.
0:85:00	O grupo da pilha espalha batatas.
0:85:20	O homem com o vidro volta a surgir por detrás da tela de algodão, durante um minuto.
0:86:00	Mulher atravessa o palco, da esquerda para a direita (um minuto).
0:88:00	Uma mãe-preta dança da direita para a esquerda. A canção é de Otis Redding. O diretor de cena diz "Pronto", para avisar que a canção chegou ao fim.
0:91:00	Uma pessoa traz uma moldura de papel e a estica no chão do palco, da esquerda para a direita.
0:97:00	Inicia-se uma procissão. O primeiro jogador levanta-se. A primeira esposa junta-se a ele. Uma pessoa do grupo da pilha diz "O.K.". O grupo da pilha desmancha lentamente a pilha e vai participar da procissão. O segundo jogador pega a velha. O terceiro jogador pega o pianista. "Vamos. Está na hora de ir embora". A avó senta-se, enquanto a procissão deixa o palco. A procissão só se inicia quando todo mundo está na fila.
102:00	A vaca-marinha grita ao passar pelo Rei da Espanha. O Rei da Espanha levanta-se e avança, erguendo o manto prateado.
105:00	A cortina cai rapidamente.

Embora os demais atos sejam um tanto mais complexos do que o segundo, no qual os acontecimentos se desenvolvem a partir de uma estrutura acumulativa linear, todos obedecem ao mesmo princípio de justaposição de telas de fundo e figuras que se movem, articuladas em termos de sua progressão no tempo. Todo o ato gira em torno do único acontecimento social que se dá entre as várias personagens, as quais, em sua maior parte, ignoram-se mutuamente: o encontro entre Freud e Stalin, que acontece exatamente no meio do ato. Da mesma forma, a peça inteira organiza-se em torno do Ato IV. O Ato I é paralelo ao Ato VII, o Ato II é paralelo ao Ato VI e o Ato III ao Ato V. Um prólogo e um epílogo, bem como os entreatos, sustentam a organização geométrica da peça. O número de atos (sete) reflete-se no tempo escolhido para o início da representação, às sete horas da noite, o que nos remete para outro número sete, pois a peça termina às sete da manhã. Até mesmo o número de palavras do título da peça é sete. Além do mais, o palco é dividido em sete áreas horizontais, denominadas "trilhas"[26] por Wilson, que organiza as atividades a fim de que elas sejam vistas pela platéia em termos de uma perspectiva que lembra uma paisagem. Por exemplo, durante as doze horas que a peça dura, um corredor atravessa a cena na área mais afastada da platéia, no fundo do palco, independentemente do que esteja sendo apresentado mais na frente. O corredor é visto pela primeira vez no Ato I, "A Praia", ao cruzar da direita para a esquerda e em seguida da esquerda para a direita, a cada trinta segundos. Embora não seja o mesmo ator que executa esta ação durante toda a peça, a imagem do corredor é vista a cada trinta segundos, até mesmo após o final do Ato I. Todo novo telão que se levanta em frente do telão do fundo do palco possui uma abertura. Através dela o que sobrou do início da peça pode ser visto de vez em quando, quase como se fosse o metrônomo da peça ou seu próprio relógio. A peça é construída de modo a fazer com que a platéia mantenha a noção de que os diversos ambientes estão ligados, como se fosse um todo. Por outro lado, do mesmo modo que se pode afirmar que o Ato II tem um centro, a peça inteira possui seu "centro" no meio do Ato IV, quando a primeira esposa de Stalin, que, ao que se diz, foi envenenada por ordem de seu marido, vai para uma plataforma e morre. Este acontecimento, de acordo com Wilson, é a chave da peça, seu epicentro, pois ele alterou irremediavelmente a vida de Stalin, modificando assim o curso da história. *A Vida e a Época de Sigmund Freud*, incluída em *Stalin* sob a forma dos Atos I, II e III, gira em torno de um acontecimento semelhante: a morte do neto de Freud, com treze anos de idade, que, ao que se supõe, alterou igualmente a trajetória de sua vida e de sua história. Em relação a esta cena, eis o que diz Wilson:

> A história o registrou como alguém particularmente motivado pelo fato de conceber teorias, as quais, aliás, parecem desafiar estrutural e sistematicamente aquilo que queremos dizer com as palavras estrutura, sistema e lógica. Esta peça, porém, como uma espécie de "peça dançada" híbrida, não aborda grandes idéias, apenas presta exagerada atenção a coisas pequenas, *detalhadas*. Embora vejamos Freud tramando e fazendo tabelas e anotações, sem dúvida o momento mais comovente de sua vida foi aquele em que seu amado neto, Heinerlie, morreu. Ele jamais se recuperou e algo nele ficou reprimido para o resto da vida. Ele mesmo o disse. Foi uma experiência emocional muito simples. Uma morte. E de repente todas suas idéias a respeito da vida e suas teorizações em relação ao sentimento foram suspensas e se tornaram sem significado[27].

26. CALVIN TOMKINS, "Time to Think", p. 51.
27. STEPHAN BRECHT, *The Theatre of Visions*, pp. 419-20.

É importante notar, porém, que nenhum desses acontecimentos pode ser interpretado como elementos de uma trama. Constituem antes de mais nada pontos de referência, meros divisores do arranjo simétrico da peça, secções em torno da qual a composição se estrutura. Formalmente a única diferença entre *Stalin* e *Freud* apóia-se no fato de que, na primeira, tudo é organizado em torno de um acontecimento central, enquanto que em *Freud* as atividades foram organizadas progressivamente, conduzindo à morte do menino. Em suas notas sobre *Freud*, Wilson discute a estrutura de suas peças.

No teatro tradicional o foco é o "enredo" — as palavras, o diálogo ou a razão pela qual as coisas acontecem — que se sobrepõe a uma colagem e a uma base visual. Minha idéia, em parte, era uma colagem visual de imagens e atividades que ocorriam em camadas ou horizontalmente, em zonas do palco estratificadas e claramente definidas e que, de vez em quando, se justapõem em relação ao foco e, assim, adquirem relevo... O "enredo" torna-se, então, todas as ações, entradas e gestos, que assumem proporções de uma concentração minuciosa. Até mesmo a atividade aparentemente menos relevante desabrocha além de toda e qualquer proporção. Não importa como ela aconteça, mas torna-se mais cativante e digna de nota porque vemos a "atividade do palco" *como* ela é (como "atividade") e torna-se primária, isto é, primordial enquanto interesse ou centro do foco (visual *e* teatral). (A natureza morta é a natureza viva.)[28]

No Brasil, onde a peça recebeu o título de *A Vida e a Época de Dave Clark*, Wilson declarou que ele podia muito bem basear a peça na vida desse obscuro criminoso da Costa Oeste dos Estados Unidos, e que todas as explicações e associações com a figura de Joseph Stalin eram absolutamente secundárias. Na realidade, Wilson jamais negou o fato de que conhecia muito pouco a respeito de Stalin e de que sua informação sobre personalidades como Freud e a Rainha Vitória eram quase nulas. Ainda assim suas peças têm a ver com essas personagens a partir de um ponto de vista mais intuitivo, se considerarmos que são figuras históricas que ainda exercem influência marcante sobre nossa época.

O processo criativo de Wilson, que amplia a complexidade de um momento específico para a dimensão de um caleidoscópio multicontextual, foi descrito por Stephan Brecht como "uma tentativa bem-sucedida de criar um teatro dominado pelo hemisfério direito do cérebro"[29]. Esta associação, inspirada no interesse cada vez maior pelo funcionamento do cérebro humano e pelos traços característicos de cada um de seus lados — sabe-se que o hemisfério esquerdo é mais racional e analítico e o hemisfério direito, mais intuitivo e sintético — ajuda demais a entender as principais características dos impulsos artísticos de Wilson:

... o hemisfério esquerdo do cérebro é encarado como preponderantemente analítico, como o identificador (e relator serial) de elementos recorrentes da experiência, idênticos em sua repetição, e portanto, denominados

28. WILSON, "Production Notes on *The King of Spain*...", p. 256.
29. BRECHT, p. 10.

universais. O hemisfério direito é preponderantemente sintético: é o criador-organizador de padrões (conjuntos, *gestalten*), incluindo em especial — já que é aqui que sua capacidade conta — padrões anormais, desconhecidos, novos, incompletos e disparatados (fora de toda categoria, inexplicados, inúteis). Ele os cria e reconhece não por meio da adição, mas em bloco ("em paralelo", simultaneamente, mediante atos de intuição). Não fica muito claro onde repousam as capacidades lingüísticas (semânticas, sintáticas, fonológicas) e manuais do hemisfério esquerdo do cérebro, além da base de suas capacidades analíticas, no plano filogenético. Não se sabe se as capacidades visuais e geométricas, relativas ao mapeamento e orientação do hemisfério direito, constituem as bases de sua capacidade de sintetizar a intuição. Parece, porém, claro que assim como nomear é o instrumento de análise do hemisfério esquerdo, as sínteses do lado direito são metáforas espaciais. A capacidade de análise do hemisfério esquerdo parece depender de uma abstração da individuação, conferida pela localização, de tal modo que as capacidades sinópticas do lado direito parecem depender da abstinência da universalização verbal. Na medida em que as capacidades analíticas do hemisfério esquerdo do cérebro estendem-se além do auditivo (formação e reconhecimento dos fonemas e consoantes) e do tátil (manejar as coisas tendo em vista propósitos práticos), caminhando para o visual, na leitura e na escrita, as capacidades sintéticas do hemisfério direito do cérebro caminham além do visual, em direção ao táctil e ao auditivo, por exemplo, na criação e compreensão da música. De um modo ou de outro transpõe-se aquilo que é meramente perceptivo e chega-se ao conceitual, como, por exemplo, a matemática. A capacidade do hemisfério direito do cérebro é então centralizada visualmente. Não permanece, entretanto, meramente visual mas, em geral, é imaginativa[30].

A capacidade de síntese, em Wilson, é especialmente notável no modo como é concebido o Ato III. Como já se mencionou, esse ato foi representado como parte de *A Vida e a Época de Sigmund Freud*. O modo como a personagem de Freud associa-se à imaginária deste trecho da peça reflete, em escala menor, o tratamento dispensado a Stalin na peça como um todo. Freud é incluído na composição durante alguns minutos, mas a interação entre a tela de fundo e a figura facilmente reconhecível, justaposta ao retrato, gera toda espécie de possibilidades, embora desencorajando qualquer interpretação final. Durante os três primeiros atos a figura de Freud é vista só de vez em quando: no início do Ato I, passeando com sua filha Anna, na metade do Ato II, como acabamos de ver, e no final do Ato III, antes que a cortina caia. Sua aparição no Ato II, quando aperta a mão de Stalin, foi o epicentro de *Sigmund Freud* e, ao surgir no Ato III, marca uma conclusão. Em *Stalin*, o final do Ato III caracterizava apenas o fim de um ciclo que precedia o centro da peça, no Ato IV.

Após um breve entreato, no qual a figura do caubói toca uma canção no violão, que o próprio Wilson imita por meio de sons ruidosos, semelhantes a grasnidos, a cortina levanta-se e revela o interior de "A Caverna"[31]. Através da abertura da caverna,

---

30. *Idem*, p. 10.
31. Informação condensada do texto original da peça, fornecido pela Fundação Byrd Hoffman.

à direita do palco, ainda se vê parte da parede da sala de visitas vitoriana, exatamente no ponto em que ela se abre para o telão da praia que, por sua vez, contém uma abertura através da qual o corredor é visto de vez em quando. No interior da caverna existe uma plataforma, à esquerda do palco, onde o Rei da Espanha senta-se em uma cadeira. O feno espalha-se pelo palco e a camisa de um menino está colocada em um lugar visível, em cima do feno. Uma velha está sentada à entrada da caverna, onde há também uma pira com luz eterna. Através de uma abertura no telão da caverna vê-se um bebê suspenso por alguém em pé, por detrás dele, numa escada. Há uma vaca junto à plataforma. Fora da caverna encontram-se cinco mulheres, a do centro com os braços parados e estendidos, e as demais mostrando jóias em suas mãos direitas. Há muito nevoeiro. Assim que a cortina se levanta as luzes que incidem sobre a imagem do bebê desaparecem gradualmente. Vêem-se dançarinos fora da caverna, arrastando um menino que é entregue às mulheres paradas. Enquanto isso, no interior da caverna, a velha acende a luz eterna, inclina-se três vezes e a luz eterna eleva-se. A Mulher-Pássaro entra e senta-se ao lado do Rei da Espanha. As pessoas que se encontravam fora da caverna entram, rastejando e trazendo o menino. Ele se levanta, vai até a boca de cena, veste a camisa e fica do lado direito de uma mesinha, no centro do palco. O grupo que entrou com o menino sai da caverna, rastejando para trás e deixa o palco, após o que os dançarinos rastejam para frente e para trás, cruzando a entrada da caverna. Todos se põem de pé, inclinados, emitindo grunhidos estranhos. Formam pares, com as mãos nos ombros de seus parceiros, movem-se para trás e para frente e correm para trás e para frente, aos gritos. No mesmo instante, dentro da caverna, diversos animais começam a chegar pela esquerda: um leão, um macaco, um urso pardo, um urso preto, um urso polar, uma tartaruga, uma vaca-marinha, uma raposa e um avestruz, cada qual com ritmo diferente, um após o outro, usando o palco inteiro. O avestruz, o último animal a chegar, volta a cara para o fundo do palco, à esquerda, e diz: "Posso representar este papel porque meus pés se arrebentaram". Mais tarde diz: "Eu devia representar este papel, mesmo dizendo que não podia, agora que meus pés estão em ordem". Em seguida sacode os pés. Depois de determinado momento, todos os animais começam a caminhar em direção à mesinha, enquanto uma procissão de pessoas vestidas de negro é vista fora da caverna. Um homem com armadura pára do lado direito da entrada da caverna. No proscênio uma mãe-preta atravessa o palco inteiro, da esquerda para a direita, e sai. Três senhoras de branco começam a dançar à entrada da caverna. Carregam velas e usam máscaras mexicanas. Uma cadeira, que vinha descendo lentamente do teto, quase bate no chão. Ouve-se a risada de Ivan, o Terrível. A velha que vigiava a entrada da caverna levanta-se e entoa uma canção russa. Um triângulo de luzes de néon surge por detrás da cabeça do Rei da Espanha. Freud entra pela esquerda e senta-se

A Vida e a Época de Joseph Stalin. São Paulo, Teatro Municipal, 1974.

ao lado da mesinha, na cadeira que já chegou até o chão. Tira os óculos, coloca-os sobre a mesa e olha o menino. As senhoras de branco começam a ajoelhar. As pessoas vestidas de negro cruzam o fundo do palco pela última vez e ajoelham-se ao lado das senhoras de branco. O grupo começa a oscilar para trás e para frente, segurando máscaras negras diante de seus rostos. A velha pára de cantar e senta-se. Faz-se uma pausa de 7 segundos. O menino começa a chorar, enquanto um estandarte negro, que escondia um grande painel de vidro, suspenso acima do poço da orquestra, é levantado, tornando-o visível para a platéia. No décimo-terceiro grito do menino, Anna Freud entra correndo pela esquerda, faz um gesto em cima da cabeça de Freud e o painel de vidro cai no poço da orquestra, provocando um tremendo barulho. A cortina cai o mais rapidamente possível.

A riqueza de imagens, no interior e fora da caverna, quando associadas à figura de Sigmund Freud, desencadeia um processo interminável de associações. Não importa se o espectador conhece algo a respeito do neto de Freud, pois aqui não se trata da história fatual de sua vida e sua época. No entanto o significado da existência de Freud em nossas mentes é evocado com vigor total. De acordo com Calvin Tomkins, "as interpretações nascem com demasiada facilidade. Inocência primitiva e civilização decadente. O homem amputado de sua natureza animal (enquanto Freud é espectador). A caverna de Platão e as sombras das imagens"[32]. Na realidade, não existe interpretação ou análise, a partir da perspectiva de Wilson. Como a simultaneidade de imagens torna impossível a dois espectadores ver a mesma coisa, o que resta para nós é a capacidade gestáltica de uma síntese intuitiva.

D. APRESENTAÇÃO

A experiência de representar em uma peça concebida por Robert Wilson é, antes de mais nada, uma experiência com o tempo. A maior parte das peças de Wilson têm uma duração muito maior do que as habituais duas ou três horas a que está acostumado o freqüentador de teatro. Quanto ao *performer* — e espera-se que ele não durma no final do primeiro terço da peça — terá de enfrentar exigências de uma natureza diferente, sendo a resistência uma delas. A descrição que se segue refere-se à representação diante de uma platéia. Quando começa o entreato que introduz o Ato IV, já são 23,30. A própria cena é um experimento com o tempo: Sheryl Sutton, como a Mulher-Pássaro, mata silenciosamente duas crianças, um menino que lê um gibi e uma menina pequena que dorme a seu lado. A cena ocorre no proscênio, diante de um telão

---

32. TOMKINS, p. 45.

que representa uma imponente muralha de pedra. No entanto, ao contrário dos demais entreatos, trata-se de uma cena prolongada, que costuma durar uma hora. Os movimentos da atriz são tão lentos que, em determinados momentos, parece não estar se movendo em absoluto. Ela começa encarando o fundo do palco, volta até uma mesa, enfia luvas negras, pega uma garrafa de leite e enche um copo, vai até o menino, dá-lhe o copo, volta até a mesa, pega uma faca, limpa-a com um pedaço de pano, caminha até o menino e o apunhala. Em seguida volta até a mesa, serve um segundo copo de leite, vai até a menina, acorda-a, limpa a faca enquanto a menina está bebendo o leite, apunhala-a e volta até a mesa, em cima da qual põe o copo. Calvin Tomkins, que criticou *Stalin* em sua apresentação em Nova Iorque, descreveu a cena como um "ritual":

> ... uma série de movimentos lentos e que não se desviam de nada. Sheryl acabou pensando neles como uma espécie de dança... Para Sheryl, o o assassinato tem três partes, cada uma com seu ritmo particular: enfiar as luvas (meio lento), encher o copo e servi-lo às crianas (rápido) e o assassinato em si (muito lento). O ritmo com que ela se afasta do telão de fundo e enfia as compridas luvas negras determina o ritmo das duas outras partes e duas representações nunca são exatamente as mesmas[33].

A comprida duração deste entreato corresponde à longa duração do próprio Ato IV, que leva quase três horas. Enquanto a cena do assassinato está sendo representada, um menininho entra pela esquerda do palco e permanece na plataforma direita. Quando acontece o segundo assassinato começa a gritar sem parar, até a Mulher-Pássaro ir até ele, pôr a mão em sua fronte e tapar sua boca, silenciando-o. O menino leva então a Mulher-Pássaro até o centro do telão com a muralha e eles voltam os rostos para o fundo do palco, enquanto a muralha levanta-se e desaparece, revelando o cenário de uma floresta exuberante, com todo tipo de figuras, animais e objetos. A Mulher-Pássaro e o menino entram neste mundo fantástico que parecia escondido atrás da muralha. O menino caminha até um balanço que voa no espaço e que lhe permite ver tudo de cima. A Mulher-Pássaro mistura-se com o mundo da floresta.

O que se segue desafia uma descrição precisa. A complexidade das imagens que se desenvolvem simultaneamente é uma espécie de multiplicação do que aconteceu até aquele momento na peça. A maior parte do elenco participa desse ato, antigamente denominado *O Olhar do Surdo*, alusão ao menino mudo chamado Raymond Andrews[34], que inspirou a primeira versão da peça, e que aqui é representado pelo menininho do balanço. Segue-se uma descrição condensada dos acontecimentos deste ato[35]:

1. Um grupo de mulheres com vestidos brancos e compridos, cada uma delas carregando um pássaro branco, senta-se em cadei-

---

33. CALVIN TOMKINS, "Time to Think", p. 46.

ras brancas, no centro do palco, em uma floresta de árvores bidimensionais, por detrás das quais vê-se uma pirâmide.

2. Uma mãe-preta vestida de branco executa a *Serenata ao Luar* em um piano à esquerda.

3. À direita uma rã verde gigante, um garçom de cabeça vermelha, uma criada, a figura de Stalin com um olho ampliado e a primeira mulher de Stalin reúnem-se em torno de uma mesa de banquete.

4. Adiante da mesa do banquete encontra-se uma casa de madeira tridimensional, diante da qual uma palmeira vai crescendo, durante o ato.

5. À esquerda, várias pessoas seminuas constroem um caixão de madeira no dorso de quatro tartarugas grandes. Dentro dela parecem estar nadando peixes de madeira.

6. Outras figuras são vistas na floresta: uma mulher-cabra que fala em uma língua estrangeira, um velho seguindo um boi, um anão de cabelos verdes, uma mulher carregando uma criança, um grupo de pessoas carregando cubos de vidro que refletem as luzes do palco, um violinista, Ivan, o Terrível, o Rei da Espanha e, entre outros, o corredor do Ato I, que continua correndo no fundo do palco.

7. A lua surge, atravessa o céu e se põe.

8. O papa aparece, carregado por dois homens, e morre no centro do palco.

9. A primeira mulher de Stalin deixa a mesa do banquete e tem uma morte horrível no proscênio, testemunhada pelas duas figuras de Stalin.

34. De acordo com Calvin Tomkins esta é a história de Andrews: Wilson conheceu Raymond Andrews por acaso, certa noite de 1968, quando estava chegando para ensinar no Summit Art Center. Raymond tinha acabado de jogar uma pedra na janela da igreja e, conforme Wilson descobriu mais tarde, tivera problemas recentes com a polícia, em várias ocasiões. Àquela época o menino tinha onze anos de idade e era uma criança surdo-muda do Alabama, que viera do Norte há alguns meses a fim de viver em Summit com uma família que o adotara. Nunca havia freqüentado a escola. Por meio de sinais e gestos Wilson induziu o garoto a ir às aulas do Summit Art Center. Raymond mostrou-se bem pouco pontual no início, mas depois começou a comparecer às aulas todas as semanas. Logo Wilson levou-o para suas outras aulas... Wilson também fez com que ele começasse a pintar e desenhar. Os resultados revelaram uma imaginação transbordante. "Muito do material de *Deafman* veio de Raymond", declarou Wilson. "Raymond era o surdo. A peça, na realidade, era baseada em uma série de imagens em torno de Raymond, em seus desenhos e no que eu pensava a respeito dele." (Tomkins, "Time to Think", pp. 51-52).

35. Esta descrição é baseada em FRANTIŠEK DEÁK, "Robert Wilson", *The Drama Review*, 62 (jun. 1974), pp. 74-80. Algumas informações se originam do texto original da peça, fornecido pela Fundação Byrd Hoffman.

10. Atores, cada qual com um peixe amarrado nas costas, "nadam" a intervalos regulares diante da área da boca de cena.

11. Um casal jovem e nu dança em direção à área por detrás das árvores, seguido pela mulher de branco, e todos desaparecem por um alçapão. São substituídos por vários macacos pretos que vêm para o centro do palco, pegam maçãs do chão e em seguida as deixam voar pelo ar.

12. Maria Antonieta e George Washington surgem em figurinos do século XVIII, com as mãos e rostos pintados de prata. O guarda-sol da rainha está em chamas.

13. A segunda mulher de Stalin, que havia substituído a primeira na mesa do banquete, vai até a plataforma do proscênio e mata-se com um tiro.

14. Um grupo de pessoas sobe na pirâmide, enquanto um enorme olho surge em cima delas.

Durante os três atos precedentes ainda era possível aos atores recordar a seqüência de tarefas que deveriam desempenhar, sem ter de confiar na ajuda de ninguém. No entanto, quando o Ato IV começa, torna-se quase impossível manter uma perspectiva clara em relação a tudo que tem de ser feito, pois os pontos de referência, embora numerosos, são enganosos. Existe muita coisa acontecendo, seqüências que se assemelham entre si, muita gente no palco, bastante atividade técnica nos bastidores, inúmeras trocas de figurinos e uma quantidade de adereços e objetos de cena ainda maior. A percepção do elenco torna-se necessariamente fragmentada e a maior parte das entradas e saídas têm de ser orientadas pelo diretor de cena, Melvin Andringa. Ele controla todo o espetáculo por meio de microfones, a partir dos bastidores, com a ajuda do roteiro e de seu relógio de pulso. Todos tivemos de nos acostumar a seus breves gestos de cabeça, a suas mãos que abanavam, mostrando o outro lado do palco, a seus gestos de apontar para os atores e contra-regras, dando a deixa para cada movimento novo. Caso contrário, todo o espetáculo desandaria.

A complexidade de *Stalin* afeta os atores de várias maneiras. Ao compará-lo às produções concebidas na década de sessenta, em que o objetivo, como nas peças de Robert Wilson, era o estímulo e o despertar de certas capacidades perceptivas do ator — e, em conseqüência, do espectador — podemos perceber uma dualidade de caminhos. Sobretudo no final da década de sessenta um dos focos principais do teatro de vanguarda era o desbloqueio do potencial do ator, mediante processos violentos destinados a pôr abaixo suas defesas e permitir-lhe expressar seu mundo interior de modo mais amplo. Apartando-se da psicologia freudiana de Stanislávski, na qual o ator era treinado para fazer uso de uma melhor compreensão da própria psicologia, a fim de realçar a vida da personagem que ele deveria interpretar, infundindo-lhe a ilusão da realidade, muitos diretores, como Julian Beck, em *The Living Theatre,* Peter Brook, em seu *Theatre of Cruelty,* e Jerzy Gro-

A Vida e a Época de Joseph Stalin. São Paulo, Teatro Municipal, 1974.

towski, no *Teatro Laboratório de Wroclaw*, apenas para citar os mais proeminentes, desenvolveram técnicas graças às quais os atores poderiam beneficiar-se de novas teorias psicológicas, cujo enfoque estava mais sintonizado com o tipo de teatro menos realista que se fazia em sua época. As teorias de Artaud foram revisadas, consultou-se Jung, aplicou-se Reich. Por mais que diferissem em seus métodos, a maior parte desses diretores tentou trabalhar com os atores de acordo com aquilo que eles acreditavam que os poria em contato com os próprios "mistérios", com seus "eus interiores" ainda desconhecidos. Atores engajados em todo tipo de treino e de oficinas, com o objetivo de expandir sua percepção, através de exercícios físicos árduos, sempre enfatizando o fato de que a exaustão, física e mental, era a chave para quebrar a resistência do intérprete; no palco, produções planejadas com a finalidade de serem menos teatrais em termos de efeitos técnicos. Os cenários, a duração das peças, os figurinos, a maquiagem (ou, em muitos casos, a ausência dela) tudo contribuía para manter o ator em um ambiente que se conformava com aquilo que esses diretores acreditavam ser "orgânico". Em conseqüência, todo um estilo desenvolveu-se, a partir dessa opção: palcos despojados, cores orgânicas, uso de madeira sem nenhuma pintura, couro cru, tecidos em cores naturais etc. O ator, colocado em um ambiente abstrato e, a partir de agora, dotado de uma dimensão maior do que a vida, que adquiriu com as possibilidades ilimitadas do grito primal, recentemente aprendido, tornou-se a superpessoa, capaz de representar não uma personagem, uma Sra. Warren ou um Sr. Rank, mas o inconsciente coletivo de toda uma comunidade. Mais uma vez a palavra "ritual" foi aplicada com freqüência às artes do espetáculo e a "experimental" significou uma combinação de suor muito visível, nudez e cenas tribais.

O teatro de Wilson, que evoluiu exatamente no mesmo período, preocupa-se igualmente com o "eu interior" do ator. Baseia-se também em métodos e técnicas destinadas a auxiliar os atores e espectadores a desenvolver novos níveis de percepção. Rejeita, do mesmo modo, o psicologismo freudiano linear, em favor de uma abordagem mais globalizante da compreensão dos mistérios da existência humana. Seu culto do inexplicável e a interpretação deste com tanta autoconfiança são características do ritual. No entanto, ele difere consideravelmente das principais tendências originadas pela vanguarda dos anos sessenta, sobretudo no que se refere ao papel do ator. Não se procura um "confronto" entre o ator e a platéia, como ocorre com Grotowski, e nem se interessa em provocar o espectador em termos agressivos, a exemplo do *The Living Theatre*. O teatro de Wilson preocupa-se com um ritual mundano cujo ponto de partida é a presunção de que quando alguém está relaxado, o pensamento e a criatividade serão estimulados naturalmente, pois o espectador e o ator se sentirão suficientemente à vontade para escavar as profundezas inconscientes do espírito. O primeiro momento do *Theatre of Cruelty*, de

Brook, por exemplo, era, em última análise, uma pesquisa prática sobre os conceitos de Artaud. Consistia em uma série de cerimônias tribais modernas nas quais o ator, através de purgação pública de seus demônios interiores, seria capaz de purificar seu espírito, bem como o do espectador. O teatro de Wilson, porém, não procura exorcizar os mistérios da mente. Tem a intenção de aplainar o caminho que leva às incongruências da mente. Além do mais, ele espera que o espectador e o *performer* entrem em contato uns com os outros enquanto indivíduos, em vez de mergulharem em uma experiência comunitária.

A principal diferença entre o teatro originado por esses grupos e o teatro desenvolvido por Wilson está no fato de o primeiro estruturar-se em torno de ideologias que solicitam um engajamento unilateral de seus membros e uma reação até certo ponto uniforme de sua platéia. O teatro de Wilson abrange, de maneira consistente com sua qualidade de *Gesamtkunstwerk*, todo tipo de contribuição vinda dos *performers* e é capaz de estimular e absorver as múltiplas reações de sua platéia. A estrutura aberta das peças de Wilson pode ser melhor compreendida se a contrastarmos com exemplos de experimentos teatrais de natureza mais rígida, como as encenações de Grotowski (*Akropolis, O Príncipe Constante, Apocalypsis cum figuris* etc.). Trata-se de peças muito mais compactas, nas quais o intérprete é o elemento principal. Elas utilizam o mínimo de recursos tecnológicos e são baseadas em textos que tratam de padrões arquetípicos independentes do tempo e do espaço. Seu ritmo geral é destinado a descrever uma curva tão orgânica quanto possível, como se fossem estruturados em torno do modelo de um ato sexual, centrados em um orgasmo teatral e concluídos com a paz que isso acarreta. Sobrevém um senso de libertação, como resultado do estímulo da tensão, tanto para os intérpretes, quanto para os espectadores. Os intérpretes entram no palco apenas uma vez, estruturam a tensão, soltam-na e retiram-se. O ponto de tensão, por levar o intérprete a um grau de extrema exibição de suas possibilidades físicas e mentais, é uma demonstração pública de um feito humano notável. A platéia olha o intérprete como se estivesse na presença de um santo. Grotowski quer a "verdade interior" do intérprete revelada para a platéia, mediante a exposição das áreas mais íntimas da psique do ator e do desenvolvimento de um tabu. O ator tem de preparar corpo e alma intensamente, submeter-se a restrições semelhantes às que se praticam em um convento, tornar-se parte de uma elite de santos e eleitos e, finalmente, oferecer seu grito primal a uma platéia pequena e seleta, a qual se espera seja suficientemente educada e refinada para compreender a purgação das fraquezas do intérprete, vendo-a como o feito de uma figura semelhante à de Cristo, que quer ser sacrificada e martirizada para o bem da redenção artística. De alguma forma o espectador fica purificado ou limpo, pois ele projeta sua tensão sobre a intensidade do intérprete, até o momento da liberação final. Existe, porém, um grande hiato entre a tensão do intérprete, que é sobretudo física e a tensão do espectador, basicamente mental. Em conseqüência, ambos vivenciam um senso de purgação contrastante. O lugar, que se opõe aos "ambientes" de Wilson, é, invariavelmente, um sítio solene e neutro e a estrutura sacrifical das peças de Grotowski permanece a mesma, de uma encenação a outra. Trata-se da retaliação de uma vítima até sua destruição. Depois do espetáculo, o ator é tratado como uma pessoa santificada, pronto a afastar-se daquela vida mundana associada aos espectadores e volta a sua dieta de suco de laranja e chá quente.

O teatro de Wilson, por outro lado, é praticamente o oposto da moda teatral que acabo de descrever. Ele, no entanto, pode ser encarado como um ritual, não no sentido religioso, mas um metaritual, até mesmo um ritual anti-ritualístico. Esse teatro reapresenta uma variedade de ritmos e padrões tão enraizados em nossos hábitos quotidianos que eles já funcionam como rituais diários em nossas vidas. Os gestos e atitudes descritos pelos *performers* em *Stalin* são simples destilações dos modelos de movimento da existência humana, dos tipos de gestos que realizamos em nossas vidas, temporariamente privados de propósito, tal como abrir a porta de um armário, esperando encontrar um livro e dando-se conta de repente de nossa distração, isto é, atos para os quais nossos corpos são programados e que existem por si. Essa programação seqüencial opera, em nossos cérebros, como as instruções para um ritual, a exemplo de todo um conjunto de atividades repetidas por nosso corpo, quando ele desperta pela manhã. Esse ritual mundano é parte de nosso "inconsciente coletivo", pois tende a acontecer automaticamente com todos nós.

A arte do teatro, observada desse ponto de vista, é também uma coleção de atividades. Isso é especialmente enfatizado no teatro de Wilson, pois nele as ações ocorrem dentro de um contexto psicológico totalmente diverso. Os *performers* acostumam-se com essas atividades, tendo em vista aquilo que eles são, isto é, fenômenos: séries de entradas, saídas, paradas, gestos e daí por diante. Mesmo em se tratando de uma peça realista, se, por exemplo, o espectador vê uma atriz vestida de negro anunciando que irá a um enterro, após o que ela atravessa o palco e sai, raramente ele tem consciência do fato de que bastou à intérprete dar alguns passos para indicar uma mudança do ambiente. A mente do espectador já está vendo um cemitério chuvoso, em alguma região distante, além das coxias. A atriz atravessa o palco da direita para a esquerda, sai, vai até seu camarim, toma um copo de água, talvez fume um cigarro, troca de roupa, põe um vistoso vestido vermelho e recapitula suas falas do próximo ato. No entanto, o ator, em uma peça realista tradicional, antes de tudo compreende a peça a partir de um possível ponto de vista da platéia. Nas peças de Wilson isso é praticamente impossível. Os *performers* não vivem uma trama, mas vivenciam a peça como um fenômeno. Entretanto, até o Ato IV, talvez pelo fato de os atores estarem acostumados com a idéia de fingirem ser outra pessoa no palco durante umas duas horas (é possível ser Torvald durante os três atos de *Casa de Bonecas* ou Nina, enquanto *A Gaivota* está sendo encenada), não se tem uma consciência especial do fato de que todas as atividades que se desenrolam no palco durante a apresentação de *Stalin* são, em certo sentido, vazias, desprovidas de sentido. Elas apenas repetem modelos e ritmos essenciais ao teatro enquanto meio. Interpretadas dessa forma, essas ações constituem rituais.

Os rituais do teatro são essas entradas e saídas, a incursão na caixa mágica inundada de luzes e a excursão à escuridão reinante além dos bastidores, os cubículos dos camarins, a fala contida, o silêncio por detrás do palco, o cuidado para não se pisar nos fios, a repetição de falas que precisam ser decoradas, o treino de gestos aprendidos há meses, durante os ensaios, os quais, por sua vez, são a execução de gestos que aprendemos um dia. É este universo, o mesmo que constitui a essência do teatro tradicional, que se vivencia *no palco, bem como fora dele,* durante os espetáculos de Wilson.

Além do mais, o ritual de modelos teatrais não se restringe à *performance* dos atores. Devido à riqueza dos efeitos cênicos que Wilson inclui em suas peças, sobretudo no Ato IV de *Stalin*, seu teatro é nitidamente um ritual de artesanato teatral como ele cristalizou-se através das tradições desse mesmo artesanato: uso de telas de algodão, alçapões, nevoeiro, perspectiva, fios invisíveis, incêndios no palco etc., e tudo isso faz parte de uma tecnologia um tanto tradicional.

Em vez do ritual como está subentendido no teatro dos anos sessenta, Wilson procede a um desemaranhar dos modelos do ritual do teatro. No lugar de um cenário compacto e sintético, Wilson recorre ao uso amplo da maquinaria teatral, a fim de criar não apenas *um* ambiente, mas vários. A mudança de ambientes — uma praia, a sala de visitas vitoriana, a caverna e a fantástica floresta — cobrem um espectro amplo. Os gestos, entretanto, permanecem os mesmos e os modelos se tornam cada vez mais claros, à medida que a peça avança. A idéia de sacrifício, em conexão com o ritual, é inerente à tradição teatral. Em *Stalin* existe também um local destinado ao sacrifício: o proscênio, onde ocorre o assassinato da criança, bem como a morte de cada uma das esposas de Stalin. Ele, porém, é um entre vários lugares e não pode ficar restrito a esse propósito. De certo modo, pode-se dizer que o teatro de Wilson compreende uma grande variedade de estilos e modas teatrais e a plataforma do sacrifício representa apenas um deles. Existe também o coro, que acompanha a ação a partir do poço da orquestra. É preciso reiterar que sua existência preenche meramente uma *necessidade* ritualística, lembrando que o coro é um elemento importante no teatro. Trata-se, no entanto, de um metacoro, pois ele nada comenta, a não ser a si mesmo.

Participar de uma peça de Wilson implica em uma destilação da atividade de interpretar, de tal modo que ela parece ser observada de muito longe, na perspectiva de uma longa vida no teatro, com muitos espetáculos em diferentes estilos, muitas peças de autores diferentes, muitos papéis em diferentes companhias. Do mesmo modo ocorre um acúmulo de atividades durante o tempo em que dura um único ato. Existe uma espécie de acúmulo de atos e mesmo de muitas peças. À medida que o tempo passa, a repetição ritualística de entradas e saídas é cada vez mais sentida pelos *performers* e começa a afetá-los. Podemos manter a ilusão de uma ação com um propósito durante algumas horas, porque somos treinados para fazê-lo, em se tratando do teatro tradicional. O propósito dissolve gradualmente, na medida em que atividades semelhantes repetem-se várias vezes e na medida em que o contexto que as envolve, os figurinos, maquiagem, cenários, tornam-se cada vez mais irrelevantes. Os atores começam a integrar-se aos poucos à peça, em ternos do fenômeno que ela explora, destituído de significado psicológico, e cada vez se sentem mais à vontade com o fluxo de pensamento desencadeado pela presença deles em ambientes mutáveis. É nesse ponto que a apresentação alcança, para os atores em particular, a qualidade de uma experiência transcendental. Para a platéia, ainda é o fenômeno de ver e ouvir — uma participação passiva, se quisermos — que vem se desenvolvendo. Os espectadores acabarão por relaxar, se pararem de tentar "compreender" a peça, de procurar uma estória, um enredo. Paradoxalmente, a observação passiva desencadeará sua participação mental. A platéia se dará conta de que as contínuas mudanças de cenários, as entradas e saídas de atores e elementos de cena, é simplesmente a destilação de todo teatro, do teatro enquanto fenômeno. É como quando assistimos à televisão com o som desligado e, não tendo compromisso com o significado específico de cada imagem, começamos a perceber que a mesma mulher aparece em intervalos de tempo repetidos. Os movimentos de suas mãos são os mesmos, outras imagens repetem-se de vez em quando, seguindo um ritmo que se torna reconhecível, apropriado ao fluxo de imagens que surgem na televisão, mas que constitui também um modelo que pode ser comparado à própria vida. Podemos contrastar tais ritmos com ritmos pessoais e aprender com eles em um nível e uma escala que se situam além do conteúdo inerente a cada imagem em particular

A exemplo das imagens em *Vídeo 50*, esses modelos só podem ser reconhecidos depois que muitas imagens forem vistas em seqüência. Os intérpretes, além de ouvir e ver o que está acontecendo no palco, embora a partir de uma perspectiva totalmente diferente daquela da platéia, também vivenciam os ritmos da atividade do palco, da mesma forma que aconteceu com os atores, no início do trabalho de Wilson, isto é, com os movimentos de seus próprios corpos, como sucede com a peça descrita na introdução, denominada coincidentemente *Theatre Activity*. Após determinado ponto, *no* palco e *fora* do palco perdem seu significado, do mesmo modo que para a platéia, quando o sono sobrevém, o que se vê no palco e o que se vê na mente perdem suas fronteiras. Do ponto de vista do ator, sair do palco não é diferente do que entrar no mundo que está por detrás dos bastidores. Ele anda por detrás do palco com a mente repleta de estórias e no palco como se estivesse por detrás dos cenários de uma encenação da *Aida* de Verdi, pois os atores não precisam "tornar-se" outra pessoa antes de entrar em cena, do mesmo modo que os membros da platéia não precisam personificar ninguém, quando começam a cochilar.

Ao aproximar-se o final do Ato IV, a maior parte do elenco está chegando a um ponto de saturação. Sempre que podem, os intérpretes tentam descansar nos camarins, comer alguma coisa e alguns até mesmo conseguem dar uma escapada e ir até o bar da esquina tomar refrigerantes ou apenas dar um passeio fora do teatro. Em cena, porém, a ação é contínua. O entreato entre os Atos IV e V mostra Helen Keller, Anne Sullivan e Alexandre Graham Bell tentando comunicar-se sem fios, enquanto o telefone toca. Após oito minutos alguém atende o telefone, ouve-se o barulho de armas disparando à distância e a cortina levanta-se para o Ato V, "O Templo". Trata-se sobretudo de um ato dançado. Começa por um número de dança muito marcada, executada por atores com figurinos do século XVIII. O cenário é o interior de um templo e assemelha-se a uma pirâmide egípcia. São três horas da manhã. A maior parte dos intérpretes sente-se exausta, a essa altura, mas o Ato V é repousante sob mais de um aspecto. Toca uma música suave, há muita dança livre, entremeada com as partes coreografadas, e é permitido descansar no palco, toda vez que se fica cansado de dançar. É como se as fronteiras entre a situação de estar no palco e fora dele fossem subitamente desconsideradas. A dança prossegue numa atmosfera festiva, sendo o amarelo e o branco as cores predominantes. O interior da pirâmide é espaçoso, brilhante, em contraste com a sinistra escuridão da floresta. Eu mesmo me surpreendi acordando, gostando do que via, celebrando aquele novo fluxo de energia que circulava no palco com tamanha facilidade. Enquanto as danças acontecem, são lidos monólogos no interior de uma cabina de vidro, à direita do palco, amplificados por um microfone. A Mulher-Pássaro, vestida de negro, lidera uma procissão de um grupo também vestido de negro e que cruza a frente do palco. Mais tarde ela retorna, vestida de branco. As danças assemelham-se às oficinas. Vêem-se muitos giros, saltos, corridas através do palco e os intérpretes sentam-se, descansando, o que faz parte da composição. Antes que a cortina desça, um homem com figurino do século XVIII aproxima-se com uma tocha do homem sentado na cabina de vidro (Stalin) e ajoelha-se a seu lado. A fachada vitoriana volta a aparecer, com todas as suas janelas cobertas de papelão. Uma mulher atravessa o palco, da esquerda para a direita, contando uma estória pessoal para ninguém em especial, enquanto empurra um carrinho de compras repleto. A Rainha Vitória acha-se à direita do palco, enquanto a outra mulher aproxima-se e subitamente começa a deslocar-se para a esquerda, como se estivesse sendo soprada pelo vento. Enquanto cada uma delas desaparece dos dois lados do palco, a cortina desce. Quando ela volta a se levantar, quatorze segundos mais tarde, vê-se o interior do quarto de dormir vitoriano, com doze camas dispostas em fileira, ao longo do palco, ocupadas por pessoas vestidas com camisolas de dormir brancas. Todos são sonâmbulos. São 4:10 da madrugada. A essa altura, muita gente está cochilando na platéia, alguns dormem profundamente, outros partiram e outros retornam das lanchonetes ou de um breve passeio pelas ruas. Ninguém na platéia pode afirmar que assistiu ao mesmo espetáculo.

E. PÚBLICO

Conforme já assinalei, o teatro ideal, segundo Wilson, deve proporcionar tão poucas solicitações quanto um parque. As pessoas podem entrar e sair quando bem entenderem, sem qualquer obrigação de chegar em uma hora determinada ou de prestar atenção durante o desenrolar da peça ou ainda de ter de permanecer até o fim. Foi exatamente o que sucedeu durante a apresentação de *Stalin* em São Paulo. Ninguém sentiu-se obrigado a prestar total atenção ao que estava sendo mostrado no palco, pois a *performance* proporcionava aos espectadores a possibilidade de decidirem-se por várias opções. Reações individuais, que teriam permanecido abafadas ou não se notariam, foram expressadas com naturalidade, criando um fluxo interessante de gente que entrava e saía a noite inteira, sendo que cada espectador podia viver a experiência de acordo com a própria necessidade.

O que diferencia o teatro de Wilson de uma experiência teatral comum é que suas peças não sobrecarregam o espectador com uma estória. Quando Wilson e Lucinda Childs foram entrevistados por uma revista de teatro londrina em relação a *Pátio*, eles assinalaram as duas principais características de seu trabalho no que diz respeito à reação da platéia. Wilson enfatizou que "se você deixa de ouvir uma palavra do texto de Shakespeare, Tennessee Williams, Pinter ou algum dramaturgo convencional que emprega a forma narrativa, então terá dificuldades com a próxima cena, mas conosco, se perder uma parte, tudo bem"[36]. Lucinda Childs, por sua vez, lembrou ao entrevistador que tanta coisa

36. ANN McFERRAN, "I was sitting in this theatre in Milan and the telephone rang", *Time Out*, n.º 425 (26 mai. - 1.º jun.), p. 13.

acontece simultaneamente em seu trabalho que seria impossível à platéia absorver tudo: "um elemento do espetáculo não compete com o outro. Não se pode apreender tudo ao mesmo tempo. Você tem ampla liberdade de voltar-se do aspecto visual para o aspecto musical e, deste, para o aspecto do conteúdo"[37]. O importante, porém, é que aquilo que Wilson espera da platéia é, na realidade, o que esta faz normalmente no teatro convencional, embora, em geral, não tenha consciência do fato:

> Isto é básico para nosso teatro. De qualquer modo nós, na verdade, só ouvimos o que queremos ouvir o tempo todo, quer se trate de Shakespeare, de você ou de mim falando. Nosso teatro, porém, não exige necessariamente que você pense o que nós pensamos. A coisa que eu acho mais tediosa e cansativa no teatro é que a gente tem que pensar constantemente o que o ator está pensando e sentir o que ele está sentindo. Ótimo, fantástico, mas é tão impositivo... Se acaso você quiser pensar em outra coisa está perdido[38].

Embora nem todas as peças de Wilson sejam tão compridas quanto *Stalin*, elas são suficientemente longas para provocar reações muito próprias nos espectadores. Elas têm mais a ver com sua duração, as repetições constantes, a música hipnótica, os momentos silenciosos e outros acontecimentos semelhantes, do que com sua falta de linha narrativa. Todos esses elementos contribuem para provocar um estado de semi-adormecimento, que excita a imaginação da platéia. Wilson não se preocupa com o fato de que muitos espectadores chegam a dormir durante a peça. Quer que eles tenham tempo de pensar. Referindo-se ao teatro dos anos sessenta, Wilson queixa-se de que "nunca houve tempo para pensar. Tudo era tão apressado... Jamais era natural e não havia possibilidade de escolha — tinha-se de se ver o que o dramaturgo e os atores queriam que se visse. A mim pareceu importante que a platéia tivesse uma experiência mais interessante do que aquilo que lhe era proposto"[39]. Wilson quer que os espectadores rompam com os hábitos rígidos e formais, características da maior parte do teatro e, assim, procurou caminhos que tornassem possível um modo de percepção mais flexível e informal.

É claro que não se pode esperar que a platéia inteira participe completamente de tal experiência, sobretudo levando-se em conta o contexto nada autoritário em que ela é proposta. Quando *Stalin* foi apresentada em Nova Iorque, diz Calvin Tomkins,

muita gente foi embora após o primeiro ato, ofendida com a aparente ausência de narrativa, a repetição, a movimentação lenta e, talvez, uma certa tomada de consciência do fato de que estavam sendo convidadas a pensar ou, pelo menos, a mergulhar em um estado mental semelhante ao transe, no qual a imaginação poderia exercitar-se com ampla liberdade.

37. *Idem*, p. 13.
38. *Ibid*.
39. CALVIN TOMKINS, "Time to Think", p. 38.

Outros agüentaram durante várias horas, envolvidos com os cenários, os figurinos, a iluminação, a música e todos os eventos, personagens e espetáculos extraordinários com os quais Wilson enche o palco. Um terceiro grupo, no Brooklyn, surpreendentemente maior a cada noite, aderia sem muita dificuldade àquela atmosfera de trabalho semelhante a um sonho e permanecia durante as doze horas, cochilando de vez em quando, revigorando-se com café e crepes servidos na sala de espera durante os intervalos e, sem dúvida, indo para casa às sete da manhã com interpretações tão confusas e diversificadas quanto as longas atividades que haviam acabado de presenciar no palco[40].

É o tipo de reação que as peças de Wilson costumam despertar, não só nos Estados Unidos, mas em todos os lugares onde foram vistas. Entretanto, nos países onde o inglês não é uma língua muito conhecida, a platéia costuma mostrar-se mais calorosa com as peças de Wilson. Em São Paulo, sessenta por cento do público permaneceu no teatro até o final do espetáculo. De acordo com Wilson, isso, sem dúvida, tem a ver com o fato de que a platéia não precisa entender tudo literalmente, pois as palavras tornam-se apenas sons. Por outro lado, diz ele, "é difícil, com platéias que falam inglês, pois todos têm noções preconcebidas sobre a compreensão das coisas e ficam perdidos"[41].

É de se esperar que o espectador caia no sono, mais cedo ou mais tarde, mas, para aqueles que ainda permanecem no teatro, o fato torna-se inevitável lá pelo Ato VI. Com efeito, o ato inteiro aborda a imaginária relativa ao sono. Quando lhe perguntaram por que *Stalin* era representado de noite até o nascer do dia, Wilson respondeu inicialmente que aquilo não tinha importância e que a peça podia ser apresentada de meia-noite até o meio-dia. Logo acrescentou que a noite possuía uma qualidade especial, pois "estamos mais relaxados à noite. As ondas cerebrais apresentam uma freqüência baixa. Normalmente dormimos à noite"[42]. O Ato VI, apropriadamente denominado "O Quarto de Dormir Vitoriano", é baseado em um material criado para a peça-maratona de Wilson, encenada em Shiraz, Irã, em 1972, e que durava cento e sessenta e oito horas: *MONTANHA KA E O TERRAÇO GUARDenia: história de uma família e de algumas pessoas que mudam*. É bastante comprido — cerca de uma hora e quarenta minutos — e envolve uma série de ações repetitivas entre doze sonâmbulos que, de vez em quando, levantam-se de suas camas e andam em torno da sala, à procura de determinado ladrão. Um velho, vestido com um casaco comprido e carregando um bastão, anda para cima e para baixo, por entre as duas fileiras de camas, sempre contando números. Essas ações são repetidas pelo menos três vezes, enquanto um

---

40. *Ibid.*
41. McFERRAN, "I was sitting...", p. 13.
42. MEL GUSSON, "Twelve-Hour Play (Yes, That's Right), Listed", *The New York Times*, 14 dez. 1973.

professor senta-se a uma mesa, na direita baixa, sem prestar atenção ao que se desenrola no palco. Surge a Rainha Vitória e diz: "O conflito no mundo criado não é o que parece". Todos os que estão no palco olham-na, exceto o velho. Eles dizem: "Bom, está certo". De repente um telão representando um deserto cai entre o velho, na boca de cena, e os sonâmbulos, no fundo do palco. O professor grita: "Ladrão! Ladrão!" O velho tira o casaco, mostrando o corpo nu, em torno do qual enrola-se uma cobra. A cortina desce, erguem-se *icebergs* na boca de cena, preparando o entreato. Uma jovem toca flauta, uma mulher vestida com terno de homem dança entre os *icebergs* e um elefante vermelho ajoelha-se na frente de um *iceberg*, emite um som e diz algumas frases. Por detrás do palco o elenco volta a formar um círculo, concentrando suas energias para a última parte do espetáculo. Todos recebem algumas palavras de encorajamento da parte de Wilson, enquanto na platéia os espectadores espreguiçam-se nas poltronas. O Ato VII leva quase uma hora. São quase seis horas da manhã.

Além de cochilar, as pessoas piscam mais, quando assistem a uma peça de Wilson. Ele afirma que isso se deve ao fato de tudo ser ralentado. É uma espécie de ajustamento. "Nessas peças, os espectadores evidentemente piscam mais. O ato de piscar, porém, modifica nossas percepções e é o que eu quero. As imagens interiores tornam-se mais misturadas com as imagens exteriores"[43]. O que acontece na realidade é um equilíbrio de ritmos. Sendo a imagem exterior lenta, o olho apreende com maior rapidez o que é visto. As imagens exteriores e interiores começam a ajustar-se umas às outras e a imaginação de quem vê caminha com velocidade cada vez maior. Habitualmente o mundo exterior desenvolve-se com rapidez excessiva para que o ser humano tenha tempo de pensar no que está se desenvolvendo em sua mente, em reação àquilo que está acontecendo. No teatro de Wilson, a platéia goza de um tempo a mais. Essa combinação de piscar e dormir é fundamental para a experiência do espectador. Além do mais, diz Gloria Orenstein,

o espectador, que pode cair no sono de vez em quando e gerar seus próprios sonhos, acorda e vê a imagem de sonho no palco. Ele acaba por atingir um estado de consciência no qual não existe mais uma distinção rígida entre o palco e o próprio imaginário psíquico. Pode começar a sonhar com o que viu no palco, de tal modo que o fato de sonhar de olhos abertos e de sonhar verdadeiramente mesclam-se em uma experiência visionária mais vasta[44].

Esta confusão entre sonho e realidade deriva do desenvolvimento, por parte da platéia, de um estado de espírito contemplativo. A experiência do teatro, agora liberada de enredo, palavras, diálogo, razões que determinam os acontecimentos, é vivida, con-

---

43. "Listening to the sounds of silence... on stage", *Women's Wear Daily*, 13 dez. 1973.
44. GLORIA ORENSTEIN, *The Theatre of the Marvelous*, p. 280.

forme Wilson a encara, como "uma paisagem, como se alguém estivesse sentado na beira da praia olhando-a e às pessoas que a atravessam, bem como a força gigantesca do oceano"[45]. Gloria Orenstein compara o teatro de Wilson ao sonho teatral de André Breton em *L'Amour Fou*, assinalando seu espírito surrealista e o modo como ele transcende a realidade. Louis Aragon, em sua carta aberta a Breton, afirmou que o teatro de Wilson alcança o *point suprême*, na medida em que sonho e despertar são tão indistintos quanto a vida e a morte: "porque é ao mesmo tempo a vida desperta e a vida de olhos fechados, a confusão entre a vida quotidiana e a vida de cada noite: a realidade mistura-se ao sonho..."[46] Os aspectos positivos do fato de sonhar de olhos abertos já haviam sido elogiados por Victor Hugo em *Travailleurs de la Mer*, na seguinte passagem:

> Sonhar de olhos abertos, que é para o pensamento o que a nebulosa é para a estrela, aproxima-se do sono e a ele diz respeito, como se fosse seu limite. É uma atmosfera habitada por transparências vivas: há um início do desconhecido. Além dele o Possível se abre, imenso. Outros seres, outros fatos se fazem presentes. Nenhum supernaturalismo, apenas a continuação oculta da natureza infinita... O sonho entra em contato com o Possível, que também denominamos o improvável[47].

Enquanto instrumento terapêutico, o fato de sonhar de olhos abertos costuma receber a denominação "imaginário crepuscular". Nesse método, adiante descrito por Ira Progoff,

> o indivíduo relaxa, fecha os olhos e se permite observar e descrever o fluxo do imaginário que se desenrola na tela do olhar da mente. Esse fluxo, produto da faculdade da psique que cria imagens, é caleidoscópico. Ele simplesmente continua, apresentando-se sob uma forma após outra. O imaginário não é integrado, mas movimenta-se sem nenhum princípio coerente aparente, até formar-se um modelo, graças ao fluxo do próprio imaginário, desprovido de forma. Temos aí o puro processo da psique[48].

Falando de modo geral, todo teatro pode ser encarado de um ponto de vista terapêutico. O modo teatral, descrito no último segmento, provoca alívio psicológico mediante um processo de purgação que se aproxima da psicanálise moderna. No entanto, as formas do teatro tradicional costumam apoiar-se em um conjunto de crenças comuns, que encaminham o espectador para um processo de identificação social, capacitando-o a passar por uma espécie de experiência tribal moderna. O teatro de Wilson, por outro lado, propõe à platéia uma experiência divergente, no sentido de que liga cada espectador a seu imaginário simbólico, de uma maneira característica da psicologia profunda pós-freudiana.

45. *Idem*, p. 281.
46. *Ibid*.
47. Conforme a citação de URSULA K. LE GUIN, *The Lathe of Heaven*, New York, Avon Books, 1973, p. 89.
48. IRA PROGOFF, *The Symbolic and the Real*, New York, Mc Graw-Hill Book Company, 1973, p. 92.

A Vida e a Época de Joseph Stalin.
Nova Iorque. Ato VII: O Planeta.

É importante notar que a necessidade de uma experiência teatral desse tipo é criada pela própria platéia. Ela reflete as transições que ocorrem na maior parte das sociedades contemporâneas. Trata-se das mesmas necessidades que criaram uma exigência de mudança no tratamento psicológico. Comentando as razões subjacentes a essas mudanças, diz Ira Progoff:

> Em uma cultura dominada pela tecnologia e pelo comércio, as pessoas, por várias razões, subtraíram-se às esferas de influência das crenças que são tradicionais na civilização ocidental. Podemos não aprovar em absoluto tal situação e deplorá-la profundamente, devido as suas graves conseqüências psicológicas e sociais; trata-se, porém, de um fato. Se estivermos séria e sinceramente preocupados em tornar possível ao homem moderno experimentar um sentido em sua vida, precisamos começar por levar este fato em consideração. Ele significa especificamente que, quando abordamos a tarefa psicológica de desenvolver um método de atingir a experiência central do eu, necessitamos de um instrumento que não dependa de assumirmos a crença em um símbolo tradicional especial. Eventualmente muitas pessoas poderão retornar aos contextos tradicionais de crenças, em novas ou velhas formas, mas os métodos pelos quais elas renovam sua capacidade de reconhecer um significado na vida não pode começar pelo ato de recorrer àqueles símbolos. Devemos começar por algo neutro, com a condição psicológica tal como ela existe em qualquer momento na vida do indivíduo. Assim, para alcançar a nova atmosfera de percepção que nossa época requer, precisamos nos reportar não a doutrinas ou crenças, mas a fatos da experiência, a eventos interiores, tais como as pessoas contemporâneas os podem conhecer[49]

O imaginário do Ato VII pode ser encarado como o retrato visual desta desintegração social. Stephan Brecht refere-se a ele como o ato de "A Nave dos Tolos"[50]. Quando a cortina se ergue, trinta e dois avestruzes enchem o palco, tendo como fundo uma paisagem lunar. O chão está mais uma vez coberto de areia, como aconteceu no Ato I, e os avestruzes executam uma dança que corresponde à dança das mães-pretas no Ato I. Depois que os avestruzes saem, o palco é aos poucos ocupado por uma variedade de personagens, a maior parte das quais já surgiram nos atos antecedentes: Sigmund Freud, Anna Freud, Ivan, o Terrível, o Homem Pesado, a Rainha Vitória e outros. Nesse momento elas recitam frases de livros tais como *Gestes et Opinions du Docteur Faustroll*, de Jarry, o Livro de Jó, um relatório da Fundação Ford e assim por diante, enquanto a ação se desenvolve em cena; o corredor que atravessa o fundo do palco ainda é visto de vez em quando; um dançarino gira na plataforma da boca de cena, o mesmo que dançava durante o Ato VI e que não cessou sequer por um minuto de girar; um casal de turistas surge em cena, entrando pela esquerda; um homem tira um retrato de um buraco no chão; um homem com um comprido casaco de pele aparece carregando duas grandes pedras de gelo: são projetados *slides* de uma porta que se fecha; vê-se uma noiva estrangulando o noivo, contra

---

49. *Idem*, pp. 14-15.
50. STEPHAN BRECHT, *The Theatre of Visions*, p. 214.

uma névoa luminosa projetada sobre o telão; um cavalo com asas voa contra o céu. O homem com o gelo repete de vez em quando: "Agora não vai demorar muito". Este ciclo de ações repete-se quatro vezes, após o que baixa um telão na boca de cena, mostrando a cidade de Moscou em chamas. Uma multidão irada entra e atravessa o palco, em direção a Stalin. Este faz um gesto e todos param, formando um quadro. Um telefone toca, Stalin responde, conversa durante alguns minutos e desliga. Uma pequena orquestra, formada por um fagote, violino e flauta, começa a tocar o coro de Pachelbel, enquanto a multidão o acompanha, cantarolando.

Quando a cortina volta a se erguer, todo o elenco está no palco, juntamente com os técnicos e os contra-regras. Assim que a platéia começa a aplaudir, o elenco também o faz e salta no palco inteiro, levantando uma enorme nuvem de pó. A cortina desce pela última vez e a platéia retira-se, como se estivesse saindo de um sonho, enfrentando o belo dia, fora do teatro. São sete horas da manhã. Alguns poderão ir para casa descansar, outros irão trabalhar, mas algo aconteceu, com toda certeza. Conforme nota o crítico Benjamin Henrichs:

> O teatro de Wilson não conta histórias, provoca estórias. Quem for afetado por essa apresentação encontrará um material novo e poderá interagir com ele. Torna-se possível uma infinidade de combinações: entre as cenas e as recordações de cada um, suas meias-memórias, suas mentiras. Você pode envolver-se com condições jamais experimentadas no palco: um transe, que é como um torpor feliz, mas também um estado de espírito animado, tolo, folgazão. Você pode perder ou mudar seu sentido de tempo... Algo chocante aconteceu... uma expedição à incerteza[51].

---

51. BENJAMIN HENRICHS, "Death, Destruction and Detroit", *Die Zeit*, 2 mar. 1979.

O Olhar do Surdo. O assasinato da Mulher Pássaro (Sheryl Sutton).

Conclusão

> *Desperto, ele desce do outro lado do sonho.*
> VICTOR HUGO, Contemplations[1].

O teatro de Wilson de modo algum é alheio às tradições próprias do teatro americano. Já no início do século XIX, conforme assinala Richard Kostelanetz em *The Theatre of Mixed Means*, o teatro americano enfatizava aspectos informais e transitórios, tais como o espetáculo em si e a qualidade da representação, em detrimento do formalismo e da rigidez do drama literário. Embora as artes teatrais já florescessem no país àquela época, nada surgiu em termos de grande importância literária, no que se referia ao drama escrito. A excitação provocada pelo teatro consistia então nas encenações irreverentes de adaptações de Shakespeare, comédias curtas, cenas tiradas dos clássicos e usadas como mero veículo para que atores populares exibissem seus talentos, quadros que satirizavam a vida social da época e interpretações de grandes comediantes, como William E. Burton e John Groughan. A teatralidade, em oposição à qualidade literária, constituiu desde então a força propulsora do teatro americano, sempre estimulando experimentos destinados a ser testados através do confronto imediato com a platéia. O principal termômetro era a reação emocional e não o julgamento crítico. Foi a forma híbrida do *vaudeville*, afirma Kostelanetz, que congregou praticamente todas as variedades de entretenimento, desde as mágicas até a comédia ligeira, herdeira legítima dessas tradições. E foi essa via não literária que, nos anos sessenta, encontrou sua expressão contemporânea nos assim denominados *happenings*, que se costuma associar a artistas como Allan Kaprow, Merce Cunningham e John Cage, entre outros.

1. "Il descend, réveillé, l'autre coté du rêve."

De acordo com Kostelanetz, o teatro de Wilson é um desenvolvimento mais amplo da mesma tendência:

> Wilson simplesmente pôs em prática um modo radicalmente alternativo de fazer teatro — visual em vez de verbal, arquitetural, em vez de representacional, extravagante, em vez de sóbrio, perceptivo, em vez de emocional, teatral, em vez de literário. Suas peças pertencem, assim, à grande tradição do teatro americano, uma tradição nativa que, em contraste com o melhor teatro europeu, sempre enfatizou a representação em detrimento do texto, os processos inteligentes em detrimento de formas codificadas e os valores teatrais em detrimento dos valores literários. O melhor teatro americano tem sido não formal, mas informal, e nele o intérprete é a figura dominante, quando não o diretor e também o autor. Wilson pertence certamente a esta tradição nativa[2].

Além do mais, Wilson não é o único, nos Estados Unidos ou no mundo, a desenvolver essa linha de trabalho. Richard Foreman, Stuart Sherman, Joanne Akalaitis, Mel Andringa, em Nova Iorque; Peter Stein, na Alemanha; Meme Perlini, na Itália; Naum Alves de Souza, no Brasil, para citar alguns nomes, estão engajados em projetos semelhantes. Todos esses artistas vêm pesquisando formas teatrais que dão mais ênfase aos elementos visuais do que aos literários e que derivam, conforme as afirmações de Walter Kerr, crítico do *The New York Times*,

> nem tanto do mundo quanto do circo, da pantomima e da *commedia dell' arte*, da ginástica e do ritual religioso, da pintura, da revista e do Grand Guignol, da dança. Nossa vanguarda é antitexto, antiliterária, no sentido de que essas coisas quase sempre merecem precedência. É igualmente antiintelectual, na medida em que a lógica dramática e a psicologia dramática foram suplantadas pelo espetáculo teatral[3].

Isso é verdadeiro no que se refere ao trabalho de Wilson, sobretudo se levarmos em consideração o período que precede *Uma Carta para a Rainha Vitória*. Com *Stalin*, porém, Wilson completou um ciclo em sua carreira e voltou-se para uma direção inteiramente nova, dando ênfase especial ao texto escrito. Embora ainda essencialmente não-narrativo, esse teatro cessou de ser não-verbal. *Uma Carta para a Rainha Vitória*, a peça *Pátio, Morte, Destruição e Detroit, Edison* e *Diálogo/Jorge Curioso* dependem do texto, bem como da imagem. Com esta modificação, muitas das antigas características de Wilson também se alteraram. Algumas nada têm a ver com princípios estéticos. Refletem novas circunstâncias que envolvem seu trabalho, a maior parte delas relacionadas a dificuldades financeiras. Quaisquer que sejam as razões, Wilson entrou em nova fase. Como se trata de um ca-

---

2. RICHARD KOSTELANETZ, "Robert Wilson builds a new play", *The New York Times*, 8 mai. 1977.
3. WALTER KERR, "The new theatre is all show", *The New York Times*, 12 jun. 1977.

CONCLUSÃO

minho muito recente, ainda é cedo demais para avaliar o que resultará dos novos experimentos de Wilson. Entretanto, uma comparação entre as principais características de Wilson, até *Rainha Vitória*, e os aspectos predominantes de suas últimas peças, define claramente dois estilos contrastantes.

Com exceção de alguns experimentos, tais como as 168 horas ao ar livre, na encenação de *MONTANHA KA* e nas séries de *performances* que Wilson levou adiante com Christopher Knowles, a maior parte de suas peças, até *Stalin*, apresentava um conjunto de características comuns:

1. Preferência por um lugar cênico tradicional, em geral um edifício com palco italiano, onde a platéia encara frontalmente a cena. A peça é contida em "uma moldura do século XIX", isto é, dá-se preferência ao uso bidimensional do espaço.

2. Tendência ao gigantesco, no que se refere ao tamanho do elenco e à escala da produção.

3. Prolongada duração dos espetáculos.

4. Exuberância visual, riqueza do imaginário, cenários coloridos.

5. Predominância de um gosto ingênuo, de imagens da infância, atmosfera de sonho, mundo de conto de fadas.

6. Uso constante do *nonsense* e justaposições de filões surrealistas.

7. Técnicas de colagem ou *assemblage*, empregadas para organizar o material e em geral estruturadas em torno de princípios acumulativos.

8. Uso intenso da câmara lenta.

9. Decodificação do movimento em fragmentos mínimos.

10. Uso da repetição como procedimento rítmico.

11. Peças não-narrativas, ligadas por um *leitmotiv* visual.

12. Divisão da área do palco em "trilhas" horizontais e independentes.

13. Uso intenso das zonas aéreas do palco.

14. Constante fusão e citação do trabalho anterior no que está sendo realizado.

15. Período de planejamento curto e que precede as apresentações.

16. Uso de atores não profissionais.

17. Participação de pessoas "deficientes".

18. Uso simétrico de imagens, temas e sons.

19. Uso bidimensional de figuras históricas como pontos de referência (Freud, Stalin, Rainha Vitória).

20. Cenas predominantemente não-verbais.

21. Seqüências parcialmente improvisadas.

A partir de *Uma Carta para a Rainha Vitória* um novo conjunto de características começaram a se formar. A maior parte das modificações resultou em qualidade mais refinada, sutil e precisa, bem como em um panorama mais moderado e contido, no que se refere às produções de Wilson. A seguinte lista é numerada de acordo com a precedente, tendo em vista propósitos comparativos:

1. Uso bidimensional do palco, como antes.
2. Elenco pequeno; produções menores; encenação menos complicada.
3. Espetáculos não tão longos.
4. Cores neutras, economia de imagens, elegância visual.
5. Predominância de imagens da vida adulta, gosto sofisticado, atmosfera ascética, imagens sutis e realistas.
6. Humor refinado e cuidadoso. Não existe interesse em surpreender a platéia por meio de truques de palco. As justaposições são concebidas como partes complementares e não contrastantes. Não existe a intenção de se alcançar efeitos surrealistas.
7. O paralelismo das figuras, cores e sons torna-se mais importante do que a técnica da "colagem". A adição e a subtração são usadas de modo mais sutil e contido.
8. Uso intenso de figuras paradas.
9. O uso dos movimentos torna-se mais preciso, quase fotográfico.
10. Aumenta o uso da repetição.
11. Peças não-narrativas, ligadas pelo *leitmotiv* e por uma organização perfeitamente simétrica. A unidade do tema torna-se mais importante.
12. Uso cada vez maior da linha diagonal. Divisão vertical do palco.
13. Uso moderado das zonas aéreas do palco.
14. Praticamente não existe citação dos trabalhos anteriores, embora surjam imagens recorrentes.
15. Longo período de planejamento antes das apresentações (com exceção de *Edison*).
16. Preferência por atores profissionais.
17. Quase nenhuma participação de pessoas "deficientes". Wilson não considera Christopher Knowles deficiente.
18. Intensificação da simetria.
19. Uso de figuras históricas a partir de um ponto de vista mais tridimensional, por exemplo, Rudolph Hess, Edison.
20. Verbal; palavras estruturadas como uma espécie de partitura musical.
21. Ausência de improvisação. Toda a produção é planejada antecipadamente, em detalhes.

CONCLUSÃO

Em *Uma Carta para a Rainha Vitória*, primeiro texto "literário" de Wilson, a imperfeição da linguagem verbal tendo em vista a comunicação e as contradições entre conversa e ação constituíam os temas principais. Era uma peça de três horas e empregava apenas sete intérpretes, dois dançarinos, um quarteto de cordas e um flautista. A música era um tanto convencional e composta por Alan Lloyd. Quatro atos, um intervalo. Cada ato tem quatro segmentos, divididos em conjuntos equivalentes de falas para personagens designadas por números. O libreto é, na realidade, um preenchimento rítmico do silêncio, mais do que um esquema verbal ou simbólico, sem progressão lógica ou desenvolvimento de uma personagem. A Rainha Vitória aparece rapidamente no Ato I e ouve com majestade, enquanto outro intérprete lê uma carta comprida e desprovida de sentido, após o que ela desaparece. As demais cenas são seqüências cuidadosamente coreografadas e envolvem quatro aviadores perdidos em uma paisagem deserta; casais em um café, sentados a mesas e dizendo coisas como "chitter-chatter, chitter-chatter, chitter-chatter", enquanto um atirador dispara a esmo e as pessoas caem fulminadas; uma cena que se passa em uma praça de cidade do interior, envolvendo uma misteriosa figura chinesa, um homem e uma mulher que cruzam e voltam a cruzar o palco, outros passantes que entram e saem, dançando ou ficando parados. Afora suas constantes falsas conclusões, a principal diferença em relação às demais produções de Wilson é a austeridade e a concisão.

Einstein na Praia, já examinada nos Caps. 3 e 4, marcou a colaboração com o compositor Philip Glass e foi concebida de modo semelhante à *Rainha Vitória*, embora a dança, sob a orientação de Andrew de Groat, conservasse parte dos segmentos improvisados que são característicos de sua coreografia. Parte do material de dança foi concebido pela dançarina Lucinda Childs que, após *Einstein*, também colaborou em *Pátio*, já descrita no Cap. 2, uma das peças mais compactas de Wilson, na qual a linguagem verbal torna-se o tema central.

Com exceção de *O Valor do Homem em Dólar*, escrita em colaboração com Christopher Knowles, que continha grandes segmentos de trabalho improvisado e resultou de oficinas orientadas pela Byrd Hoffman Foundation, as últimas peças de Wilson, *Morte, Detruição e Detroit* e *Edison*, tiveram cenários e figurinos inteiramente desenhados por ele. *O Valor do Homem em Dólar* foi dividida em nove segmentos de quinze minutos. As atividades da peça foram distribuídas pelos integrantes do elenco em "Livres", "Cassino" e "Vaudeville". Esta produção era inusitada pelo menos por duas razões: relacionava-se abertamente a um tema (dinheiro) — "Continha até mesmo uma mensagem: ninguém deveria ser obrigado a pagar pelas coisas"[4] — e a platéia poderia sentar-se em

---

4. STEPHAN BRECHT, *The Theatre of Visions*, pp. 308-309.

torno da área de representação, instalada no Espaço Lequercq, na Academia de Música de Brooklyn. A maior parte dos atores não eram profissionais, não faziam parte dos Byrds e estavam na casa dos vinte anos. De acordo com as notas de Cindy Lubar sobre o espetáculo, "as divisões do espaço eram realizadas pela subida e descida dos telões: um telão negro, com uma estreita abertura vertical no centro, que se estendia pela largura do palco até o meio do comprimento, e um telão vermelho, feito de duas partes, que se estendia no sentido do comprimento, através do centro do espaço de representação"[5]. Os três tipos de atividades, através da manipulação desses telões, podiam ser vistos em alternância ou em combinações variadas, preenchendo os quartos, a metade ou a totalidade da área de representação.

Morte, Destruição e Detroit foi apresentada unicamente em Berlim, embora haja planos de levá-la no Metropolitan Opera House em Nova Iorque, com uma nova música, do compositor californiano Jerry Frankel e a soprano Jessye Norman num dos papéis principais. Tem como subtítulo "Trabalho com música em 2 atos; história de amor em 16 cenas". Cada ato é rigorosamente simétrico ao outro, cada cena tem sua correspondente no outro ato. O Prólogo também mantém simetria com o Epílogo. O texto, como ocorre em *Rainha Vitória* e em *Pátio*, é um arranjo arquitetônico da fala, baseado livremente nos diários de Rudolph Hess, figura famosa do nazismo. Eis o esquema da peça:

Ato I
Prólogo: Muro do jardim
Cena 1: Um ambiente Luís XV
Cena 2: Um ônibus da Greyhound
Cena 3: A cidade
Cena 4: A cratera vermelha; Um deserto interior
Cena 5: Tempestade "A"
Cena 6: Um sótão italiano
Cena 7: Um grande rochedo junto ao mar
Cena 8: Corrida de carros em um deserto branco

9: Um ambiente contemporâneo
10: Uma cozinha
11: O campo
12: O cacto verde; Um deserto exterior
13: Tempestade "B"
14: Um sótão americano
15: Um coqueiral junto ao mar
16: Deserto branco com um buraco negro
Epílogo: Muro do jardim

A manipulação da fala em *A Morte, Destruição e Detroit* é muito mais complexa do que nas peças precedentes de Wilson. Ela é organizada em segmentos de diálogos fragmentados, como ocorre em *Pátio*; em repetições de palavras, expressões e frases inteiras (em alguns momentos, trinta vezes ou mais); em repetições situadas em intervalos, à medida que o texto se desenvolve, a

---

5. CINDY LUBAR, "Notes on The Dollar Value of Man", *Theatre*, 9, n.º 2 (Primavera 1978), p. 90.

fim de criar um contraste rítmico; em "citações", nas quais textos escritos por outra pessoa são incorporados à peça; em jogos de palavras (por exemplo, alternâncias do singular e do plural da mesma palavra ou progressões como "A, B, C" e então "A, B" e, em seguida, "hm"); em grupos de longas frases que se alternam com frases curtas; em segmentos falados em outras línguas (francês e alemão); em segmentos nos quais uma fala linear é distribuída entre muitos intérpretes, palavra por palavra; e, finalmente, em segmentos de "silêncio estruturado", isto é, nos quais não existe fala, mas que são indicados, no texto, por porções de espaço em branco. Embora austera e sinistra — a maior parte da peça é em branco e cinza — *Morte, Destruição e Detroit* possui alguns elementos fantásticos: "uma cratera fumegante, índios disfarçados de árvores, uma tempestade elétrica, uma batalha feroz entre um tricerátops e um tiranossauro"[6]. Os atores, a maior parte oriundos da companhia de Peter Stein, eram todos profissionais. A montagem também apresentava um equipamento de palco extremamente sofisticado e a iluminação era a mais complexa, dentre todas as produções de Wilson. Alguns atores chegavam a ter luzes debaixo dos figurinos, que conseguiam controlar por meio da manipulação de um artefato que regulava sua intensidade. Muito característico dessa encenação era o fato de que ela revelava um espectro emocional bem maior do que os trabalhos precedentes de Wilson.

Edison, que estreou no Lyon Theatre em Nova Iorque, em 1979, tinha uma estória diferente. Foi produzida muito rapidamente (duas semanas) a fim de que Wilson pudesse receber uma dotação, pois a encenação americana de *Morte, Destruição e Detroit* fora adiada, devido a seu custo. *Edison* é estruturada em quatro atos, um prólogo, um epílogo e dois intervalos. Quase todas as cenas são representadas diante de uma casa branca: Ato I, casa, exterior; Ato II, casa, interior; Ato III, Ópera de Paris, interior; Ato IV, casa, ao lado, exterior. Prólogo, casa, alpendre; epílogo, casa, alpendre. O tema unificador é a figura de Edison e suas invenções. Mais uma vez o texto se encontra presente em toda a peça. A inovação em *Edison* é o aperfeiçoamento do uso do som indireto, já introduzido no trabalho de Wilson, sobretudo em *Pátio*, quando os dois intérpretes levavam microfones na lapela.

Jogando com as modulações da voz em todos os tons [escreve o crítico francês Jean Pierre Thibaudat] com a idade, com o sexo, com o sotaque do Sul ou de Nova Iorque, jogando com línguas, vozes gravadas ao vivo, o âmbito de temas sonoros (ruídos gravados, discos, música original), as variações dos níveis e silêncios raros, Bob Wilson trabalha com o som como ele o faz com o espaço... Gravadas ou emitidas por meio de microfones,

---

6. "WILSON, Robert (M.)" *Current Biography*, ago. 1979, p. 42.

as palavras, retiradas de uma vasta fonte sonora, hesitam entre o som e o sentido. Flutuam, espalham-se em sensações. Os diálogos são esboçados, perdem-se, retornam em um refrão musical e, de repente, ruídos de acidentes, explosões, comunicados de rádio sobre greves em Nova Iorque ou mensagens sobre a era atômica ("Estejam prontos para evacuar a cidade") rompem o imaginário visual de uma América mítica. Jamais um som ilustra a imagem, nunca um gesto sublinha a voz[7].

Diálogo/Jorge Curioso, a peça mais recente de Wilson, é outro "diálogo" desenvolvido em colaboração com Chistopher Knowles. Estreou em junho de 1980, na Mitzi E. Newhouse, no Lincoln Center, em Nova Iorque, após uma rápida turnê européia. Os desenhos e o texto de Knowles, posteriormente organizados por Wilson, foram inspirados nos livros de Maraget e H. A. Rey, *Curious George*, escritos para crianças. Na peça, Knowles interpreta Jorge, o macaco curioso, que sempre se mete em encrencas; Wilson interpreta seu amigo, o homem do chapéu amarelo. *Diálogo/Jorge Curioso* representa um passo a mais no trabalho de Wilson sobre um texo e sons, sendo definido por ele como uma "colagem auricular"[8]. Combina fitas pré-gravadas de diálogos, seis rádios, quatro gravadores cassete e dezessete despertadores que funcionam em momentos diferentes, tudo em contraponto com o texto.

Até agora o projeto mais novo de Wilson é, de acordo com suas próprias palavras, "de uma escala enorme"[9]. Leva por título *Uma Árvore é Compreendida Melhor ao ser Abatida: As Guerras Civis*. Possui cinco atos, quinze cenas e Wilson espera tê-la produzida antes de 1983: "Estou trabalhando com vários temas... A Guerra Civil Americana e sobretudo as fotografias de Matthew Brady; o século XIX no Japão; samurais, desde o século VII até os dias de hoje; os irmãos Hunt, do Texas, e muitos outros. O conjunto assemelha-se a um sanduíche gigantesco ou ao ato de tecer uma cesta"[10]. Wilson também está desenvolvendo mais um "diálogo" com Christopher Knowles e foi convidado para fazer a cenografia e dirigir uma encenação de *Tristão e Isolda* para o Festival de Bayreuth, em 1985.

Paralelamente a seu trabalho teatral, Wilson vem dedicando boa parte de seu tempo a pesquisar outros meios de comunicação que não o teatro. Após *Vídeo 50*, começou a adaptar algumas de suas peças para a televisão, mas gravadas em palco. Adaptou igualmente *Pátio* para o cinema e agora trabalha em uma peça radiofônica, contendo partes de seu texto *As Guerras Civis*. Uma

---

7. JEAN PIERRE THIBAUDAT, "The Sound of The 'Prince of Images': Edison", *Libération*, 6 nov. 1979. Tradução fornecida pela Fundação Byrd Hoffman.
8. JOHN ROCKWELL, "Robert Wilson presents an 'aural collage'". *The New York Times*, 22 jun. 1980.
9. *Ibid.*
10. *Ibid.*

CONCLUSÃO

nova exposição de seus desenhos, telões, maquetes de cenários e mobiliário foi inaugurada em junho de 1980 no Museu Neuberger, em Purchase, Nova Iorque, em seguida a sua apresentação inicial no Centro de Arte Contemporânea de Cincinnati.

Um teatro experimental não pode ser o mesmo para sempre. A experiência, uma vez vivida e testada, deixa de o ser. Não faz o menor sentido repeti-la. As peças de Wilson, até *Stalin*, pertencem a um período no qual seu trabalho ainda estava tomando a forma de uma técnica. Tal período coincide com aquele em que a Byrd Hoffman Foundation era pouco mais do que um mero escritório administrativo. Até então, o resultado final dessas encenações não podia ser determinado. Elas ainda se situavam a nível de pesquisa.

Quando *Uma Carta para a Rainha Vitória* estreou na Broadway, Wilson realizava outro tipo de experimentação. Testava seu estilo, suas normas estéticas. Era uma destilação de suas primeiras experimentações com os Byrds e com todas as pessoas com que havia trabalhado desde o início de sua carreira. O primeiro período, em sua maior parte não-verbal, foi marcado pela intuição de Wilson, mas logo se desenvolveu uma fórmula, um conjunto de regras. Tais regras podiam ser também aplicadas com facilidade à linguagem verbal. *Morte, Destruição e Detroit* e *Edison* fazem uso intensivo da palavra falada. A peça *Pátio* e *Rainha Vitória* serviram-lhe como uma espécie de laboratório sobre a fala. O trabalho de Wilson, hoje, é o de um cenógrafo e diretor reconhecido. Trabalha sozinho ou com a colaboração de profissionais, a exemplo do que ocorreu em *Einstein na Praia*, de que participou Philip Glass.

Agora que há uma nova escola de intérpretes surgindo no mercado profissional, Wilson prefere trabalhar com gente experiente. O trabalho com a companhia de Peter Stein, em Berlim, levou-o a dar-se conta de que existem atores cuidadosamente treinados em um estilo novo. São os vanguardistas profissionais. A alta qualidade de artistas como a soprano Jessye Norman também começou a atrair Wilson.

Stalin marca o fim do ritual metateatral de Wilson. Atualmente ele se encaminha para uma tecnologia muito mais sofisticada, sobretudo em *Morte, Destruição e Detroit*. O emprego que faz da iluminação e dos equipamentos do palco recorre à tecnologia contemporânea. Além do mais, o uso de possibilidades artísticas de outros meios de comunicação, tais como o rádio, o cinema, a televisão etc., ocupa constantemente os pensamentos de Wilson. Algumas dessas modificações são relacionadas com o fato de que se tornou muito difícil para Wilson levantar fundos para seus projetos, especialmente nos Estados Unidos. Algumas de suas peças, tais como *Morte, Destruição e Detroit*, nunca foram vistas nos Estados Unidos. De minha parte, porém, não estou preocupado nesse momento com o futuro da carreira de Wilson. Todas essas modificações estilísticas não o apartaram do espírito que guia a totalidade de seu trabalho. Wilson é um pesquisador. Levando em consideração seu trabalho até agora, torna-se claro que cada uma de suas peças representou a exploração de um novo campo, uma nova área, um novo aspecto da comunicação humana. Como um cientista, embora cada vez mais metódico, por ser cada vez mais experiente, ele permanece com tanta curiosidade como quando iniciou, usando a arte como seu instrumento e a comunicação como alvo. Suas experimentações abriram um universo de novas possibilidades para o teatro, mas, certamente, tocaram também as ciências. Poder-se-ia dizer que sua atitude em relação às artes do espetáculo modificaram o significado do teatro na sociedade atual. Acredito que tal atitude conferiu um novo significado à própria vida, ajudando a iluminar "o outro lado do sonho".

APÊNDICES

A Vida e a Época de Joseph Stalin.

1. Duas Entrevistas

Scotty Snyder e Ronn Smith são representativos dos dois maiores períodos da carreira de Wilson no teatro: o primeiro, um período de maior colaboração grupal, em que o trabalho de Wilson estava intrinsecamente ligado às atividades dos Byrds e, o segundo, uma fase mais recente, na qual o controle de Wilson sobre a produção é quase total.

A Sra. Snyder trabalhou com Wilson de 1969 — quando entrou para o elenco de *O Rei da Espanha* após participar das aulas de "arte-integrada" que ele realizou no Centro de Artes Summit em Nova Jersey — até as últimas *performances* de *Uma Carta para Rainha Vitória*, em 1976. Ela participou de praticamente todas as produções dirigidas por Wilson neste período, viajando com a companhia sempre que necessário. Ela comenta o trabalho feito por Wilson com crianças e adultos no Centro de Artes Summit, da mesma forma que seu trabalho como diretor nas peças de que ela participou. Durante essa primeira fase, como eu já havia ressaltado, as produções de Wilson tinham um sentido de criação coletiva, organizadas por ele, mas após *O Valor do Homem em Dólar*, seu trabalho se tornou muito mais individualizado.

Ronn Smith, que trabalhou como secretário particular de Wilson por quase um ano, vivenciou o que ele chamou de uma "fase de transição" na carreira daquele. Conheceu Robert Wilson lutando com problemas financeiros, atores profissionais, e defendendo interesses artísticos. Acompanhou mudanças administrativas na Fundação Byrd Hoffman e concentrou-se na criação de *Edison*, desde a elaboração do texto até o trabalho com o elenco. Ele enfatiza a preocupação total de Wilson com a produção, abordando todos os seus aspectos simultaneamente, assim como o aumento do controle por parte do diretor sobre a produção inteira. Discute, igualmente, o recente interesse deste pela videoarte e pela tecnologia.

Essas entrevistas foram conduzidas como uma conversa informal. Minha intenção foi simplesmente comunicar ao leitor um sentimento do contraste entre esses dois períodos da carreira de Wilson, assim como um contato com o dia-a-dia de sua vida. Contudo, elas nos dão informações valiosas sobre os métodos e processos criativos de Wilson. Também deixam transparecer algumas especulações sobre o futuro da carreira deste diretor. Finalmente, ampliam nossa perspectiva sobre Bob Wilson tanto como artista quanto como ser humano.

Entrevista com Scotty Snyder*

G: Scotty, qual foi a primeira vez que você teve contato com Robert Wilson?

S: Numa festa de Natal em 1968. Minha amiga Liba Bayrak[1] estava trabalhando com Robert Wilson e me apresentou a ele. Ela me perguntou se eu poderia ajudá-lo a conseguir um emprego. Eu conhecia pessoas em Summit, Nova Jersey. Daí arranjei prá ele um encontro com o pessoal do Centro de Artes de lá[2], e então ele começou a dar aulas e chamou o curso de "arte integrada" porque eles não sabiam como chamar aquilo. E isto realmente se tornou uma aula de teatro e ação. Foi aproximadamente há dez anos, o ano em que a gente fez *Rei da Espanha*. Acho que foi em 1969. Ele tinha, então, uma classe de adultos e uma de crianças. Ele é maravilhoso para ensinar crianças. É muito bom com crianças.

G: Que espécie de coisas ele ensinava?

S: Ele os fazia pular, se movimentar, pintar ... tudo que quisessem fazer. Mas todos realmente aguardavam ansiosamente aquelas aulas. E nós fazíamos coisas como — não eram como aulas teóricas, você entende — ele dizia "faça alguma coisa que tenha algo que possa ser feito com a luz". Uma dessas coisas podia ser abrir a porta, de supetão, fazendo a luz entrar — coisas muito simples. Lembro-me que uma coisa que fiz foi apenas andar — andar para fora e pegar um copo de água e colocá-lo no chão e depois voltar com um chumaço de Kleenex sem

* *Data da Entrevista*: 1.º de maio de 1980. *Local:* Patchin Place, 6, Greenwich Village, Nova Iorque. (Residência da Sra. Snyder). *Entrevistador*: Luiz Galizia. *Assunto:* O Trabalho de Teatro com Robert Wilson.

    1. LIBA BAYRAK: artista e professora na Farleigh Dickenson University em Madison, Nova Jersey. Participou na produção de *O Rei da Espanha*.

    2. O Centro de Artes Summit em Nova Jersey mantém uma série de programas para crianças, donas de casa e pessoas idosas.

realmente fazer isto. Nada, você vê. Ações muito simples. Coisas de nada. E depois ele nos fazia voltar e caminhar em várias velocidades ou — como pessoas nas ruas, caminhando para destinos diferentes — as coisas eram muito simples, mas era essa a sua significação. E depois ele nos sentava em cadeiras e andava às nossas costas enquanto estávamos sentados lá. E ele sempre se importava com o movimento estático, você entende. Silêncio. Ao menos, nestes tipos particulares de exercício. E não tinha nada do tipo "seja uma margarida do campo" ou "seja uma coisa tal como"; nada dessa espécie de asneira que se usa com crianças.

G: Não havia nenhuma imitação ou coisa parecida?

S: Não, nunca, nunca.

G: O curioso é que a definição tradicional de teatro é que ele é a imitação de uma ação.

S: Mas ele nunca — esse não é o seu jeito — e naqueles dias — eu não sei como trabalha agora — mas naqueles dias a peça foi construída enquanto nós a íamos fazendo. Ele tinha idéias mas usava os acidentes, você entende. Nada realmente nos era imposto nos laboratórios.

G: Isso é muito importante. Você pode me dizer alguma coisa sobre *Stalin*? Como ela foi organizada? Eu estou especificamente interessado nessa peça porque ela inclui a maioria desses trabalhos que foram desenvolvidos há tanto tempo. E porque ele a fez no Brasil.

S: Bem, parte de *Stalin* foi *O Rei da Espanha*, e ele incluiu *O Olhar do Surdo*, e *Freud* também, mas tinha além disso muito material novo. E ele foi para o Brasil porque o seu agente daquele tempo — Ninon Karlweiss[3] — ela já morreu — bem, ela conhecia Ruth Escobar[4]. Bob estava tentando nos levar para qualquer lugar onde pudesse descobrir um público. E Ruth Escobar a queria produzir lá. Por que você acha — você acha estranho que ele quisesse ir ao Brasil e à Iugoslávia, Paris e Itália? Ele nos levaria onde pudesse, onde quer que pudesse achar um produtor.

G: A produção do Brasil foi muito diferente da realizada aqui?

S: Não houve uma grande mudança. Lembre-se, nós estávamos ensaiando *Rainha Vitória* também, e — cada um de nós que tinha estado em *Stalin* devia ensinar suas ações para as pessoas que iam tomar nossos lugares. Assim, nós iríamos instruir essas pessoas da forma que nós fazíamos isso aqui e eles o fizeram mais ou menos do mesmo jeito. Não lembro quem ficou com os papéis de várias pessoas lá, só de alguns. Lembro-me da mulher que fez meu papel porque eu a ensinei. E ela usou as minhas roupas, que eu havia usado aqui: aquele vestido preto, o chapéu do pássaro, o chapéu com o pássaro em cima... Que papel você fez? Não consigo lembrar.

G: Entre outras coisas, eu era um urso, um dos bispos mensageiros, e uma das mães-pretas.

S: Bem, todo mundo tinha três ou quatro participações, mesmo aqui. Quantos fizeram parte do elenco no Brasil?

G: Mais de cem.

S: Mais ou menos o mesmo que aqui. Lembro-me que não fiz muita coisa lá porque eu estava fazendo *Rainha Vitória* no proscênio, a maior

---

3. NINON KARLWEISS: agente de Robert Wilson até ela morrer em 1978.

4. RUTH ESCOBAR: controvertida empresária brasileira. É uma espécie de complemento sul-americano de Ellen Stewart, do La Mama.

parte do tempo. Nós estávamos com roupas brancas, você se lembra? Nestes tempos eu tinha que gastar todo meu tempo decorando meu texto — nos cafés de São Paulo.

G: Vocês sabiam desde o início que ficariam ensaiando *Rainha Vitória* durante sua excursão ao Brasil e a apresentariam durante *Stalin*, no proscênio? Tudo isto fora planejado anteriormente?

S: Não sei. Alguns de nós também participavam de *Stalin* sempre que necessário. Sei que alguns de nós fizeram coisas especiais em *Stalin*. Sim, eu fiz alguma coisa nela também. Na "caverna". Fiz o papel da mulher que guarda a entrada da caverna, que foi feito por outra pessoa em Nova Iorque. Era o papel de Hope Kondrat[5]. Sim, eu fiz aquilo. Com o chapéu de palha. *Rainha Vitória* foi feita somente durante certas partes de *Stalin*.

G: Uma coisa que acho interessante foi o fato de Robert Wilson chegar ao Brasil muito depois de vocês todos.

S: Ele chegou mais tarde porque estava atuando na Itália, creio, com Christopher Knowles. Ele e Christopher vieram depois. Bem, aquilo estava cristalizado e ele tinha aquele compromisso. E não foi muito depois, foi?

G: Lembro-me que Mel Andringa[6] já estava com quase tudo pronto antes que Bob tivesse chegado.

S: Ele era o diretor de cena e conhecia a peça muito bem. Acho que a idéia era usar tantos brasileiros quanto possível.

G: E Cindy Lubar estava trabalhando no som —

S: Sim, ela fez aquilo. Fez muitas coisas para ajudar Bob. Ela é muito boa. E tem boa vontade. E trabalha para valer.

G: Você se lembra que houve uma discussão entre os atores brasileiros que decidiram abandonar a peça e outros que estavam gostando do trabalho? Por que alguns pensavam estar sendo usados como marionetes?

S: Sim, sei. Bem, isso já havia sido dito antes sobre o trabalho de Bob. Tinha quase esquecido que isto ocorreu. Lembro-me que aconteceu em algum outro lugar também. É o jeito dele de trabalhar. E essa gente não estava acostumada com essa forma de trabalho. E de trabalhar em silêncio. Todas essas pessoas tinham a voz treinada e queriam uma chance para mostrar isto, usar isto, e tudo mais, e eles tinham que fazer tudo em silêncio e isso foi diferente para todos.

G: Fiquei fascinado no começo, mas não tinha idéia do que iria acontecer, se se tornaria bom ou ruim, bem, nestes termos: se aquilo se transformaria num trabalho "aceitável". Mas só de estar lá eu já gostava. Em termos de qualidade de trabalho e quão forte isso foi, só vim a entender quando aquilo estreou.

S: Bem, eu acho que foi muito bem recebido pelos estudantes. Ele foi muito criticado. Foi difícil fazer o público assistir aqui em Nova Iorque.

G: Oh, foi extremamente bem recebido em São Paulo. Robert Wilson se tornou um nome muito importante lá.

5. HOPE KONDRAT: uma russa que participou dos laboratórios de Wilson no Centro de Artes Summit e atuou em *O Rei da Espanha*. Tinha então oitenta anos de idade. Ela também pinta e escreve poesia.

6. MELVIN ANDRINGA: diretor de cena de Wilson em muitas produções até *Stalin*. É hoje o diretor de The Drawing Legion, um grupo de teatro de Nova Iorque.

7. CINDY LUBAR: trabalhou com Wilson em muitas produções. Desenvolve hoje seu próprio trabalho na cidade de Nova Iorque. *Everyday Business* e *Union Specific* são alguns de seus recentes trabalhos para o palco.

S: Ele mudou a idéia de teatro, estou certa. Especialmente na Europa. No espaço do último ano, três diretores europeus me disseram muito enfaticamente que Robert Wilson mudou a direção de seus trabalhos.

G: Mas penso que nos Estados Unidos — com exceção da Califórnia, onde esteve com Lucinda Childs em *Pátio*[8] — não é conhecido. Não se tem idéia de quem ele seja.

S: E ele é muito importante! Mas é difícil explicar tudo que Bob representa. Posso falar com você sobre isso porque você compartilhou dessa experiência comigo.

G: Há uma coisa importante no trabalho de Bob que o faz diferente da maioria das companhias produtoras de teatro. Por exemplo, você diz "Eu fiz o papel de Hope Kondrat, e depois algum outro fez meu papel" e tudo parece ser intercambiável em qualquer tempo.

S: Todo mundo exceto Bob Wilson. Ele não é intercambiável.

G: Mas é um trabalho de flexibilidade muito maior do que a maioria dos trabalhos teatrais.

S: Sim, essa é sua qualidade especial.

G: Houve pessoas aqui em Nova Iorque que abandonaram seu trabalho e deixaram Bob por não conseguir entendê-lo?

S: Quando ele foi para Iowa City, porque queria incorporar mais pessoas ao elenco, algumas das pessoas do Departamento Dramático se apresentaram, porém mais tarde elas desistiram. Você entende, as pessoas que atuam com Bob, geralmente não são atores, são dançarinos, escritores, poetas, músicos, tudo menos atores. Alguns deles eram profissionais, é claro. Kenneth King dançava.

G: No Brasil, a maioria das pessoas não eram profissionais.

S: Mas havia alguns. Eduardo Conde[10] tinha sido "Jesus Cristo" em *Jesus Cristo Superstar* e havia o Sérgio Mamberti[11].

G: Muitos deles trabalhavam como extras de TV.

S: Bob sempre acreditou muito nos movimentos individuais das pessoas. E ainda hoje eu sei como Jim Neu[12] se move — e você também lembra. Sei como Terry Jameson[13] anda. Posso me lembrar quão diferente cada pessoa era. Julia Busto[14] — movimentos tão bonitos. Eu me lembro de todos eles. Eram todos diferentes. Nós sempre dançamos, geralmente uma hora antes da *performance*. Isso era para erguer o nível de energia. Era o que você sentia quando dançava?

8. A peça *Pátio* foi apresentada em São Francisco, no Veterans Auditorium, em 1977.

9. KENNETH KING: trabalhou em algumas das primeiras peças de Wilson. É hoje destacado dançarino e escritor da cidade de Nova Iorque.

10. EDUARDO CONDE: ator e cantor brasileiro que fez o papel principal em *Jesus Cristo Superstar*. Desempenhou vários papéis em *Stalin*.

11. SÉRGIO MAMBERTI: um dos mais perfeitos atores brasileiros. Mesmo sendo um ator convencional, consegue apoiar e participar de várias peças de vanguarda.

12. JIM NEU: escritor e *performer* em Nova Iorque. Durante a excursão brasileira, foi o tutor de Christopher Knowles e Jay Moses, o dois atores mais jovens que vinham dos Estados Unidos.

13. TERRY JAMESON: jovem estudante da Escola Farbrook em Short Hills, Nova Jersey, onde Wilson costuma ensinar.

14. JULIA BUSTO: bailarina e *performer* de Buenos Aires. Veio para Nova Iorque para trabalhar com Ellen Stewart no Teatro La Mama e participou de muitas peças de Wilson.

G: Sim.
S: Isto faz crescer sua energia. Mas nós sempre dançávamos também depois da *performance*. Dançávamos em qualquer lugar. Dançávamos em plataformas de trens, e às vezes éramos convidados a ir embora porque nós nos levantávamos e dançávamos do nosso próprio jeito, o que o pessoal da Europa não conseguia entender bem. E Bob estava sempre dizendo para cada um observar o movimento dos outros, para se observarem entre si. E ele dizia — Eu me lembro de uma coisa que ele dizia sempre: "Escutem...a todos os pequenos sons...". E aquilo ajudava à concentração. Eu sei como aquilo me afetava. É importante.
G: Em que você pensa quando está se apresentando?
S: Eu nunca penso no público, isso com certeza. E alguém disse prá mim: "Se você não se apresenta para o público, isto é ser indulgente consigo mesmo". Mas eu não concordo com isto. Penso que no momento que você começa a atuar para a platéia, é que se torna auto-indulgente. Nunca penso muito em nada. Sempre sinto como me sinto agora, falando com você, quando atuo. É o que eu estou fazendo nesse momento. E isso porque Bob nos ensinou a fazer isto. Nunca fui para o palco assustada, só uma vez: quando estava sentada nos bastidores, esperando para entrar e Bob me pediu para ser a mãe-preta líder, que eu nunca tinha feito. Eu estava pronta para entrar, e essa amiga minha, Liba, já estava saindo, e eu a ouvi dizendo para alguém: "não podemos ir ainda, quero ver Scotty fazer isso". Tomei consciência do fato, isto é, consciência do público. Foi a única vez que isto aconteceu comigo. Pirei. Entrei e não conseguia fazer nada. Era a primeira vez que ele me pediu para fazer a mãe-preta líder. Você se lembra: a primeira mãe-preta deve sair, olhar para baixo, para cada uma dessas aberturas do assoalho — e eu fiz o percurso e apenas olhei em volta, então fui para o próximo — estava completamente emperrada. Deve ser alguma coisa parecida com pavor de palco. Nunca senti isto nenhuma outra vez. Agora, é claro que eu tenho consciência de estar num palco, mas não me faz sentir diferente de qualquer outra coisa que eu faça. Você vê, ela fez com que eu me conscientizasse de mim mesma quando eu a ouvi dizendo "Quero vê-la..."
G: No teatro convencional o medo geralmente é relacionado a esquecer-se o texto. E isso deixa você nervoso, mas por outro lado, dá mais energia à *performance*. Mas claro, com Robert Wilson, é muito difícil ficar nervoso. É sempre a stiuação oposta. E ele não quer que você desperdice energia com nervosismo. Realmente, lembro-me de Bob me dizendo "você tem que relaxar mais..."
S: Não consigo me lembrar o que é que era que ele costumava me dizer. Gostaria de ter tido um gravador nesses tempos. Ele dizia: "Há pessoas que você não consegue ver. Porque elas não se sentam — elas são paradas". Ele tinha aquelas fileiras de cadeiras com pessoas sentadas nelas e — não sei que qualidade é esta, mas sei que é verdade, algumas pessoas você não consegue ver porque elas se movem muito. Elas não estão à vontade com elas mesmas — suficientemente bem para dar prá você uma única imagem delas. Elas não vão deixar você vê-las. Ele costumava dizer muito isso nos primeiros dias. Dizia também: "Escute..." Dizia aquilo o tempo todo. Eu também não me lembro de ter olhado a platéia em nenhuma das peças de Bob. Richard Foreman[15] também tinha essa coisa sobre contato visual. Ele dizia: "Não estabeleça contato visual com ninguém". Ele dizia: "Olhe para fora dos lados de seus olhos". Não é um bom jeito de colocar isto? Meu jeito é focar mais ou me-

---

15. RICHARD FOREMAN: diretor do Teatro Ontológico-Histérico em Nova Iorque.

nos o comprimento de um braço na minha frente. Dessa forma não tenho que fazer contato visual. Porque ele destrói alguma coisa, quando você o estabelece.

G: É claro, existem formas de teatro em que lhe pedem para você fazer o contato visual.

S: Isso é teatro agressivo. Não é Bob Wilson.

G: E tem também outra diferença de Wilson com relação a isto. Para fazer contato visual você tem de selecionar uma pessoa, um único membro da platéia. Robert Wilson quer o olho tão relaxado quanto o resto do corpo.

S: Richard Foreman tem essa mesma coisa, Stuart Sherman[16] também. Por outro lado, eu disse: não tenho consciência da platéia, mas às vezes eu atento na platéia quando ainda me encontro atrás do palco. Não quero dizer escutando, mas há uma espécie de *feeling* — é uma boa platéia que está vindo essa noite — mesmo antes que você entre no palco. E eu me lembro do melhor exemplo: foi quando a gente estava atuando lá na França, e aquela diretora de teatro, você a conhece, Jacqueline Morlet[17] veio com sua companhia inteira e nós não sabíamos disso, que eles estavam lá, mas quando chegaram alguma coisa havia, uma quietude ou outra coisa que seja — sua atenção, seu interesse ou alguma coisa comunicando-se com as pessoas. E funcionou no sentido inverso. A energia fluiu para a platéia também.

G: Por exemplo, nas peças de Bob até *Stalin* o fluxo de energia era perdido. Havia coisas que podiam levar mais ou menos tempo para acontecer no palco, e isso não fazia muita diferença no espetáculo como um todo. Bob não estava muito interessado nisto. Ninguém tinha que entrar ou sair exatamente na deixa.

S: Eu me lembro quando nós estávamos alinhados para ir à mesa de banquete em *Stalin*. Havia um momento quando estava quase na hora de ir e Bob dizia para mim: "Sinta seu próprio tempo para entrar".

G: Também na dança do Ato V de *Stalin*, o "Templo". Era muito livre. Nós poderíamos estar dançando, e depois ficarmos cansados, e sentar, descansar ali mesmo no palco. E depois dançar mais.

S: Mas é assim que as pessoas fazem quando estão dançando. Elas estão dançando num grupo — se dançam, elas param, olham. Esse é o jeito que as pessoas fazem quando estão dançando. E assim parece bom, parece bom para o palco.

G: Você diria que tudo que estava envolvido no trabalho de Wilson, ao menos neste tempo — a forma com que ele permite as coisas acontecerem no palco, os "acidentes", por exemplo, a liberdade na dança — é essencialmente uma questão de liberdade? Permitir às pessoas fazer tudo o que queriam? Isso é válido para toda a apresentação?

S: Ele dava para você muita liberdade, mas estava sempre no controle. Ele nunca perde o controle.

G: Será que é por causa do porte de seu trabalho? Tão grande que ele tem que permitir essa flexibilidade?

S: Deve ser isto.

G: Num espaço de doze horas, se você está dois minutos atrasado, não vai fazer muita diferença.

16. STUART SHERMAN: ator de teatro minimalista, radicado na cidade de Nova Iorque.

17. JACQUELINE MORLET: artista francesa, diretora do Théâtre de l'Onze em Lausanne, Suíça.

S: E há também muitas pessoas —
G: Bem, existem peças que não contam uma única estória. Ou mesmo, o público vai ter que esperar pelo ator que está "atrasado".
S: Se alguém está atrasado, tem sempre alguma coisa para o espectador estar olhando. O próprio Bob atrasou-se várias vezes para seus solos de dança, aquela linda dança da mãe-preta que ele fez em *Stalin*. Vamos ter que parar agora. Aguardo uma visita.
G: Obrigado. Foi um papo muito agradável.

Entrevista com Ronn Smith*

G: Então, Ronn, quando foi que você começou a trabalhar com Robert Wilson?

S: Comecei no início de julho de 1978 e trabalhei até o final de julho de 1979, no que acho que foi um período de transição, ou parte dessa transição para Bob. Penso que minhas observações sobre Bob e a Byrd Hoffman e sobre todo esse trabalho — realmente é muito — o que quer que eu diga sobre Bob, tem que ser visto dentro do contexto de sua história — naquele período. Ele tinha acabado de terminar *Morte, Destruição e Detroit* em Berlim, e depois voltado aos Estados Unidos, para fazer uma pequena turnê com Christopher Knowles.
Ele estava viajando com *Diálogo/Network*, e também com uma peça solo feita por ele mesmo de *O Olhar do Surdo*, a peça que era originalmente feita por Sheryl Sutton, a cena do crime[1], e eu não estou bem certo se ele fez alguma outra coisa ou não nessa turnê (deve ter feito apenas essas duas), e a excursão realizou-se somente em cinco ou seis lugares; foi uma turnê pequena. Depois ele deveria começar a trabalhar com *MDD* no Metropolitan. Havia uma série de problemas com essa peça e ela não foi feita na primavera de 1979, como se pretendia originalmente.

G: Foi por causa de problemas financeiros?

S: Ah — Eu entendo que o maior problema era o fato de que todos os cenários tinham que ser reconstruídos, como os cenários da Alemanha que foram construídos para o teatro de Peter Stein[2]. E lá eles tinham por volta de 10 m de largura por 4,5 m de altura, aproximadamente — e no palco do Met pareceriam completamente perdidos. Deveriam ser aumentados para 15 m de largura por 10 m de altura, o tamanho mínimo de cenário para o teatro Metropolitan.

* *Data da Entrevista:* 30 de abril de 1980. *Local:* Café Montana Eve, Greenwich Village, Nova Iorque. *Entrevistador:* Luiz Galiza. *Assunto:* O processo de criação de Robert Wilson.
   1. Prólogo para o Ato IV de *Stalin*.
   2. O Schaubühne am Halleschen Ufer, Berlim.

Bem, não era só o problema de fazer desníveis mais largos no fundo; era o problema de se fazer dinossauros imensos, de fazer enormes crateras, fazer suportes maiores. Então a coisa toda tinha que ser redesenhada novamente. E não havia tempo suficiente, eu penso, para redesenhar o espetáculo inteiro.
Deve ter havido um problema com o orçamento, não sei, nunca vi nenhum dos orçamentos. Ah — Havia algum problema com a música: Bob usou a música de Alan Lloyd[3] em Berlim, complementada com música de Randy Newman[4] e Keith Jarret[5], entre outros compositores — quando se falou em fazer o espetáculo no Metropolitan, Bob estava convidando Jessye Norman[6] para se apresentar no trabalho — o que viria a ser um *début* no Metropolitan para Jessye Norman, que estivera em todas as casas de ópera do mundo, exceto no Metropolitan. Seu *début* lá teria que ser inteiramente coreografado, e não havia tempo suficiente para ela aprender a música, e ela teria que usar músicas de seu próprio repertório. E Alan não achou isto conveniente e então uma nova música teria que ser escrita e você não consegue achar um compositor para escrever uma ópera de quatro horas em três ou quatro meses, em tempo do Metropolitan ter a partitura e distribuí-la para a orquestra. Então havia todo tipo de problemas além desse, mas ele tinha problemas de dinheiro também. Ele tinha, acho, uma subvenção do Conselho de Artes do Estado de Nova Iorque, e creio que ele tinha uma subvenção do CAPS para este espetáculo no Metropolitan. E então, para manter esse dinheiro ele resolveu fazer outro trabalho; dentro de uma questão de horas, baseado em material que tinha de anos anteriores, sentou e escreveu *Edison* em Nova Iorque, que estreou em junho de 1979. Trabalhei com Bob nesta produção e depois entreguei para ele meu pedido de demissão — quer dizer, trabalhei para ele por volta de treze meses.

G: Você trabalhou com Bob enquanto ele estava concebendo *Edison*?
S: Durante *Edison*. Durante o planejamento das cenas, durante a produção das cenas... Logo após terminar a carreira de *Edison* acho que ele foi para a Europa. De volta para a Europa. Não estou bem certo das datas. Foi quando eu saí. Sabia que eu não iria voltar para a Europa e trabalhar na produção de *Edison* lá e aí achei que era a hora certa de me desligar de Byrd Hoffman e de todas aquelas pessoas e achar outra coisa para fazer.
G: Gostaria de saber alguma coisa da estrutura da Byrd Hoffman hoje; como a organização trabalha hoje. Já sei alguma coisa sobre como começou, mas queria saber como a Fundação se sustenta hoje.
S: Isso é realmente difícil — No meu tempo — É difícil para mim falar disso porque eles acabaram de reestruturar a fundação inteira. A diretora administrativa, Betsy Crawford[7], saiu dois ou três meses depois que eu saí, e por muitos meses ficaram sem nenhum diretor administrativo. Mas Bob estava por uns tempos na Europa e realmente não

3. ALLAN LLOYD: compôs música para muitas montagens de Wilson, incluindo a peça *Pátio, O Valor do Homem em Dólar,* e *Uma Carta para a Rainha Vitória.*

4. RANDY NEWMAN: escreve e canta música *pop.*

5. KEITH JARRET: figura líder na vanguarda do *jazz.* Compõe e apresenta.

6. JESSYE NORMAN: cantora de ópera internacional. Apresentou-se em todas os teatros de óperas importantes no mundo, com exceção do Metropolitan.

7. BETSY CRAWFORD: Diretora Administrativa da Fundação Byrd Hoffman de dezembro de 1977 a setembro de 1979.

necessitava de um escritório aqui. Jean Rigg[8] estava aqui trabalhando em tempo parcial. Jean era uma das diretoras do grupo de Bob e já sabia como trabalhar e o que era preciso fazer na Fundação. Enquanto eu estava lá, o diretor administrativo, também empregado em tempo parcial, era responsável por arrumar dinheiro e publicidade.

G: Como você foi contratado? Quais eram seus contatos?
S: Com a Fundação ou com Bob?
G: Bem, qual foi o processo para você ser contratado?
S: Bob me chamou no dia 5 de julho. Eu nunca tinha visto Bob. Cindy Lubar acabara de terminar *Everyday Business*[9] ou coisa parecida, não sei exatamente o que estávamos fazendo juntos. Ela sabia que eu estava procurando um emprego de tempo parcial, sabia que Bob precisava de alguém para trabalhar para ele um pouco mais que meio período, e assim foi... Uh... Cindy me chamou um dia e perguntou se eu ainda estava procurando trabalho e eu disse "sim". E ela disse: 'Acho que eles estão procurando alguém para trabalhar no escritório. Vou dizer prá Betsy para entrar em contato com você". Bem, eu nunca ouvira falar nada sobre Betsy, mas já ouvira falar de Bob. Bob me chamou em 5 de julho, havia acabado de voltar de férias, e me perguntou se eu estava interessado em trabalhar para ele e se a gente podia se encontrar para conversar e eu disse: "Claro, ótimo, vamos nos encontrar e conversar. Você quer fazer isso em algum lugar amanhã? Ele perguntou, "Não, eu quero fazer isso já. Onde você mora?" eu disse "Greenwich Avenue". Acontece que eles também tinham um encontro na Greenwich Avenue, e ele disse "Vou estar lá às seis da tarde". E eu disse: "Tudo bem"; então ele me deu uma hora para estar completamente decidido; e então finalmente eu estava conhecendo Bob Wilson. De fato, eu ouvia falar dele desde 1973 e significava bastante para mim — é, ele foi importante para o meu desenvolvimento em teatro. Assim, de repente, eu estaria face a face com Bob e ele estava vindo para o apartamento, e nós iríamos conversar sobre a forma de trabalho. Como era de seu feitio, ele chegou quarenta e cinco minutos atrasado. Entrou no apartamento com óculos escuros, sentou numa cadeira e começou a discorrer sobre fonte de recursos nos Estados Unidos, o apoio, ou a falta de apoio para seu trabalho. Ele havia recém-voltado da Europa. Queixou-se amargamente. Só ficou lá quinze minutos. E nesse tempo esteve olhando para *The Voice* ou olhando através da janela. Não tirou seus óculos escuros, nem me olhou. Acho que estávamos ambos constrangidos. Não me perguntou quais eram minhas capacitações, não se preocupou em dizer-me o que ele estava procurando. E disse "O.K., muito bem, venha, vamos começar amanhã e ver como a coisa vai funcionar". Bom, essa foi minha introdução a Bob. Daí eu comecei a trabalhar.

G: Qual foi exatamente seu trabalho com Wilson?
S: Fui contratado como assistente pessoal de Bob. Fui inicialmente contratado por três meses, julho, agosto e setembro, e depois ele voltaria para a Europa. Bem, meu trabalho envolvia uma série de coisas: anotar ditados, bater cartas, levar cartas para ele assinar, marcar entrevistas, divulgar nossa publicidade... compreendia também bater propostas de subvenção... incluía também cuidar da lavanderia, providenciar o en-

---

8. JEAN RIGG: membro do conselho de direção da Fundação Byrd Hoffman. Assumiu a Fundação desde que Betsy Crawford saiu, até o novo Diretor Administrativo, Lois Bianchi, começar. Foi também Diretora Administrativa da companhia de Merce Cunningham.

9. *Everyday Business*: peça escrita por CINDY LUBAR com CHRISTOPHER KNOWLES.

caminhamento da comida dos gatos, certificar-se que a correspondência para a Byrd Hoffman tinha sido entregue. Eu era uma espécie de lacaio, você entende, tinha que ficar seguindo Bob e cuidando para que não se atrasasse mais do que trinta minutos nos seus compromissos e coisas desse tipo. Daí ele voltou para a Europa em 1.° de outubro. Comecei a trabalhar em meio período no escritório da Byrd Hoffman e trabalhei lá por seis, sete ou oito meses até que Bob voltasse para os Estados Unidos no verão de 1979.

G: Quanto você pôde perceber da gênese de *Edison*, além do que você já me disse sobre como ela começou? Como ela foi concebida em termos práticos? O que aconteceu?

S: A coisa principal sobre *Edison* é o jeito como foi... Bem, um dia não existia *Edison* e no dia seguinte existia. Foi realmente levantado em tempo muito rápido. Tenho certeza que muitas idéias já eram há tempos familiares para Bob. Sei que havia seis ou sete páginas de diálogo que foram datilografadas em alguma época do ano anterior ou duas que estavam enfiadas dentro de um envelope como "trabalho novo". Peça "X" é como ele identificava o trabalho anterior. Alguns desses diálogos finalmente foram materializados no texto de *Edison*, um monte de outros não. Um monte de coisas que ele sentou e escreveu naquele período de vinte e quatro horas não entraram no texto final por causa de sua constante revisão e reordenação do material, pondo fora um material e inserindo outro. Ah, Maita di Niscemi[10] estava fazendo pesquisas sobre Edison e viria com uma documentação de algum tipo. Isso animaria Bob e depois ele acharia um lugar para enxertar aquele texto.

G: Esse é o assunto que me interessa. De repente ele decidiu que sua peça seria sobre Edison e requisitou alguma pesquisa sobre isso? Por que ele estava interessado em Edison?

S: Bem, certamente a peça não começou com uma idéia — daí ele quis fazer alguma coisa sobre Edison. A peça começou como eu penso que começam a maioria de seus trabalhos, com diálogos, escritos em cartas 3x5. Ele vai escrever diálogos quando está quase dormindo ou acordando de manhã, isto é, em estados outros que o consciente. Eu sei também que ele escreve diálogos na frente da televisão, mas é sempre um processo inconsciente.

G: Alguma vez você o viu escrever?

S: Não, realmente nunca vi, nunca vi. Hmm, sempre existia um monte de cartas 3x5 que ele sempre me dava, que sempre estavam numeradas e eu as levava de volta para o escritório e as datilografava. Apenas as frases diretas do diálogo, nenhuma indicação de quem estava falando ou o que estava acontecendo. Apenas as frases diretas do diálogo...

G: Como ele as numerava?

S: Ele tinha uma seqüência de frases que tomavam de duas a dez cartas; ao invés de escrever isto em um pedaço de papel ele as escrevia em um cartão com pequenos traços em frente de cada frase.

G: Você quer dizer cada frase em um cartão?

S: Não, não, não! Talvez treze ou catorze frases em cada cartão, mas se essa seqüência particular de frases tivesse quinze ou dezesseis linhas no total, então ele as separaria em vários cartões. Hmm... Eu pegava as cartas e decifrava a letra da melhor forma que eu podia, voltava para o escritório e batia os diálogos em folhas de papel. Houve muitas vezes que eu não podia entender alguma palavra ao certo, então eu tinha que perguntar. Daí eu trazia de volta para Bob e perguntava:

---

10. MAITA DI NISCEMI: membro do Conselho da Fundação Byrd Hoffman. Recentemente atuou como dramaturga para Robert Wilson.

"O que é essa palavra no canto?" Inevitavelmente ele diria: "Eu não tenho idéia do que seja. Não consigo decifrar minha própria caligrafia. O que você colocou?" Daí eu falava a palavra que havia posto. E ele dizia: "Está muito bem. Está ótimo. Vamos usar esta palavra". E era isso, se ele estava preocupado com alguma coisa, certamente não era uma preocupação com cada palavra, com palavras particulares, não nesse detalhe. Isso poderia aparecer mais tarde, no processo de algum ensaio poderia soar errado para ele. Ele poderia trocar a palavra ... mas certamente não a reescreveria.

G: Bem, o que vem depois, depois que ele começa com essas frases?

S: Elas vão estar batidas em folhas de papel. Nunca existe um processo linear. O que eu acho que é a coisa mais fascinante. Era realmente como — é tão clichê — era realmente como estar vendo uma fotografia sendo preparada numa solução. A produção inteira vai aparecer, vai se desenvolvendo até a noite próxima da *performance*.

G: Bem, isto é muito interessante porque bate com um monte de idéias minhas de que não existe um primeiro elemento que realmente constitua uma base para nada em seu trabalho.

S: Não, de modo algum. Estou certo de que ele não tinha uma concepção de *Edison* antes de começar os ensaios e nem antes que alguns dos cenários fossem determinados, que é o que eu penso que a maioria das pessoas faz. E daí alguém dizia: "Vamos fazer alguma coisa com *Edison*. A gente precisa desses cenários". Daí ele ia desenhar os cenários.

G: Então, quando esses cenários foram desenhados?

S: Foi um processo gradual. Eu diria... Estes... Vamos voltar ao texto um minuto. Eu levo o texto datilografado de volta para Bob e ele começava a pregá-lo nas paredes de seu gabinete. Primeiro Ato, Cena 1, Primeiro Ato, Cena 2, Segundo Ato, Cena 1... ele os pregava ordenados em toda a volta, nas paredes. E daí começava a avaliar o trabalho. E pelo meu *feeling* muito disso era feito pelo visual. Um trabalho visual sobre o texto, muito mais que um trabalho literário do texto. Ele olhava o texto e dizia "aquele ali, aquele lá, duas colunas impressas. Ato dois, cena um, somente metade da coluna impressa" (em relação à forma com que está pendurado na parede). "Bem, aquilo não é bom. Então vamos tirar algumas dessas frases e colocá-las no segundo ato". Este era o elemento visual, na forma com que ele organizava aquele texto. Dependia da forma como o colocava na parede e olhava para ele. Não era sentando na mesa e lendo-o.

G: Isso é muito interessante! Eu pensei muitas vezes em escrever sobre Robert Wilson e continuava pensando em dois elementos opostos. O fato em que todas coisas que aconteciam por acaso, o que quer que fosse em volta dele, era incorporado ao trabalho. Existe o oposto também, alguma coisa rigorosamente organizada, e que deve seguir aquela estrutura, existindo pois uma reorganização do começo.

S: Mas com Bob este é o processo que o conduz através do trabalho inteiro. Alguém em algum ponto de sua vida, quando ele estava juntando esta produção, deu para Bob um livro de fotografias da velha Nova Iorque. Bem, um monte de coisas do conjunto original de idéias veio desse livro específico. Apenas aconteceu de ele ter o livro, aconteceu de haver fotografias que o atraíram, e aconteceu de ele agrupar essa produção. E daí usou idéias do livro nos cenários. Iria xeroxar certas páginas e retrabalhar o xerox. Muitos desses xeroxes (eu acho que não) e muitas dessas fotografias nunca foram para a produção final. Desculpe, elas foram sim, para o trabalho que mostrou ao Conselho do Estado de Nova Iorque e ao CAPS. Ele tirou também xerox dos desenhos que retrabalhou das fotografias; xerox das fotografias que incluiu na proposta que estava sendo apresentada ao pessoal das Artes, mostrando que ele iria usar isto, isso e aquilo em seus cenários. Isto seria gradualmente alterado ou eventualmente tirado da produção.

G: Você diria que existiu muita intuição no processo, quero dizer, havia muita intuição no início e terminou chegando em um ponto...

S: Oh sim, eu acho — esta foi a única produção em que o vi juntando coisas desde o início, mas imagino que esses trabalhos serviram para tudo que ele fez.

G: Conte alguma coisa da atuação ou da direção da peça. Acontece um pouco de tudo ao mesmo tempo também? Ele começa a ensaiar as cenas antes de saber exatamente que espécie de cenários vão estar lá?

S: Sim, tenho certeza que ele não tem uma idéia do que vai ser a cena antes de começar o ensaio. E somente no processo de ensaio é que tem as pessoas específicas com quem vai estar trabalhando e com quem pode realmente desenvolver a produção. É um processo contínuo de trabalho. Acho que ele nunca trabalha com um conceito na sua cabeça, isto é, um conceito definitivo.

G: Como foi formado o elenco?

S: O elenco foi formado por meio de testes. Nós púnhamos anúncios no *The Voice*, *SoHo News* e numa das revistas comerciais. Esqueci em qual delas. As pessoas iam telefonando, marcando entrevistas, e então Bob olhava essas pessoas, conversava com elas, e as fazia ler uma página de diálogos sozinhas. Se ele gostasse delas, as chamaria de volta e se não, receberiam os agradecimentos e lhes seria permitido voltar para outros testes. Era um processo contínuo de ir estreitando o grupo com que iria trabalhar.

G: Ele foi alguma vez assessorado por alguém mais em termos de suas escolhas, por exemplo, a escolha de um ator?

S: Eu não...

G: Bob Wilson costuma discutir qual ator seria melhor para aquele papel? Ele falava com alguém para perguntar: "Bem, oh, eu não sei — o que você acha"?

S: Bob nunca soube o que estava procurando; assim, como outra pessoa poderia lhe dizer o que ele estava procurando?

G: Quanto tempo *Edison* foi ensaiada com os atores?

S: Não me lembro, mas posso chutar — dois meses. O problema é que havia realmente um período de tempo definido em que a gente tinha que estar com a coisa pronta, não importava o que acontecesse. O que estivesse feito estaria feito, o que não estivesse não estaria. Era uma situação incomum para Bob, mas não diferente da situação de *MDD* em Berlim. Eu me refiro ao grupo de atores profissionais e um grupo de atores amadores que pegou em Berlim. Acho que a maioria do elenco de *Edison* era de atores profissionais ou de gente que estava tentando se profissionalizar, o que significa que todos tinham alguma espécie de treino teatral. Eu acho. Sei que Ralph, e a mulher mais velha, Ruth[11], faziam teatro há muitos anos e nunca tinham ouvido falar de Robert Wilson. Havia pessoas mais jovens que conheciam Bob somente pela sua fama... por seus agentes... ou por causa do anúncio do jornal... e tinham ido para o teste ou coisa do tipo. Eram todos "pessoal profissional de teatro", mas nem todos talentosos.

G: Você disse no começo que para você essa era uma fase de transição no trabalho de Robert Wilson. Exceto por algumas circunstâncias

---

11. JONI RUTH WHITE e RALPH DOUGLAS eram os dois membros mais velhos do elenco. Ambos eram atores profissionais.

fatuais, isto é, que ele tinha que fazer alguma coisa ao invés de *MDD* para poder usar a subvenção, você acha que isto estava relacionado com uma transição artística no trabalho de Robert Wilson?

S: Você quer dizer... Por essa forma particular de escolher os atores?

G: Não, não, não. A forma de fazer *Edison*, em relação ao resto de seu trabalho.

S: Assim como em *MDD*, ele esteve trabalhando com um grupo de pessoas cujo trabalho não conhecia. Ele também nem sabia o que as pessoas eram capazes de dar. Exceto pelo que viu nos testes. Ah, eu tenho a impressão que tinha mais controle sobre esse trabalho e *MDD*, do que ocorria com seus primeiros trabalhos. Em *Einstein*.

G: Que espécie de controle?

S: Controle sobre o visual. Quer dizer. — Em *Einstein* ele realmente entregou toda a dança, toda a coreografia, para Andy de Groat e Lucinda Childs, e Andy fez a coreografia. Não estava por perto antes das *performances*, mas sei que a maior parte da coreografia que vi no palco era de Andy. Acho que nos trabalhos iniciais, em termos do desenho do cenário, ele delegava todo o controle para alguém como Ann Wilson[12]. Não o controle total. Esse ele nunca delegava. Ele, ao que me parece, pediria para Ann desenhar um ambiente no palco, no qual o elenco pudesse atuar. Se alguma coisa não funcionasse ele podia rejeitar, mas permitiu a alguém como Richie Gallow desenhar suas próprias vestimentas e andar pelo palco num momento específico. Ao que me parece, à medida que foi ficando mais velho, foi querendo mais e mais controle. Sobre o que acontece no palco e como as cenas devem ficar. Você não acha que isto é verdade?

G: Sim, é isso — antes havia mais coisas que eram resultado do trabalho do grupo.

S: Certo.

G: Agora parece que ele supervisiona cada coisinha pequena e certifica-se que cada detalhezinho está do jeito que ele quer ou até mesmo, age por capricho. E antes, parecia que o que quer que fosse que estivesse sendo oferecido para ele, seu papel era principalmente absorver e usar isso aqui e ali: diferentes vozes, diferentes formas de atuar. Parece-me que muito era incorporado ao trabalho do jeito que os atores queriam. Quando penso em Cindy Lubar e do jeito que ela gritava e berrava, ou em Christopher Knowles movimentando-se aleatoriamente no palco, era como se estivesse sendo dito para as pessoas: "Bem, o que você quer fazer? O.K. faça isso!" Eu estava pensando em Mary Peer[13]. Bob prepara Mary Peer em um de seus textos dizendo o que ela deveria ser, de forma muito relaxada numa determinada cena; mas desde que ela nunca conseguia estar assim porque costumava falar muito, ele a deixou ficar falando no palco, porque assim ela se sentiria como se fosse ela mesma. Ele depois disse que aquilo foi ótimo para a cena. Essa era uma espécie de filosofia subjacente a seu trabalho, e esse aumento de controle, é na minha opinião, a maior mudança...

S: Por exemplo, em *Pátio*, Robert Wilson praticamente eliminou todo mundo relacionado com a produção, com exceção dele mesmo e Lu-

---

12. ANN WILSON: artista e *performer* de Nova Iorque. Colaborou com Wilson nos seus primeiros trabalhos, desenhando alguns cenários e móveis. Hoje dirige suas próprias peças.

13. MARY PEER: participou das aulas de Wilson no Centro de Artes Summit e em *O Rei da Espanha*.

cinda Childs[14], e daí deu para Lucinda o controle da apresentação dela. Não acho que Lucinda realmente tinha muito controle, apesar de ela dar sugestões sobre o cenário, as roupas, o texto etc. Acho que aquele foi o espetáculo em que pela primeira vez Bob assumiu o controle total de tudo. Não acho que isto aconteceu em *Einstein*. Creio que outras pessoas tinham algum controle: de repente Phil Gloss[15] tinha controle de quase...

G: Oh, certo. Eu acho que *Einstein*, inicialmente, foi concebida como uma peça de colaboração.

S: Certo.

G: E eu creio que Glass era uma grande figura, importante o suficiente para controlar ao menos sua parte, mas em *Einstein* se viu também a divisão de tarefas. Porque, obviamente, foi Robert Wilson quem tomou conta dos cenários e figurinos.

S: Aquele trabalho coletivo foi um evento importante. Não acho que Bob trabalhe mais assim. Já trabalhou. E é daí que vem a sua fama. Houve trabalhos coletivos. Houve enormes criações onde ele teve cento e setenta e cinco pessoas em volta dele, como na Academia de Música de Brooklyn. Aquilo era uma criação de cento e setenta e cinco pessoas.

G: Quando ele esteve no Brasil fazendo *Stalin*, que foi uma produção desse mesmo tipo, fiquei surpreso com o fato de que Mel Andringa[16] e outros tivessem chegado antes de Wilson para acertar o espetáculo inteiro e dar marcações para todo mundo: tudo parecia ter sua espécie de pertinência. E quando Robert Wilson chegasse, iria apenas ajustar o espetáculo de acordo com o que as pessoas sentissem vontade de fazer no palco. E aquilo foi realmente surpreendente.

S: Seria ainda mais interessante ver como aquela produção mudou em relação ao que foi feito em Nova Iorque.

G: Tenho certeza que mudou. Havia muitas partes dos cenários que eram completamente diferentes, a maioria porque não podiam ser trazidos para o Brasil. Mas Bob nunca se preocupou realmente.

S: Realmente não!

G: Você entende, minha primeira reação como diretor, pelo menos nesse tempo, era: "Oh meu Deus! Mas você não pode fazer isso!" Minha idéia é que alguma coisa iria faltar, algo iria ser perdido no espetáculo. Mas ele nunca se preocupou de forma alguma. Não faria nenhuma diferença.

S: Seria muito interessante se *Einstein* fosse revivida...

G: Mesmo em *Stalin*, apesar de toda essa relatividade, ele estava sempre atento a certas coisas no palco que tinham que ser exatamente do jeito que ele as queria. Não porque alguma vez elas foram daquele jeito, mas para aquela produção específica, considerando o que tinha disponível, ele as queria daquela cor, daquela tonalidade etc.

S: Ele certamente determina uma espécie de rigidez visual. Com os figurinos, em *Edison*, havia certas coisas que ele absolutamente exigia. Eu percebia certas coisas como o jeito que a mão era segurada; ou o jeito que um acessório específico era usado. E a razão disso era porque eventualmente ele iria iluminar aquela mão ou aquele acessó-

14. LUCINDA CHILDS: colaborou na direção de *Pátio*. Ela e Wilson são amigos há muito tempo.

15. Philip Glass e Robert Wilson tiveram muitas discussões durante a montagem de *Einstein*. Havia também algum problema com os direitos da peça.

16. MEL ANDRINGA: diretor de cena de Wilson em *Stalin*.

rio. E se a mão não estivesse parada na mesma posição, durante muito tempo, ele ia se esquecer do efeito de iluminação que tinha em mente. E é por isso que ele iria insistir naquele detalhe visual noite após noite.

G: Edison foi muito especial em termos de iluminação? Eu sei que não foi um espetáculo tão sofisticado ou tão caro como *MDD*. Mas, foi sofisticado em termos de iluminação?

S: Bem, Scotty Snyder continuamente me dizia que ela estava em todos os ensaios de iluminação de Bob na Europa, onde quer que eles estivessem viajando, porque era isso que ele fazia melhor. Pintava com aquelas luzes no palco, durante os ensaios. Enquanto todos os outros estavam visitando museus da região de Paris, ela ia e sentava no teatro vazio e olhava-o iluminar a peça. Eu não tinha percebido quão certa ela estava, até que o vi iluminar parte de *Edison*. E a meticulosidade com a qual iluminava aquele espetáculo era incrível, apesar das condições em que estava trabalhando. E mais — não tinha muito dinheiro, não tinha o melhor pessoal da forma que concebo. Havia alguém fazendo a iluminação para ele, que já trabalhara com ele no *Einstein*, Beverly Emmons[17]. Mas creio que Bob precisava de um outro tipo de pessoa ajudando-o. Não precisava de um iluminador da Broadway que determinasse onde os refletores iriam ser pendurados, mas alguém que pudesse estar lá o tempo todo, trabalhando a luz com ele, de uma forma mais colaborativa.

G: Então, de certa forma, parece que um bom técnico seria a solução. Quanto ao cenário, quanto era de responsabilidade de Beverly e quanto era indicado por Wilson, quanto ao que ele queria?

S: Beverly determinou onde os refletores deveriam ser pendurados e Bob decidiu como as coisas deveriam ser iluminadas. Teria que iluminá-las com os instrumentos que Beverly havia desenhado para as ocasiões especiais. Se ele precisasse de uma luz especial num momento específico, teriam que procurar qual refletor usar. Isso era feito por Bob e um dos aprendizes de Beverly. O plano de iluminação sofreu as limitações propostas pelos instrumentos disponíveis, o tamanho do teatro, tempo, orçamento etc. Mas Bob adaptou-se apropriadamente a essas limitações.

G: Bob esteve trabalhando com Christopher Knowles enquanto *Edison* estava sendo produzido? Enquanto você estava trabalhando com Bob?

S: No primeiro verão que trabalhei para Bob, em 1978, eu os vi fazendo *Diálogo/Network* em Boston. Vi duas *performances*. Não tenho idéia do que entrou naquela produção, porque ela foi completada antes que eu começasse a trabalhar para Bob. Ela foi levada para a Europa e apresentada lá, e depois trazida de volta para os Estados Unidos. Somente vi o que aconteceu no teatro porque alguém esqueceu de levar alguma coisa para Boston e eles imediatamente me chamaram numa sexta à noite e disseram: "Voe ou pegue o trem até aqui, e traga o que quer que seja imediatamente". Foi assim que eu fui para Boston e vi o que estavam fazendo lá e aquilo foi um pouco assustador. Foi mais ou menos duas ou três semanas depois de eu ter começado a trabalhar e pela primeira vez realmente tive a oportunidade de ver Bob trabalhando numa situação teatral. Era calmo... intimidante. Além disso, eles fizeram, no verão de 1979, juntando a essa produção, outra produção do "Diálogo" chamada *Diálogo/Jorge Curioso*. E quando vi essa produção tomando forma — apesar de ela ser menor em escala em relação a *Edison*, e muito mais rápida em termos de ensaio — era

---

17. BEVERLY EMMONS: renomada *designer* de iluminação da Broadway. Ganhou um prêmio por seu trabalho em *Einstein*. Fez também o projeto de iluminação de *The Elephant Man* (O Homem Elefante).

difícil para mim falar sobre como as coisas chegaram ao fim, ou como elas eram no palco, pelo fato de que eu nunca vi as *performances*.

G: De que se tratava?

S: Isso foi muito...de uma certa forma foi uma colaboração. Christopher estava levando os livros de *Jorge Curioso*. Todos eles. E estava muito fascinado por essa imagem de um macaco e um homem. Era uma estória que o encantava. E ele a reescreveu, e fez ilustrações para a estória. E o diálogo — o que Chris estava escrevendo, e o que ele estava pintando, e o que Bob estava escrevendo — foi colado novamente na parede do sótão de forma que eles pudessem ver aquilo o tempo todo. Não tinham que espalhar papéis na mesa. Podiam olhar o trabalho inteiro, na parede. Coisas eram trocadas e mudadas a sua volta e pessoas vinham para fazer o *design,* construir o cenário. Bem, o cenário foi realmente construído em Bruxelas, porque a apresentação inicial seria feita lá, e os adereços foram arrumados em Nova Iorque. Mas essa crítica visual do trabalho sobre as paredes, espalhar coisas por toda volta, e usar coisas com que Christopher realmente estava trabalhando... foi esse o processo. A coisa marcante de tudo isso — a série dos Diálogos — foi que Christopher realmente chamava a atenção em cena. Benedicte[18], um velho amigo de Wilson, mencionou uma vez o fato de que era muito importante para Bob trabalhar nesses Diálogos, porque era seu jeito de descansar. Era quase como estar tirando férias para Bob. Porque ele adora trabalhar com Chris. Chris era uma real — bem, eu acho que ele ainda é uma real fonte de energia e inspiração para Bob.

G: Isso não era incrível, que Bob pudesse aceitar o que uma outra pessoa inventasse e incorporasse isso ao seu trabalho? Por outro lado acho que ele se concentra mais em pessoas que são excepcionalmente dotadas, como Christopher Knowles, mais e mais interessado nessa espécie de ajuda, enquanto assume controle total de produções como *Edson*. Mas quando quer compartilhar alguma coisa, ele compartilha com Chris.

S: Bem, eles estão fazendo esses Diálogos desde 1973, eu acho.

G: Eles já estavam fazendo alguma coisa juntos quando Wilson veio para o Brasil: *Um Homem Louco, Um Gigante Louco...*

S: Eles também fizeram alguma coisa no Public Theatre que incluía Lucinda Childs, um outro Diálogo[19]. Mas excluindo esse fato parece que os Diálogos consistem em material organizado por Chris, que é tornado teatral por Bob.

G: Você diria que Bob gera uma espécie de estrutura para as criações de Christopher? Porque muitos dos materiais de Christopher se transformam em quadros, seus movimentos em dança, e assim por diante, sendo que quem realmente define o que se transforma em quê, é Bob.

S: Mas isso é a essência do que Bob faz. Quem se preocupa com uma mulher que pode sentar no palco por três horas? Não é interessante, no que me concerne. Mas no momento em que Bob pega esta mulher e a põe no palco, a rodeia com outras coisas, num instante aquilo se torna a mais excitante produção de teatro.

G: Eu acredito que o que Robert Wilson realmente faz é dizer coisas para as pessoas, mostrando coisas para elas, encorajando-as, fazendo-as achar a estrutura, o arcabouço, dando-lhes o palco.

18. BENEDICTE PESLE: agente europeu de Wilson, chefe do Art Services em Paris.

19. Uma montagem especial do *Dia Log* em 1975, na qual Lucinda Childs foi incluída.

S: Isso é o que ele faz, mas é também mais do que isso. Ele as desafia a dar mais do que elas acreditam serem capazes de dar. Isso acontece com as pessoas do palco, mas também com as pessoas que o cercam no dia-a-dia de trabalho. Eu vivenciei algo disto, apenas olhando poucos ensaios de *Edison*. Os atores que trabalhavam lá eram *performers* que tinham sido treinados por pessoas como Uta Hagen[20], e quase de repente Bob estava dizendo para eles esquecerem tudo aquilo: nada daquilo serviria para o que ele queria que acontecesse no palco. Vou lhe dar dois exemplos que considero interessantes. Eu estava em um desses ensaios, o elenco inteiro se encontrava presente e não se estava chegando a nada. Bob não estava conseguindo tirar o que ele queria de ninguém, era um desses dias ruins e ele finalmente disse: "Quero que vocês todos cheguem ao ponto em que devem atuar enquanto pensem sobre a lista da lavanderia, a lista de compras, eu não quero ver ninguém pensando sobre o que está fazendo no palco. Chegue a um ponto em que você possa estar pensando sobre o que vai fazer na sexta à noite, pense que roupas precisa levar para a lavanderia, pense no que precisa comprar no supermercado, pense naquela...". E isso causou uma virada no andamento do trabalho, porque todos trabalharam "sentindo o momento" ou com "veracidade".

A outra situação incrível que testemunhei durante esse período de ensaios foi com Ruth, uma das mulheres mais velhas do elenco. Ruth estava na casa dos sessenta. Tinha feito centenas de produções, Off-Broadway, Off-Off-Broadway, anúncios, televisão, e era uma mulher velha assustada, e era isso que ela sabia fazer muito bem. Isso era na época em que Irene Worth[21] estava fazendo *Happy Days* no Public Theatre e Bob estava enfurecido porque *Happy Days* é uma das poucas peças que ele pessoalmente gostaria de dirigir. Não se interessa por textos teatrais, mas aquela peça ele gostaria de dirigir. Estava ainda mais enfurecido porque Irene Worth é quem estava atuando. Ela é daquelas grandes atrizes técnicas que drena a produção inteira de qualquer vida. Devo também esclarecer que Bob viu a montagem, que gostou da montagem, mas no tempo em que *Edison* estava sendo ensaiado, ele estava louco com o fato de Irene estar fazendo o espetáculo. Totalmente louco. E um dia ele explodiu, virou-se para Ruth e disse: "Ruth, você é infinitamente mais excitante que Irene Worth. Quero você fazendo *Happy Days*. Se eu dirigisse você em *Happy Days*, você ficaria maravilhosa, seria ótima. Você é a única pessoa que conheço que pode fazer *Happy Days*". Essa pequena atriz ficou nas nuvens pelo fato de alguém pensar que ela era uma atriz brilhante e pudesse estrelar *Happy Days* de Samuel Beckett. De repente Ruth tinha sido comparada com Irene Worth e se achava o máximo! Era claro para mim que Bob podia caminhar até a 5.º Avenida e achar uma senhora despojada para fazer *Happy Days* e aquela seria uma montagem infinitamente mais excitante do que a que Irene Worth estava fazendo. Nesse momento comecei a entender qual era todo seu jeito de encarar o teatro. Ele não estava interessado em nenhuma dessas técnicas que todo mundo aprende; não estava interessado em toda a técnica que Irene Worth pudesse mostrar no palco. Havia alguma outra coisa na vida que ele estava procurando no palco. Era o motivo pelo qual ele sempre estava tão obcecado por Chris como *performer*, como artista. Essa é a razão por que estava tão empolgado com Ruth, e por que ele pensava que ela podia fazer *Happy*

---

20. UTA HAGEN: diretora de atores do Uta Hagen Institute em Nova Iorque, que adota métodos de Stanislávski.

21. Essa produção de *Happy Days* de BECKETT, feita por Andrei Serban no Public Theatre em Nova Iorque.

Days infinitamente melhor que Irene Worth. Ele foi ver Irene Worth e gostou da apresentação, ao que me consta. Não estava tão crítico em relação a ela depois que a viu.

G: Não houve um tempo em que Wilson iria dirigir *Four Saints and Three Acts*, de Gertrude Stein?[22]

S: Ainda está se falando sobre isso. O que eu sei é que a *Orchestra of Our Times*, um grupo radicado em Filadélfia, que recentemente se mudou para o Brooklyn, apresentou uma vez uma versão em concerto de de *Four Saints and Three Acts*, provavelmente uma versão abreviada, junto com um trabalho de Satie, com cenários de Calder. Eles queriam Bob para fazer o *design* e dirigir a produção completa do trabalho de Stein e Virgil Thompson. Virgil Thompson estava muito entusiasmado com isso. Bob e Virgil se encontraram inúmeras vezes, gostaram um do outro, e Bob fez alguma pesquisa do projeto. Pelo que sei, havia problemas financeiros proibitivos impedindo a realização, assim como uma complicação com a programação em vista, porque eles queriam fazer aquilo na época de Natal.

G: Essa foi a primeira vez que Wilson pensou em encenar texto de alguma outra pessoa?

S: Eu penso que não, mas acho que dirigir um projeto como esse seria extremamente benéfico, para começar a se tornar conhecido nos Estados Unidos. Ele tem sempre mencionado o fato de que gosta dos textos de Beckett, o que pode ser uma possibilidade no futuro.

G: Sim. Eu me lembro dele dizendo que Beckett é "o melhor". Diga alguma coisa sobre seu trabalho em outras áreas, como televisão.

S: Eu acho que ele ainda vai fazer muito mais trabalho em vídeo. Depois de *Vídeo 50* ele se interessou em videoteipar *MDD*, para o qual já tem o roteiro feito. Tem planos semelhantes para *Edison*. É também um bom jeito de documentar o seu trabalho. Acho que ele está fascinado pela tecnologia. O que o fascina é o fato de que você pode pegar um cartão postal e uma pessoa, juntá-los no monitor e você já tem um cenário, uma peça de teatro lá. O vídeo permite o *feedback* instantâneo, é um processo mais simples que o filme. Se não está bom, você apenas elimina. Ele também está interessado em filmar e estava fazendo o roteiro de *Pátio* com esse propósito em mente. Mas o mesmo roteiro pode ser facilmente adaptado para vídeo. Afinal, páginas de roteiro são apenas produção em massa. Bob descreve a cena do jeito que ele quer para Tom Woodruff[23], que faz o desenho e ele vai aos poucos registrando tudo no papel, visualmente.

G: Muito obrigado, Ronn. Eu acho que isto é mais do que suficiente.

---

22. O texto de *Four Saints and Three Acts* é muito semelhante, em sua essência, aos experimentos verbais de Wilson e Knowles.

23. TOM WOODRUFF: colaborou com Wilson, desenhando roteiros para *Pátio, Vídeo 50, Morte, Destruição e Detroit, Edison* e outras peças.

2. Cronologia das Obras de Robert Wilson

PERFORMANCES TEATRAIS

1965 — Dance Event, New York World's Fair, New York.
1966 — Solo Performance, Byrd Hoffman Studio, New York.
1967 — Theatre Activity, Bleeker Street Cinema, New York.
1968 — ByrdwoMAN, Byrd Hoffman Studio, New York.
1969 — The King of Spain, Anderson Theatre, New York.
1969 — The Life and Times of Sigmund Freud, Brooklyn. Academy of Music Opera House, New York.
1969 — The Life and Times of Sigmund Freud, Brooklyn. Academy of Music Opera House, New York (2.ª produção).
1970 — Deafman's Glance, University Theatre, Iowa City, Iowa.
1971 — Deafman's Glance, Brooklyn Academy of Music Opera House, New York.
1971 — Deafman s Glance, Grand Théâtre de Nancy, Nancy, França.
1971 — Deafman's Glance, Teatro Eliseo, Roma, Itália.
1971 — Deafman's Glance, Théâtre de la Musique, Paris, França.
1971 — Program Prologue Now, Overture for a Deafman, Espace Pierre Cardin, Paris, França.
1971 — Deafman's Glance, Stadsschouwborg Theater, Amsterdam, Holanda.
1972 — Overture, Byrd Hoffman Studio, New York.
1972 — Overture, Khaneh-e Zinatolmolk, Shiraz, Irã.
1972 — KA MOUNTAIN AND GUARDenia TERRACE, a story about a family and some people changing, Haft Tan Mountain, Shiraz, Irã.
1972 — Overture, Musée Galliera e Opera Comique, Paris, França.
1973 — king lyre and lady in the wasteland, parte dos Solos, Byrd Hoffman Studio, New York.

1973 — *The Life and Times of Joseph Stalin*, Det Ny Teater, Copenhagen, Dinamarca.
1973 — *The Life and Times of Joseph Stalin*, Brooklyn Academy of Music Opera House, New York.
1974 — *A MAD MAN A MAD GIANT A MAD DOG A MAD URGE A MAD FACE*, Teatro di Roma, Roma, Itália.
1974 — *The Life and Times of Dave Clark*, Teatro Municipal, São Paulo, Brasil.
1974 — *A MAD MAN A MAD GIANT A MAD DOG A MAD URGE A MAD FACE*, John F. Kennedy Center, Washington, D.C.
1974 — *Prologue to A Letter for Queen Victoria*, 6 O'Clock Theatre, Spoleto, Itália.
1974 — *A Letter for Queen Victoria*, Teatro Caio Melisso, Spoleto, Itália.
1974 — *A Letter for Queen Victoria*, Théâtre Municipal, La Rochelle, França.
1974 — *A MAD MAN A MAD GIANT A MAD DOG A MAD URGE A MAD FACE*, Faculty of Letters, Shiraz, Irã.
1974 — *A Letter for Queen Victoria*, BITEF Festival, Atelje 212, Belgrado, Iugoslávia.
1974 — *A Letter for Queen Victoria*, Théâtre de Varietés, Paris, França.
1974 — *A Letter for Queen Victoria*, Théâtre II, Zurich, Suíça.
1974 — *A Letter for Queen Victoria*, Maison des Arts et Loisirs, Thonon-les-Bains, França.
1974 — *A Letter for Queen Victoria*, Théâtre Municipal, Mulhouse, França.
1974 — *A Letter for Queen Victoria*, Maison des Arts et Loisirs, Sochaux-Doubs, França.
1974 — *A Letter for Queen Victoria*, Théâtre Huitième, Lyon, França.
1974 — *A Letter for Queen Victoria*, Palais de la Mediterranée, Nice, França.
1974 — *A Letter for Queen Victoria* (2.ª produção), Théâtre de Varietés, Paris, França.
1974 — *A Letter for Queen Victoria*, ANTA Theater, New York City.
1975 — *The Dollar Value of Man*, Brooklyn Academy of Music, Brooklyn, New York.
1975 — *To Street* (Performance Individual), Bonn, Alemanha.
1975 — *Dia Log* (com Christopher Knowles), Public Theatre, New York.
1976 — *Dia Log* (com Lucinda Childs e Christopher Knowles). Corcoran Gallery, New York.
1976 — *Dia Log* (com Lucinda Childs e Christopher Knowles), Whitney Museum, New York.
1976 — *Einstein on the Beach*, Festival D'Avignon, França.
1976 — *Einstein on the Beach*, Deutsches Schauspielhaus, Hamburg, Alemanha.
1976 — *Einstein on the Beach*, Opera Comique, Paris, França.
1976 — *Einstein on the Beach*, Bienal de Veneza, Itália.
1976 — *Einstein on the Beach*, National Opera House, Bruxelas, Bélgica.
1976 — *Einstein on the Beach*, Rotterdamse Shouwmburg, Rotterdam, Holanda.
1976 — *Einstein on the Beach*, Metropolitan Opera House, New York.
1977 — *I was sitting on my patio this guy appeared I thought I was hallucinating*, Quirk Auditorium, Eastern Michigan University.

CRONOLOGIA DAS OBRAS DE ROBERT WILSON 199

1977 — *I was sitting on my patio this guy appeared I thought was hallucinating*, Annenberg Center, Philadelphia.

1977 — *I was sitting on my patio this guy appeared I thought I was hallucinating*, Fort Worth Arts Museum, Fort Worth.

1977 — *I was sitting on my patio this guy appeared I thought I was hallucinating*, Bayou Building Auditorium, University of Houston, Houston.

1977 — *I was sitting on my patio this guy appeared I thought I was hallucinating*, Wilshire Ebell Theatre, Los Angeles.

1977 — *I was sitting on my patio this guy appeared I thought I was hallucinating*, Veterans Auditorium, San Francisco.

1977 — *I was sitting on my patio this guy appeared I thought I was hallucinating*, Walker Arts Center, Minneapolis.

1977 — *I was sitting on my patio this guy appeared I thought I was hallucinating*, Cherry Lane Theatre, New York.

1978 — *I was sitting on my patio this guy appeared I thought I was hallucinating*, Theatre Institute, Amsterdam, Holanda.

1978 — *I was sitting on my patio this guy appeared I thought I was hallucinating*, Théâtre de Carouge, Genebra, Suíça.

1978 — *I was sitting on my patio this guy appeared I thought I was hallucinating*, Théâtre II, Zurich, Suíça.

1978 — *I was sitting on my patio this guy appeared I thought I was hallucinating*, Teatro alla Scala, Milão, Itália.

1978 — *I was sitting on my patio this guy appeared I thought I was hallucinating*, Théâtre de la Renaissance, Paris, França.

1978 — *I was sitting on my patio this guy appeared I thought I was hallucinating*, Grosses Haus, Stuttgart, Alemanha.

1978 — *I was sitting on my patio this guy appeared I thought I was hallucinating*, Royal Court Theatre, Londres, Inglaterra.

1978 — *I was sitting on my patio this guy appeared I thought I was hallucinating*, Theatre des Westerns, Berlim, Alemanha,

1978 — *Prologue to Deafman's Glance*, Manhattanville College, Purchase, New York.

1978 — *Dia Log/Network*, Institute of Contemporary Art, Boston, Massachusetts.

1978 — *Dia Log/Network*, Walker Arts Center, Minneapolis.

1978 — *Dia Log/Network*, MoMing Collection, Chicago.

1978 — *Prologue to Deafman's Glance*, John Drew Theatre, Easthampton, New York.

1979 — *Death, Destruction and Detroit*, Schaubühne am Halleschen Ufer, Berlim, Alemanha.

1979 — *Dialog/Curious George*, Kaaitheater, Bruxelas, Bélgica.

1979 — *Edison*, Lion Theatre, New York.

1979 — *Edison*, Théâtre National Populaire, Ville Urbanne, França.

1979 — *Edison*, Teatro alla Scala de Milão, Itália.

1979 — *Edison*, Festival D'Automne, Paris, França.

1979 — *Dialog/Curious George*, Kaaitheater Festival, Palais De Beaux Arts, Bruxelas, Bélgica.

1980 — *Dialog/Curious George*, Mitzie Newhouse Theatre, Lincoln Center, New York.

CONFERÊNCIAS E SEMINÁRIOS RECENTES

Inverno, 1970 — Seminário na Universidade da Califórnia em Berkeley.
Primavera, 1970 — Seminário na George School, New Hope, Pennsylvania.
Outono, 1970 — Aulas dadas com uma bolsa da Rockefeller na Universidade de Iowa Center for New Performing Arts.
Inverno, 1971 — Seminário no Newark State College, New Jersey.
Outono, 1971 — Conferência na International School, Paris, França.
Outono, 1971 — Conferência no Atelje 212/BITEF Festival, Belgrado, Iugoslávia.
Outono, 1971 — Conferência no International Theatre Institute, patrocinada pela UNESCO, Durdan, França.
Primavera, 1972 — Laboratório internacional de seis semanas em Rovamont, França, com o patrocínio do Théâtre des Nations (Jean-Louis Barrault) e Festival d'Automne (Michel Guy).
Primavera, 1973 — "Mudra workshop", painel de discussões, conferências ilustradas, Boulder, Colorado.
Primavera, 1973 — "Simpósio sobre Artes Visuais e Performáticas", conferência ilustrada, Ohio State University, Columbus, Ohio.
Primavera, 1973 — "Atelier de Travail avec Bob Wilson". Dois laboratórios de dança, ensaio e *performance*, com duração de três dias. Centre de Développment du Potential Humain, Paris, França.
Outono, 1974 — "Atelier de Travail avec Bob Wilson". Dois laboratórios de som, movimentos e discussão, com duração de 24 horas. Centre de Développment du Potential Humain, Paris, França.

TRABALHOS ENQUANTO ARTISTA VISUAL

1963 — Cenografia e figurinos da produção original de Jean Claude van Italie, *America Hurrah*.
1963 — *The House*, filme de 16 mm, com duas horas de duração, e *Slant*, para a NET-TV.
1967 — Desenhou e construiu uma gigantesca escultura ao ar livre, teatral e ambiental, *Poles* (*Postes*) sob encomenda da Grailville School, Loveland, Ohio.
1971 — Filme de 16 mm, *Overture for a Deafman*.
1971 — Expôs seu trabalho artístico na Willard Gallery, New York.
1972 — Expôs desenhos e esculturas no Musée Galliera, Paris, França.
1974 — Desenhos/*Performance* (com Christopher Knowles), Ala Gallery, Milão, Itália.
1975 — One-Man Show, Galerie Wunsche, Bonn, Alemanha.
1975 — *Show* em grupo, Paul Cooper Gallery, New York.
1976 — Video Performance, *The Spaceman*, The Kitchen, New York.
1976 — One-Man Show, Iolas Gallery, New York.
1977 — One-Man Show, Multiples/Marian Goodman Gallery, New York.
1978 — One-Man Show, Paula Cooper Gallery, New York.
1979 — One-Man Show, Galerie Zwinger, Colônia, Alemanha Ocidental.
1979 — One-Man Show, Multiples/Marian Goodman Gallery, New York.
1980 — One-Man Show, Cincinnati Contemporary Arts Center.
1980 — One-Man Show, Neuberger Museum, Purchase, New York.

COLEÇÕES PÚBLICAS E PARTICULARES

Michel Guy, Secretaire d'Etat a la Culture, Paris, França.
Museum of Modern Art, New York.
Museu de Arte Moderna, Paris.
Governo Francês, Paris, França.
Baron Yvon Lambert, Paris, França.
Christophe de Menil, New York.

PRÊMIOS

1970 — Melhor Peça Estrangeira, 1970-71 (*Deafman's Glance*), Le Syndicat de la critique théâtrale et musicale, Paris, França.
1971 — Prêmio de direção da Drama Desk Award (*Deafman's Glance*), New York.
1971 — Sociéteé des Auteurs et Compositeurs Dramatiques (Sociedade Honorária), Membro Aderente, Paris, França.
1971 — Guggenheim Fellowship Award, New York.
1974 — Prêmio especial OBIE, pela direção (*The Life and Times of Joseph Stalin*), New York.
1975 — Duas indicações para o TONY (melhor partitura e letras) (*A Letter for Queen Victoria*), New York.
1975 — Prêmio Maharam para a melhor cenografia de um espetáculo de Broadway (*A Letter for Queen Victoria*), New York.
1975 — Rockefeller Foundation, bolsa para dramaturgo.
1977 — Prêmio Lumen de Cenografia (*Einstein on the Beach*), New York.
1977 — Grande Prêmio (*Einstein on the Beach*), Festival Internacional das Nações, Belgrado, Iugoslávia.
1977 — Prêmio da Crítica para o Melhor Teatro Musical (*Einstein on the Beach*), Le Syndicat de la critique théâtrale et musicale, Paris, França.
1979 — Dez melhores peças (*Death, Destruction and Detroit*). Prêmio dos críticos alemães, Berlim, Alemanha Ocidental.
1979 — Segundo prêmio (*Death, Destruction and Detroit*). Prêmio da Imprensa Alemã para Dramaturgia, Berlim, Alemanha Ocidental.

Bibliografia

ALLIATA, Vicky, org. *Einstein on the Beach*. New York, EOS Enterprises Inc., 1976.

ARAGON, Louis. "Lettre ouverte à André Breton sur 'Le Regard du Sour', l'art, la science et la liberté." *Les Lettres Françaises*, 2 jun. 1971.

ARONSON, Arnold. "Wilson and Knowles: 'The Dollar Value of Man'". *The Drama Review*, 67 (set. 1975).

ASHBERY, John. "Christopher Knowles." *New York Magazine*, 18 set. 1978.

BABLET, Denis. *Edward Gordon Craig*, New York, Theatre Arts Books, 1967.

BARACKS, Barbara. " 'Einstein on the Beach' ". *Artforum*, 15 (mar. 1977), pp. 30-36.

BARNES, Clive. " 'Einstein on the Beach' transforms boredom into memorable theatre." *The New York Times*, 23 nov. 1976.

——. "Fusing Ballet and Modern Dance." *The New York Times*, 2 jun. 1974.

——. "Must there be a story?" *The New York Times*, 14 mar. 1971.

——. "Stage: 'Deafman Glance.' " *The New York Times*, 7 mar. 1971.

——. "Theater: Twelve-hour 'Stalin.' " *The New York Times*, 17 dez. 1975.

BENTLEY, Eric, org. *The Theory of the Modern Stage*. Baltimore, Penguin Books, 1968.

BERG, H. van der. "Monotonous Dialogues." *Het Parool*, 17 jun. 1978.

BRECHT, Stephan. *L'Art de Robert Wilson: "Le Regard du Sourd."* Trad. de Françoise Gaillard. Paris, Christian Bourgois Editeur, 1972.

——. "Revolution at the Brooklyn Academy of Music." *The Drama Review*, 14, n.º 2 (Primavera 1969), pp. 46-73.

——. *The Theatre of Visions: Robert Wilson*. Frankfurt, Suhrkamp Verlag Franfurt am Main, 1978.

BROCKETT, Oscar G. *The Essential Theatre*. New York, Holt, Rinehart and Winston, 1976.

BROOK, Peter. *The Empty Space*. New York, Atheneum, 1974.
BRUSTEIN, Robert. *Revolution as Theatre: Notes on the New Radical Style*. New York, Liveright, 1971.
CHAILLET, Ned. "Robert Wilson and the Language of Movement." *The Times Saturday Review*, 10 jun. 1978.
CLAY, Carolyn. "Robert Wilson's Moving Pictures." *The Boston Phoenix*, 18 jul. 1978.
COLE, David. "The Visual Script: Theory and Techniques". *The Drama Review*, 20, n.º 4 (Outono 1976), pp. 46-73.
CORVIN, Michel. "A propos de deux spectacles de Robert Wilson: Essai de Lecture Sémiologique." *Cahiers Renaud-Barrault*, 3 (1971).
CROYDEN, Margaret. *Lunatics, Lovers and Poets*. New York, McGraw-Hill, 1974.
DEÁK, František. "Robert Wilson." *The Drama Review*, 62 (jun. 1974), pp. 67-80.
DENBY, Edwin et al. *Two Conversations with Edwin Denby*. New York, Byrd Hoffman Foundation, 1973.
DENBY, Edwin. "You never heard of a silent opera?" *The New York*, 9 dez. 1973.
DORT, Bernard et al. " 'Deafman Glance.' " *Travail Théâtral*, 4, 1971.
DRYANSKY, G. Y. "A Moving Painting." *Women's Wear Daily*, 10 jun. 1971.
EBERSTADT, Nenna. "Einstein at the Met." *Andy Warhol's Interview*, 3, n.º 2 (fev. 1977).
ERICKSON, Milton H. et al. *Hypnotic Realities: The Induction of Clinical Hypnosis and Forms of Indirect Suggestion*. New York, Halsted Press, 1976.
ESSLIN, Martin. *The Theatre of the Absurd*, ed. revista, New York, Doubleday & Company, Inc., 1969.
FEINGOLD, Michael. "Unlayering Wilson's Cortex." *The Village Voice*, 13 jun. 1977.
FLAKES, Susan. "Robert Wilson's 'Einstein on the Beach.' " *The Drama Review*, 20, n.º 4 (outono 1976), pp. 69-79.
FUNKE, Phyllis. "Byrds of a feather act together." *The New York Times*, 2 dez. 1973.
GLASS, Philip. "Notes on 'Eeinstein on the Beach.' " *Einstein on the Beach*. Ed. Tomato Records. New York, Dunvagen Music Publishers, ASCAP, 1979.
GOLDBERG, RoseLee. *Performance: Live Art from 1909 to the Present*. New York, Harry N. Abrams, Inc., Publishers, 1979.
GOUSSELAND, J. "L'Architecte des rêves." *Le Point*, n.º 103, 9 set. 1974.
GROTOWSKI, Jerzy. *Towards a Poor Theatre*. New York, Simon and Schuster, 1968.
GRUEN, John. "Is it a play? An opera? No, it's a Wilson." *The New York Times*, 16 mar. 1975.
GUSSOW, Mel. " 'Einstein': Met x Avant-Garde." *The New York Times*, 19 nov. 1976.
―――. "Twelve-Hour Play (Yes, That's Right Listed." *The New York Times*, 14 dez. 1973.
GUTHRIE, W. K. C., trad. *Plato: Protagoras and Meno*. Londres, Penguin Books Ltd., 1979.

HEIJER, Jac. "Stylized Form of Insanity in 'Dialog-Network.'" *NRC Handelsblad*, 17 jun. 1978.
HENRICHS, Benjamin. "Death, Destruction and Detroit." *Die Zeit*, 2 mar. 1979.
―――――. "Einstein sieht fern." *Die Zeit*, 14 jul. 1978.
HESS, Thomas B. "Drawing 'Einstein on the Beach.'" *New York Magazine*, 13 dez. 1976, pp. 108-10.
HEWES, Henry. "The Non-Stars of Tomorrow." *Saturday Review*, 20 set. 1975.
JUNG, Carl et al. *Man and his Symbols*, org. Carl. Jung. New York, Dell Publishing Co., 1968.
KERR, Walter. "The New Theatre is All Show." *The New York Times*, 12 jun. 1977.
KIRBY, E. T., org. *Total Theatre*. New York, Dutton, 1969.
KIRBY, Michael. *Happenings*. New York, E. P. Dutton and Co., Inc., 1965.
KNOWLES, Christopher. *Typings: 1974-1977*. New York, Vehicle Editions, 1977.
KOSINSKI, Jerzy. *Being There*. New York, Bantam Books, Inc., 1980.
KOSTELANETZ, Richard. "Robert Wilson builds a new play." *The New York Times*, 8 mai., 1977.
―――――. org. *Text-Sound Texts*. New York, William Morrow and Company, Inc., 1980.
KRIEGSMAN, Alan. "Mad Man Mad Dog Mad Art." *The Washington Post*, 31 mai. 1974.
LANGE, Daniel de. "Theatrical Experiment opens new Avenues." *De Volksraut*, 19 jun. 1978.
LANGTON, Basil. "Journey to 'KA MOUNTAIN.'" *The Drama Review*, 17, n.° 2 (Primavera 1973), pp. 48-57.
LOBER, Richard. "Robert Wilson: Multiples." *Artforum*, fev. 1978.
LONGCHAMPT, Jacques. "A Mad Man." *Le Monde*, 25 ago. 1974.
―――――. "KA MOUNTAIN." *Le Monde*, 14 set. 1972.
MARRANCA, Bonnie. *The Theatre of Images*. New York, Drama Book Specialists, 1977.
MCFERRAN, Ann. "I was sitting in this theatre in Milan and the telephone rang." *Time Out*, n.° 425 (26 mai. - 1.° jun.).
MICHEL, Jacques. "Le Rituel du Théâtre et celui du Dessin." *Le Monde*, 26 set. 1974.
NORTON, Elliot. "Bob Wilson 'Dia Log' — strange interlude." *The Boston Herald American*, 17 jul. 1978.
ORENSTEIN, Gloria. *The Theatre of the Marvelous: Surrealism and the contemporary stage*. New York, University Press, 1975.
PALMER, Robert. "Introduction to 'Einstein on the Beach'." *Einstein on the Beach*. Ed. Tomato Records. New York, Dunvagen Music Plubishers, ASCAP, 1979.
Performance I: Growing out of the Sixties, 1, n.° 1, dez. 1971.
Performing Arts Journal, 10-11, n.° 1-2, 1979.
PORTER, Andrew. "Many-Colored Glass." *The New Yorker*, 13 dez. 1976.
PROGROFF, Ira. *The Symbolic and the Real*. New York, McGraw-Hill Book Company, 1973.
PUTMAN, Andrée. "Il ne faut jamais lire les critiques." *Egoiste De Luxe*, n.° 3 (jul.-ago. 1978).

QUILL, Gynter, "Architeture, Film or Art Should Have a Place for Robert Wilson." *Waco Tribune-Herald,* 25 jul. 1965.

———. "More Goals for Wilson." *Waco Tribune-Herald,* 13 jan. 1971.

———. "Salute for Unconventional Idea Presented by Youth in Motion." *The Waco News-Tribune,* 30 jul. 1965.

ROCKWELL, John. "Robert Wilson presents an 'aural collage.' " *The New York Times,* 22 jun. 1980.

ROOSE EVANS, James. *Experimental Theatre.* New York, Grove, 1971.

RUTTEN, André. "The Different Perception of Theatre Makes Wilson." *TROUW,* 19 jun. 1978.

SAINER, Arthur. *The Radical Theatre Notebook.* New York, Avon Books, 1975.

SCHECHNER, Richard. *Environmental Theatre.* New York, Hawthorn Books, Inc., 1973.

Semio Text, 3, n.º 3 (1978).

SHATTUCK, Robert. *The Banquet Years.* New York, Vintage-Random House, 1968.

"Shows we've seen: file photographs from public and private groups create a stir." *Popular Photography,* 81, n.º 2 (ago. 1977).

SIEGEL, Marcia B. *Watching the Dance Go By.* Boston, Houghton Mifflin Company, 1977.

SIMMERS, Bill. "Actress from Iowa." *The Drama Review,* 20, n.º 3 (Outono 1976), pp. 67-74.

———. "Robert Wilson and Therapy." *The Drama Review,* 20, n.º 1 (Inverno 1976), pp. 99-110.

SINISCALCO, Rafaelo. "The Life and Times of Robert Wilson: Il Teatro Americano tra Avanguardia e Tradizione." Diss., Nápoles, 1978.

SONTAG, Susan. *Styles of Radical Will.* New York, Dell Publishing Co., Inc., 1978.

STEIN, Jack M. *Richard Wagner and the Synthesis of the Arts.* Detroit, Wayne State University Press, 1960.

STERN, Daniel. "On Kinesic Analysis." *The Drama Review,* 17, n.º 3 (Verão 1973), pp. 114-26.

THIBAUDAT, Jean Pierre. "The Sound of the 'Prince of Images': 'Edison'." *Libération,* 6 nov. 1979.

TOMKINS, Calvin. "Il Compimento di un Ciclo." *Il Teatro di Robert Wilson,* org. Franco Quadri. Veneza, Edizioni de la Biennale di Venezia, 1976.

———. "Time to Think." *The New Yorker,* 3 jan. 1975, pp. 38-62.

TRILLING, Ossia. "Robert Wilson's KA MOUNTAIN AND GUARDenia TERRACE." *The Drama Review,* 17, n.º 2 (Primavera 1973), pp. 33-47.

VOLKOFF, Alex. "'Madness' by Robert Wilson." *The Teheran Journal,* 10 ago. 1974.

WETZSTEON, Ross. "The Making of a Masterpiece Blah Blah Blah Blah Blah." *The Village Voice,* 12 abr. 1976.

WILSON, Robert. *A Letter for Queen Victoria.* Paris, I.M.D., 1974.

———. *A Letter for Queen Victoria,* ed. Bonnie Marranca. In *The Theatre of Images.* New York, Drama Book Specialists, 1977.

———. *Death, Destruction and Detroit.* Berlim, impresso por Schaubuhne am Helleschen Ufer, 1979.

———. *I was sitting on my patio this guy appeared I thought I was hallucinating.* Londres, impresso por Michael White, 1978.

———. *I was sitting on my patio this guy appeared I thought I was hallucinating. Performing Arts Journal*, 4, n°s 1-2, 1979, pp. 200-218.

———. "Production Notes to *The King of Spain*, a play presented by the Byrd Hoffman School of Byrds." In *New American Plays*, ed. William M. Hoffman. New York, Hill and Wang, Inc., 1970, pp. 241-72.

———. "The Life and Times of Joseph Stalin." Manuscrito inédito, Byrd Hoffman Foundation, 1974.

———. *Video 50*. Manuscrito inédito com *storyboards* de Tom Woodruff, Byrd Hoffman Foundation, 1978.

WILSON, Robert & KNOWLES, Christopher. *The Dollar Value of Man. Theater*, 9, n.° 2 (Primavera 1978), pp. 91-109.

WILSON, Robert *et al.* "The Byrd Hoffman School of Byrds." *Cahiers Renaud-Barrault*, pp. 81 82 (1972).

WITTENBERG, Clarissa K. "Wilson at art now." *The Drama Review*, 18, n.° 3 (set. 1974), pp. 129-30.

"Desperto, ele desce do outro lado do sonho."

Luiz Roberto Galizia